[개정증보판]
초등 한국사! 진짜 역사 수업을 말한다 2
조선 후기에서 현대까지

이관구

초등학교 교사로 18년 동안 수업을 하였으며, 현재는 대구교육박물관 교육연구사로 근무 중입니다. 대구광역시교육청 사회과 연구교사 및 국사편찬위원회 한국사능력시험 출제 위원을 역임하였으며 비상교육 사회과 검인정 교과서를 집필했습니다. 서울, 경기, 부산, 대구, 울산, 강원, 경북, 경남 등 전국 곳곳에서 사회 수업, 프로젝트 수업과 관련한 다양한 강의 활동을 하고 있습니다. 전국의 모든 국보와 역사 유적지를 직접 체험하고 촬영하여 수업에 촬영하겠다는 생각으로 시작한 답사가 소명으로 작용하여 15년째 전국을 돌아다니고 있습니다. '관쌤의 역사수업연구소'(blog.naver.com/ykk209)를 운영하고 있으며, 대표적인 저서로는 『자료와 활동 중심의 사회과다운 사회수업』(공저), 『선생님과 함께하는 대구읍성 답사』(공저), 『개념 기반 탐구로 IB 초등 수업하기』(공저) 등이 있습니다.

초판 1쇄 발행 2014년 5월 12일
개정 1쇄 발행 2024년 3월 15일

지은이 이관구
펴낸이 이형세
펴낸곳 테크빌교육㈜

테크빌교육 출판 서울시 강남구 언주로 551, 5층 | **전화** (02)3442-7783 (142)

ISBN 979-11-6346-188-3 04370
        979-11-6346-189-0 (세트)
책값은 뒤표지에 있습니다.

※이 책은 『초등 한국사! 진짜 역사 수업을 말한다』(2014, 즐거운학교)의 개정증보판입니다.

우리 반 쌤도 학생들도
즐거운 독서 시간
쌤도서가 함께합니다.

개정
증보판

탐구와 체험이 넘치는
학생 중심 역사 수업

초등 한국사!
진짜 역사 수업을 말한다

★ 조선 후기에서 현대까지 ★

2권

이관구 지음

테크빌교육

개정증보판에 부치는 말

2014년 봄, 『초등 한국사! 진짜 역사 수업을 말한다』 책을 출판한 지 벌써 10년이 지났습니다. 그동안 블로그에 꾸준히 역사 수업에 관한 글을 올렸습니다. 그렇게 쌓인 수업 사례가 어느새 100개가 훨씬 넘었습니다. 더 많은 수업을 선생님들과 공유하고자 개정판을 내게 되었습니다.

10여 년간 역사 수업을 구상하면서 밤이 새는 것도 모를 정도로 몰입을 한 적이 참 많았습니다. 준비한 수업을 아이들이 너무 잘해 주어 희열감 속에 블로그 글을 썼던 기억이 납니다. 하지만 수업이 제대로 되지 않아 속상했던 적이 더 많았던 것 같네요. 아직도 제가 세운 수업 계획과 다르게 끝나는 경우가 참 많습니다.

제가 처음 역사 수업을 했을 때는 6학년 1학기가 역사 교육과정이었어요. 그 후 5학년 1, 2학기에 역사가 도입되더니 지금은 5학년 2학기가 역사 교육과정입니다. 학년과 시수, 교육과정 성취기준이 자주 바뀝니다. 2022 개정 교육과정과 비교해 보시고, 선생님의 수업에 맞추어 재구성하거나 교육과정과 변형하여 수업하시면 됩니다. 또한 이 책에 나오는 수업 사례는 1차시 분량이 아니라 2~3차시 분량에 해당하는 것도 많습니다. 시간을 확보하셔서 여유롭게 수업에 적용해 보시기 바랍니다. 수업에 필요한 자료는 제 블로그 '관쌤의 역사수업연구소(blog.naver.com/ykk209)'에 올려 두었습니다.

2024년 3월
이관구

이야기 하나, '기나긴 역사 답사의 시작'

2008년 겨울, 아내가 친구 결혼식에서 부케를 받는다
고 하여 아내 고향인 경북 영양에 갔어요. 예식장 근
처에서 우연히 국보 하나를 보았어요. 봉감오층모전
석탑이었어요. 당시에는 '모전석탑'의 뜻도 모른 채
사진만 찍었는데, 탑이 참 예뻤던 기억이 납니다. 나
중에 책을 찾아보니 모전석탑이란 벽돌로 쌓은 전탑
을 모방하여 만든 탑이라고 하더군요. 역사에 관심이
있었지만, 정작 문화재에 대해서는 아는 것이 없었

봉감오층모전석탑

죠. 문화재를 좀 더 알고 싶다는 생각에 무심코 아내에게 말했어요.

"우리 국내에 있는 국보를 모두 보러 다녀 볼까?"

이 작은 제안이 나비효과가 되어 큰 시련(?)을 줄 줄이야! 아무튼 저의 국보 기행은 이
렇게 시작되었습니다.

2009년, 두꺼운 지도책에 국보의 위치를 표시하였어요. 주말이면 카메라를 챙겨 국보
를 찾아 여행을 떠났어요. 가까운 경상도부터 국보를 보고 왔어요. 당시는 스마트폰이 없
었기 때문에 지도를 통해 국보와 숨바꼭질을 하였어요. 숨어 있는 국보를 발견했을 때의
그 기쁨은 이루 말할 수 없었어요. 국보 사진을 이리저리 찍고 그 사진들을 정리하면서
공부도 하였어요. 나태주의 시 '풀꽃'에서,

"자세히 보아야 예쁘다. 오래 보아야 사랑스럽다."

라는 문구처럼 국보를 계속 찾고 사진으로 남기다 보니 문화재를 보는 눈과 마음가짐이 달라짐을 느낄 수 있었어요.

국보 여행 중 경상도 지역에서는 경북 영천시 은해사 거조암 영산전이 가장 기억에 남아요. 영산전은 고려시대 건축물로 은해사에 딸린 작은 암자인 거조암에 있는데, 화려하지는 않지만 고고한 매력을 느낄 수 있었어요. 주변의 아늑한 산세와 절묘하게 어우러져 마치 옛 선비가 된 것 같았어요.

먼 곳으로 국보 여행을 떠날 때면 1박 2일로 일정을 짰어요. 오가는 길에 최대한 많은 국보를 볼 수 있는 경로를 선택하였어요. 예를 들어 충주의 중원고구려비를 찾아가는 길에 영주 소수서원을 들러 안향 영정을 보고 중원고구려비 근처에 있는 중원탑(중원탑평리 칠층석탑)을 함께 보았어요. 그리고 집으로 오는 길에 단양 신라 적성비를 보고 오는 것으로 일정을 짰어요.

먼 곳 여행에서 가장 기억에 남는 국보는 속리산 법주사의 팔상전입니다. 우리나라에 현존하는 유일한 목탑으로 얼핏 보면 탑이 아닌 건축물로 보입니다. 처음 보았을 때,

"이게 탑이었어? 나는 법당인 줄 알았네."

라고 놀라워하던 아내의 말처럼 말이에요.

국립중앙박물관, 불국사, 공주를 갈 때는 출발부터 가슴이 두근거렸어요. 많은 국보를 한자리에서 볼 수 있었기 때문이죠. 반면 국보가 높은 산 중턱에 있거나 먼 지역에 있을 때는 여간 힘든 것이 아니었어요. 저를 가장 괴롭혔던 국보는 월출산 마애여래좌상이었어요. 대구에서 전남 영암까지 차로 5시간을 달려 도착한 숙소에서 하룻밤을 자고, 다음 날 힘들게 4시간 동안 산을 올라서야 제 앞에 나타났어요. 마애여래좌상을 보고 다시 산을 5시간 동안 내려온 기억을 떠올리면 지금도 아찔해요. 지도에서 확인했을 때는 이렇게 높은 곳에 있는 줄 몰랐어요.

국보 사진을 폴더별로 정리해 놓았는데, 마치 우표 수집하듯 새로운 국보 사진이 채워질 때마다 뿌듯했던 기억이 아직도 생생해요. 개인이 소장하는 국보라서 관람할 수 없거나 사진 촬영이 불가능한 곳(삼성미술관 리움, 간송미술관 등)을 제외하고 3년 동안 약 170

개의 국보 사진을 모았어요. (2021년 기준 국보 333개)

사회과 수업에서 문화재 사진을 보여 줄 기회가 많았어요. 드디어 제가 찍은 국보 사진들이 빛을 발하기 시작하였어요. 금동대향로의 세세한 부분을 확대하여 보여 줌으로써 학생들은 금동대향로의 아름다움을 더 실감 나게 느낄 수 있었어요. 서산마애삼존불의 사진을 보면서 학생들은 그것이 절벽에 새겨진 조각품임을 이해하였으며, 고인돌 사진(제가 고인돌 앞에 서 있음)을 통해 고인돌이 어마어마하게 크다는 것도 알 수 있었어요. 신기해하는 학생들을 보며 또 다른 결심을 했어요.

'교과서에 나오는 역사 유적지를 시대별로 찾아다니자!'

수업에 도움이 될 만한 유적지를 찾아서 여행을 다니기 시작했어요. 시대별로 수업에 활용하기 좋게 문화재 사진이나 역사 자료를 정리하여 동료 교사들에게 공유하였어요. 울산 반구대 암각화를 시작으로 5·18기념공원까지 선사시대부터 현대까지 기나긴 역사 여행을 했어요. 현재는 두 아이와 함께 역사체험관 중심으로 새로운 도전 중입니다.

제주 민속촌

영천 최무선 과학관

이야기 둘, '나의 사회 수업 발전기'

저는 2004년에 첫 발령을 받았어요. 유독 수업하기 힘든 과목이 사회였어요. 사회를 좋아했지만 어떻게 해야 할지 막막하더군요. 선배 교사들의 수업지도안을 살펴봤어요. 어마어마하더군요. 학생들이 가설을 설정하고 모둠 토의도 하는, 기가 막히는 계획이었지요. '아! 저렇게 사회 수업을 하면 되는구나.'라고 생각했어요. 하지만 탐구 수업을 어떻게 진행하는지 감도 못 잡았어요. 탐구 수업은 포기한 채, 당시 보편적인 수업 방법을 제 방식으로 바꿔 보았어요. 공부할 자료를 학생들이 숙제로 준비하여 수업 시간에 보고서를 만들어 발표하는 방법이었어요. 학생들의 발표를 보고 평가했어요. 해 볼만 했어요. 괜찮을 것 같죠?

절대 아닙니다. 매주가 전쟁이었어요. 자료를 준비 안 해 온 학생들을 꾸지람하는 것으로 수업을 시작해요. 약 한 시간에 걸쳐 각자가 가져온 사진과 자료를 도화지에 정리해요. 하지만 몇몇 학생만 보고서를 만들고 나머지는 방관자 신세였어요. 그럼, 제가 불러서 뭐라 합니다.

"왜 너는 참여하지도 않고 딴짓을 하니?"

"여자애들이 저보고는 가만히 있으래요. 방해된다고요."

"여학생, 너희들은 왜 방해된다는 말을 하니?"

"쟤는 자료도 준비 안 해 오고 글씨도 못 써요."

해결할 방도를 찾지 못한 채 한 해가 흘러갔어요. 그래도 만족했습니다. 열심히 무언가를 했고 평가도 했으니까요. 다음 해도 똑같은 방법으로 5학년 수업을 하고는 군대에 갔어요.

제대 후 학교에 복귀하여 3학년을 맡았는데 우리 마을과 관련된 수업이 1단원으로 나오고, 이 주제로 거의 한 달 반을 수업해야 했어요.

'아니, 이 단순한 것을 한 달 반이나 어떻게 하라고?'

큰 흐름을 못 잡고 계속 미루다가 3월 말에 힘겹게 시작하였고, 결국 마을 지도 한 장과 교과서로 마무리를 했어요. 너무 힘들더군요. 그리고 다시 예전 방법으로 수업을 했어요. 참 무섭다고 느낀 것이, 발령을 받고 처음 한두 해 동안 습관화된 것들은 몇 년이 지나도 잘 고쳐지지 않더라고요. 방식이 옳든 그르든 간에 말이죠.

다음 해는 6학년을 했어요. 6학년 1학기 사회가 모두 역사였어요. 역사를 좋아했기 때문에 정말 잘할 자신이 있었지요. 하지만 내가 잘 아는 것과 학생들에게 제대로 가르치는 것은 완전 다른 것이라는 것을 뼈저리게 느꼈어요. 교과서를 읽고 중요한 내용에 줄을 긋고 학생들의 질문에 추가 설명을 하며 공책 필기나 학습지로 마무리하는 수업이 대부분이었어요.

그렇게 4년차 교사가 되니 많이 지치더군요. 그래서 다음 해에 체육 교과를 맡으면서 담임을 쉬었어요. 그리고 대구교육대학교 사회과 대학원에 등록했어요. 다음 해인 2011년에는 2009 개정 교육과정의 도입으로 5학년 사회는 1, 2학기 모두 역사였어요. 볼 것도 없이 5학년 담임을 선택했어요.

'처음부터 한 차시, 한 차시 모두 신경 써서 할 것이다!'

지도서도 열심히 읽었고 수업 준비도 매 시간 했어요. 하지만 특별한 교수학습 방법도 없었고 사회과나 역사교육론에 대해 정통한 것도 아니다 보니 한계에 부딪혔어요. 교육학적인 변화는 없고 단순 기법만 늘었어요. '학생들에게 지식은 많이 쌓였겠지.'라고 스스로 위안했지만, 이듬해 실시한 진단평가에서 다른 반과 큰 차이가 없다는 사실에 좌절을 했어요.

그렇지만 다시 5학년 담임을 했어요. 같은 학년을 연달아 2년째 하니 약간의 노하우가 생겼어요. 수업 준비도 더 열심히 체계적으로 했고요. 업무도 가벼워 시간적 여유가 있었던 것도 한몫했어요. 당시 대학원 수업은 송언근 교수님께 들었어요. 논문을 하나 읽어오라고 과제를 내주셨는데, 그 논문이 바로 「비조작 자료와 사회과 지식 구성의 관계」라는 정혜정 선생님의 논문이었어요. 이틀 동안 정독을 했어요. 구성주의 철학을 바탕으로 한 수업 내용이 참신하고 충격적이었어요. 간단히 요약하면 다음과 같아요.

> 사회라는 과목은 미술, 음악처럼 직접 자료를 줄 수 없으며, 간접적으로 사진이나 도표같이 간접적인 자료를 줄 수밖에 없다. 그렇다 보니 탐구가 일어날 수 없고 암기만 하게 된다. 학생들에게 완성된 자료가 아닌 미완의 자료(비조작 자료)를 주어 이 자료를 활용하여 도표를 완성하고 그래프를 그리게 한다면 그 과정에서 학생들은 탐구를 하게 되고 자신이 직접 만든 자료를 활용하여 해석을 하면서 지식을 구성하게 된다.
> (정혜정, 2007, 요약)

뭔가 머리를 한 대 맞은 듯했어요. 교육이론 없이 쳇바퀴처럼 맴돌았던 부족한 제 수업에 방점을 찍어 주는 느낌이었어요. 마침 송언근 교수님이 비조작 자료를 활용하여 수업을 해 오라는 과제를 내주셨어요. 3일을 고민해서 수업을 구상한 것이 '국보 분류를 통해 신라와 통일신라 문화의 특징 비교하기'였어요.

그 수업을 하고는 두 번째 충격을 받았어요. 아이들이 엄청 몰입했기 때문이지요. 저도 신이 나서 수업 연구를 계속 했어요. 이제는 수업 구상이 막히면 교과서를 덮고 역사책을 펼치거나 교과교육론을 다시 읽어 봐요. 그러면 새로운 수업이 떠오르는 경우가 많아요. 교과목의 기본적인 원리나 철학 없는 고민은 다람쥐가 쳇바퀴를 계속 도는 것과 같아요. 기법만 바뀔 뿐 성장이 없어요. 성장을 하려면 힘들더라도 철학이라는 쳇바퀴 자체를 계속 키워 나가야 한다는 점을 깨달았어요.

이야기 셋, '수업 일기를 쓰게 된 까닭'

전문가는 어떤 분야를 잘하는 사람이 아니다. 많은 실패를 해 본 사람이다. 하지만 같은 실패를 똑같이 반복한다면 전문가가 아니다. 같은 실패를 반복하지 않으려면 기록으로 남겨라.

초등학교는 '1년 살이' 생활입니다. 1년 후에 학년, 학생, 업무 등 모든 것이 바뀌기 때문이죠. 안 그래도 가르칠 과목이 많고 학년이 6개나 있는데, 매년 바뀌니 전문성이 쉽게 생기지 않아요. 초등 교사들의 2월은 새로운 학년을 준비하는 중요한 시기입니다. 하지만 수업 외적인 일로 더 분주한 시기이기도 하죠.

새로운 학년이 시작되면 교육과정이 머릿속에 그려지지 않고 참고할 만한 수업 자료도 거의 없어요. 저 역시 그랬어요. 같은 학년을 연달아 했음에도 불구하고 예전 수업이 기억나지 않았어요. 심지어는 작년에 실패한 수업을 그대로 되풀이한 충격적인 경험도 있어요. 반대로 업무는 더 능숙해졌으며, 특히 같은 업무를 연이어 2년 하니 전문가가 다된 것 같았어요. 기록에 남은 것들이 많았기 때문이었죠.

문득 '업무처럼 수업도 기록으로 남기면 어떨까?' 하는 생각이 들었어요. 2011년부터 수업 일기를 쓰기 시작하였어요. 처음 의도는 과거의 실패를 밑거름 삼아 더 좋은 수업을 하고자 함이었어요. 특별한 양식 없이 내년에 약간의 도움이라도 되겠거니 하는 바람으로 썼어요. 하지만 1단원에서는 정말 열심히 쓰다가 뒤로 갈수록 게을러졌어요. 날은 더워지고 몸은 지쳐 가던 6월에는 아예 안 쓰기도 했어요.

　1년 뒤, 새 학기가 시작되기 전 제일 먼저 작년 수업 일기를 읽어 보았어요. 쓸 때는 잘 몰랐는데, 다시 수업을 앞두고 읽으니 상당히 도움이 되었어요. '아, 작년에 이렇게 했었구나. 이번에는 이렇게 해 봐야지.'라는 생각도 하게 되었어요. 그래서 좀 더 체계적으로 수업 일기를 쓰기 시작하였어요. 수업 의도를 추가하고 수업 내용을 자세히 적었어요. 이전 수업 일기에서는 학생들의 발표 내용을 구체적으로 기록하지 못해 아쉬웠던 기억이 나서 다음 해부터는 발표를 녹음해 두고 기록을 했어요. 이렇게 매년 조금씩 그 방법을 업그레이드해 가면서 일기를 썼어요. 분명한 사실은 수업 일기를 통해 아주 조금이지만 향상된 수업을 구상하는 저를 발견하게 되었다는 점이에요.

　요즘도 가끔 예전의 수업 일기를 읽어 봅니다. 특히, 가장 먼저 썼던 2011년도의 수업 일기를 읽고 있으면 민망함을 느낄 정도로 풋풋했던 시절이 떠올라요. 여러 해를 지나 오면서 많은 발전을 이루었다는 생각이 듭니다. 만약 수업 일기를 쓰지 않고 매년 기억에 의존해 답습했다면 그때와 비슷한 방식으로 수업을 하지 않았을까 하는 생각이 들었어요. 하지만 이전에 잘했던 수업들이 학교를 이동하여 새로운 학생들을 만나면 마치 처음 하는 것처럼 제 마음대로 안 되는 경우가 많아요. 수업은 해도 해도 정말 어렵습니다. 지금도 열심히 수업 일기를 쓰고 있으며 좋은 수업은 블로그에 업로드를 하여 공유하려고 노력 중입니다.

2024년 3월

이관구

☆ 차 례 ☆

수업에 이렇게 활용하세요

● 역사 수업

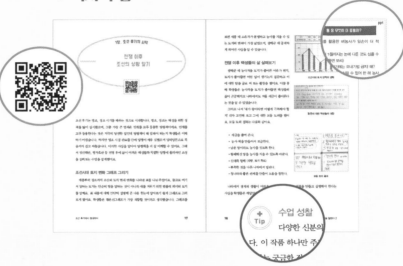

수업 시작하기 ✏️

"교과서 ○○쪽을 펴라."라는 말로 바로 수업을 시작하기보다 학생들의 호기심을 불러일으키는 **질문**과 **대화** 또는 **읽을거리**나 수업 주제 관련 **영상**을 보여 주세요. 그러면 학생들이 수업에 흥미를 느끼고 선생님의 말에 집중합니다.

수업 진행하기 ✏️

학생들이 수업 중 탐구하며 학습할 수 있도록 **질문**이나 **과제**를 제시해 주세요. 적절한 **활동**이나 **학습지**도 좋습니다. 그리고 학생들이 탐구 활동을 돕기 위해 **PPT 자료**를 보여 주면서 설명을 해 주거나 질문과 대화를 통해 학습 동기를 북돋아 주세요.

수업 마무리하기 ✏️

학생들이 직접 작성한 학습지나 수업 결과물을 보면서 서로 **의견**을 주고받습니다. 이때 선생님은 추가 설명을 해 주거나 **피드백**을 해 주세요. 수업 내용이 많고 복잡하면 내용 **정리**를 해 주세요. 그리고 학생들에게 **수업 일기**나 간단한 **과제** 제시를 통해 수업 성찰의 시간을 가져 보세요.

● 이런 수업도 있어요

교육과정과 성취기준에 따른 수업을 다른 방식
으로 시도해 보거나 또는 더 해 봐도 좋을 수업
을 제시하였어요. 학생들과 함께 석기나 청동기
만들기를 해 볼 수도 있어요. 모둠별로 **연극**이나
역할극을 해 볼 수도 있고 **지도**나 **역사책**을 만들
어 볼 수도 있어요.

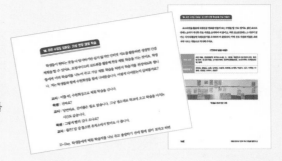

● 역사교육 톡톡!

역사교육을 대한 철학을 세우고 역사 수업을 더욱 발전
시키고 싶다면 '**역사교육 톡톡!**'을 그냥 지나치지 마세
요. 차분히 정독하시기를 추천합니다. 역사 노트 정리
부터 자료 수집 방법, 추체험, 질문 중심 수업, 의사 결
정 수업, 역사 내러티브(스토리텔링), 사회과 탐구 학
습 등 깊이 있는 수업에 대한 고민의 시간을 가질 수
있습니다.

● 역사 이야기

최고의 수업으로 성취기준을 달성하고 학습 효과를
높이기 위해서는 사전 지식이 필수입니다. 그런데 교
과서는 압축되고 생략된 내용이 많아서 역사적 사건
의 과정이나 맥락을 이해하기 어려울 때가 많죠. 본서
는 이를 보완하기 위한 장치로 '**역사 이야기**' 코너를 마
련해 역사적 사건이나 유물, 유적, 인물에 대해 더 다양
하고 상세한 내용을 다루고 있습니다.

● 부록-역사 유적지 및 박물관

부록도 놓치지 마세요. 학생들과 탐방하기 좋은
역사 유적지 및 박물관을 지대별, 지역별로 분류
했습니다. 초등 저학년 및 초등 고학년 대상별로
도 구분했습니다. 그리고 실제 주요 유적지 답사
코스와 관람 시간을 사진과 그림으로 정리하여 한
눈에 알아볼 수 있도록 했습니다. 참고하여 답사 계
획을 세우시기를 바랍니다.

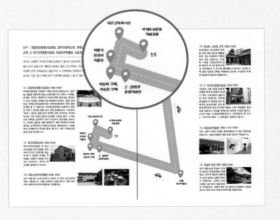

큐알코드는 이렇게 활용하세요

큐알코드를 타고 '관쌤의 역사수업연구소' 블로그를 방문해 주세요. 큐알코드를 찍으면 **각 수업 장면과 자료**를 더 자세하게 볼 수 있어요. 그리고 **PPT, 학습지, 연표, 지도** 등 각종 수업 자료 원본을 다운받을 수 있어요.

● 수업 자료

본서의 수업 활동 및 관련 수업 내용은 관쌤의 역사수업연구소에 한눈에 볼 수 있도록 잘 정리돼 있어요. 초등 역사 수업, 프로젝트 수업, 역사 답사, 문화재, 유적지 및 박물관 등에 대한 정보도 있어요.

● PPT 자료

한국사 내용을 교과서에 모두 담아내기는 어렵습니다. 압축되고 생략된 내용이 많아서 역사적 사건의 과정이나 맥락을 이해하기 어려울 때가 많죠. 그래서 수업 주제에 따라 PPT를 만들어 학생들에게 보여 주면서 설명했어요. 수업 내용에 맞추어 관련 이미지나 영상을 추가하기도 했어요.

● 학습지 자료

한국사 수업을 강의식이 아닌 학생 스스로 탐구 학습을 할 수 있게 하려면 학습지는 매우 중요해요. 학습지 속에 읽을거리와 연표, 사진 자료를 넣기도 하고 학생들의 탐구 활동을 도울 질문을 넣기도 합니다. 학생들은 학습지 속 질문에 답하기 위해 주도적으로 탐구 활동을 하게 되지요.

● 지도와 연표 및 영상 자료

수업 주제와 연관된 동영상을 찾아서 담았습니다. 때로는 말로 설명하는 것보다 짧은 다큐 영상을 보여 주는 것이 학생들에게 학습 동기를 불러일으키고 몰입도를 높일 수 있어요. 또한 수업 주제와 연관된 지도 및 연표 자료를 담아 탐구 활동을 더 효과적으로 할 수 있도록 하였습니다.

전쟁 이후 조선의 상황 알기

조선 후기는 영조, 정조 시기를 배우는 것으로 시작합니다. 영조, 정조는 백성을 위한 정책을 많이 실시했으며, 그중 가장 큰 업적은 인재를 고루 등용한 탕평책이에요. 인재를 고루 등용한다는 것은 지극히 당연한 일인데 탕평책이 왜 업적이 되는지 학생들은 이해하기 어렵습니다. 하지만 영조 시절 관료들 간에 당쟁이 매우 심했으며 당리당론으로 목숨까지 걸고 싸웠습니다. 이러한 사실을 알아야 탕평책을 더 잘 이해할 수 있어요. 그래서 임진왜란, 병자호란 등 전쟁 후에 삶이 어려운 백성들과 치열한 당쟁에 둘러싸인 조정을 살펴보는 수업을 설계했어요.

조선시대 토지 변화 그래프 그리기

태종부터 정조까지 조선의 토지 면적 변화를 나타낸 표를 나눠 주었어요. 참고로 여기서 말하는 토지는 단순히 땅을 말하는 것이 아니라 세를 거두기 위한 법률적 의미의 토지를 말해요. 표 내용에 대해 간단히 설명해 준 다음 한눈에 알아보기 쉽게 그래프로 그려보게 했어요. 학생들은 꺾은선그래프가 가장 적합할 것이라고 생각했습니다. 그래프를 보면 세종 때 소유자가 분명하고 농사를 지을 수 있는 토지의 면적이 가장 넓었으며, 광해군 때 급격하게 적어진 사실을 알 수 있습니다.

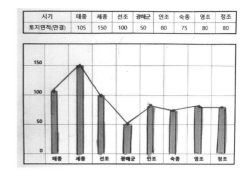

시기	태종	세종	선조	광해군	인조	숙종	영조	정조
토지면적(만결)	105	150	100	50	80	75	80	80

조선시대 토지 면적의 변화

전쟁 이후 백성들의 삶 살펴보기

광해군 때 농사지을 토지가 줄어든 이유가 뭔지, 토지가 줄어들면 어떤 일이 생기는지 질문하고 이에 대한 답을 글로 써 보는 활동을 했어요. 이를 통해 학생들은 농사지을 토지가 줄어들면 백성들의 삶이 곤궁해지고 나라에서도 거둘 세금이 줄어든다는 것을 알 수 있었습니다.

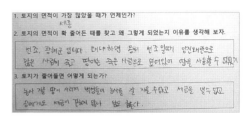

질문에 대한 학생들의 대답

그러고 나서 '내가 왕이라면 어떻게 극복해야 할지' 각자 고민해 보고 그에 대한 모둠 토의를 했어요. 모둠 토의 결과는 다음과 같아요.

- 세금을 줄여 준다.
- 농사 책을 만들어서 보급한다.
- 남은 땅이라도 농사를 짓도록 한다.
- 황폐해진 땅을 농사를 지을 수 있도록 바꾼다.
- 신대륙 항해 (식량, 토지 확보)
- 부족한 것을 다른 나라에서 빌린다.
- 청나라와 좋은 관계를 만들어 도움을 청한다.

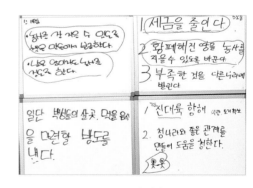

모둠 토의 결과

나라에서 경제적 생활이 어려운 백성들을 도와주는 정책을 만들고 실행해야 한다는 사실을 학생들은 깨달았습니다.

조선 관리들의 행태 살펴보기

하지만 안타깝게도 조선 후기 조정은 당쟁이 점점 심화되고 있었습니다. 다음과 같은 대화를 통해 당시 상황을 설명했어요. 그리고 조정 관리들 간에 당쟁이 심화된 상황을 설명하기 위해 예송논쟁에 대한 읽기 자료('역사 이야기' 참고)를 만들어 나눠 주었습니다.

교사: (모둠 발표 후) 백성의 삶이 팍팍하니, 당연히 여러분이 발표한 것과 같은 정책을 펴야 하겠죠? 하지만 과연 그렇게 했을까요?

학생: 아뇨.

교사: (예송논쟁 읽기 자료를 주면서) 왕과 신하들은 예송논쟁을 하며 다투고 있었어요. 물론 예송논쟁은 광해군 때의 일은 아니고 시간이 좀 더 흘러서 전쟁 후의 상황이 어느 정도 정리된 현종과 숙종 대에 걸쳐 일어난 일입니다.

학생: 뭔데요, 선생님?

교사: 궁금하죠? 한번 살펴봅시다. (예송논쟁 읽기 자료를 함께 읽는다.)

예송논쟁은 예법의 옳고 그름을 따지는 성리학적 이념 논쟁을 넘어 아주 민감한 정치 싸움입니다. 실제로 예송논쟁 때문에 조정에서 정치 권력을 가진 세력이 바뀝니다. 하지만 초등학생들이 이해하기에는 다소 어렵습니다. 서인, 남인, 삼년상과 같이 지엽적인 사실들에 집착하지 말고 '조정 관리들이 백성의 삶을 소홀히 하고 무리를 지어 자신들의 이익을 위해 서로 싸웠다'는 흐름을 파악할 수 있도록 하세요. 물론 서인, 남인 같은 용어를 학생들이 알아 둔다면 앞으로의 수업에서 맥락을 쉽게 파악할 수 있습니다.

조선의 중흥기인 영조, 정조 때에는 뭐가 좀 달랐을까요? 교과서를 읽고 영조, 정조의 업적을 간단히 살펴보았습니다. 영조와 정조 시기에도 당쟁은 심각했지만, 당쟁만 한 것은 아니고 백성들을 위한 정책(모내기 확대와 저수지 건설, 시장 확대)을 많이 실시했습니다. 다음 시간부터는 조선 후기 사회의 다양한 변화를 살펴보겠습니다.

붕당정치 ✏️

선조 때 이조전랑이라는 관직을 두고 심의겸과 김효원이 다투었는데, 심의겸은 서울 서쪽에, 김효원은 서울 동쪽에 살아서 서인(西人)과 동인(東人)이라고 불린 것이 붕당의 시작입니다. 동인은 영남 지역의 대학자인 이황과 조식의 문하생들이 많았으며 대표적인 인물로 류성룡이 있습니다. 서인의 구심점 역할을 한 인물은 이이, 성혼이며 서울 근방에 근거지를 둔 인물들이 많았습니다.

1589년 정여립이 역모를 꾀했다는 혐의로 기축옥사가 발생했어요. 이 사건으로 동인들이 대거 몰락하고 서인이 정권을 잡지요. 3년여에 걸쳐 수많은 동인이 조사를 받고 처벌됩니다. 그러던 1591년 서인의 중심인물인 정철이 광해군을 세자로 책봉할 것을 건의했다가 선조에 의해 축출되면서 동인이 다시 세력을 확장합니다. 이때 정철의 처벌 수위를 두고 강경한 입장을 취한 조식 및 서경덕의 문인(이산해 등)들은 북인(北人), 온건한 입장을 취한 이황의 문인(류성룡 등)들은 남인(南人)으로 나뉩니다.

1592년 임진왜란이 일어나자 북인은 의병을 일으켜 맞서 싸웠으며, 이후 광해군과 함께 정권을 잡습니다. 하지만 서인이 주도한 인조반정으로 광해군이 물러나고 북인 또한 역사 속으로 사라집니다.

서인과 남인은 서로 견제하면서 100여 년을 공존했으나 예송논쟁과 환국을 거치면서 대립과 갈등이 매우 심각해집니다. 서인은 송시열을 중심으로 노론(老

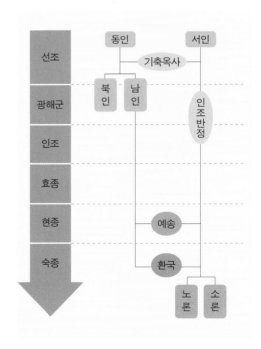

붕당의 흐름

論), 윤증을 중심으로 소론(小論)으로 갈라지며, 갑술환국 이후 남인은 몰락합니다. 영조는 즉위하면서 당쟁의 폐단을 없애기 위해 인재를 고루 등용하는 탕평책을 실시합니다. 하지만 붕당은 완전히 없어지지 않았으며 노론이 집권하고 소론이 일부 참여하는 형태를 띠었어요. 그리고 순조 대에 이르러 노론의 핵심인 안동 김씨의 세도정치로 변질됩니다.

예송논쟁 ✏️

효종은 인조의 둘째 아들이었지만 형인 소현세자가 갑자기 죽는 바람에 임금이 되었습니다. 그런데 효종도 오래 살지 못하고 40세에 갑자기 죽었어요. 그래서 그 어머니가 상복을 입고 아들의 상례를 치러야 했지요. 조선의 예법에 따르면 부모님이 돌아가시면 자녀는 무조건 3년 상을 치러야 했어요. 그리고 자식이 부모보다 먼저 죽었을 때는 큰아들이면 3년 상, 둘째 아들부터는 1년 상을 치렀어요.

당시 조정 대신들은 무리를 지어 경쟁하였는데, 그중 대표적인 집단이 서인과 남인이었습니다. 이들은 자기 집단의 이익을 위해 정치를 했습니다. 서인은 효종이 둘째 아들이니 1년 상을 해야 한다고 주장했어요. 반면 남인은 둘째 아들일지라도 임금은 나라의 어른이므로 3년 상을 해야 한다고 주장했어요. 서로 치열하게 논쟁하다가 결국 1년 상을 하는 것으로 결정되었고, 1년 상을 주장한 서인들이 권력을 차지했습니다. 결과적으로 서인이 효종의 아들인 현종의 정통성을 인정하지 않았던 것인데, 이제 막 왕이 된 현종은 힘이 약한 데 반해 서인의 세력은 막강했기 때문에 어쩔 수 없었습니다.

그로부터 몇 년 뒤, 효종의 부인이 죽었습니다. 효종의 어머니는 또 상을 치러야 했지요. 여기에도 예법이 있었습니다. 큰며느리가 죽으면 1년 동안 상복을 입고, 작은며느리부터는 9개월 동안 상복을 입어야 한다는 예법입니다. 이번에도 서인은 효종을 둘째 아들로 보고 9개월을 주장했고, 남인은 임금은 맏아들과 같다며 1년을 주장했어요. 서인을 견제하기 위해 현종은 현종 비의 외척 세력과 남인에 힘입어 효종의 어머니가 1년간 상복을 입도록 결정합니다. 이는 그 자신의 정통성을 주장한 것으로 현종의 왕권이 안정된 것을 방증하기도 합니다.

이것이 바로 조선 후기 두 차례 있었던 예송논쟁입니다. 겉으로 표현되는 것은 상복을 입는 기간에 대한 논쟁이지만, 보이지 않는 왕의 정통성 인정과 권력 장악을 위한 대신들 간 목숨을 건 싸움이 벌어졌던 아주 중요한 사건입니다.

숙종, 완벽한 정통성을 가진 왕 ✏️

조선시대는 왕과 왕비 사이에서 태어난 맏아들이 왕위를 계승하는 것이 원칙입니다. 그 원칙은 얼마나 잘 지켜졌을까요? 조선의 왕 27명 중 맏아들은 몇 명이나 될까요? 문종, 단종, 연산군, 인종, 현종, 숙종, 순종 이렇게 7명밖에 안 됩니다. 나머지는 맏아들이 아니거나 왕비가 아닌 후궁의 자식입니다. 그런데 이 7명도 대부분 오래 살지 못합니다. 문종은 병약하여 왕이 되고 얼마 지나지 않아 어린 단종을 남기고 죽습니다. 단종은 수양대군에게 왕위를 빼앗기고 죽임을 당합니다. 연산군은 중종반정으로 폐위되었으며, 인종은 재위 기간을 1년도 채우지 못하고 병사합니다. 현종 또한 젊은 나이에 죽습니다. 순종은 일제의 압박 속에 한일병합조약을 하고 이후 황제에서 왕으로 강등되었습니다. 사실상 폐위된 거죠.

오직 숙종만이 요절하지 않고 45년 동안 재위합니다. 심지어 완벽한 정통성을 가진 왕이지요. 그래서인지 숙종은 강력한 왕권을 휘둘렀습니다. 숙종 시기에 환국이 3번이나 있었습니다. 환국이란 정국을 주도하는 정치 세력이 급격하게 교체되는 것을 말합니다. 게다가 환국이 일어나면 상대 붕당의 정치 참여를 인정하지 않고 철저히 배제하고 탄압합니다. 이 때문에 서인(후에 노론, 소론으로 갈라짐), 남인 간에 목숨을 건 당쟁이 있었으며 숙종 이후에 영조와 정조는 탕평책을 실시하게 됩니다.

2장. 정조와 수원화성

수원화성을
만든 까닭은?

보통 영조의 업적은 탕평책, 정조의 업적은 규장각 설치와 수원화성 건설을 듭니다. 영조의 업적이 당쟁이라는 맥락 속에서 의미가 있듯, 수원화성 또한 정조 즉위 과정의 맥락 속에서 그 의미를 찾아볼 수 있습니다. 정조가 수원화성을 만든 과정을 스토리텔링으로 설명해 주었습니다. 이 과정을 통해 학생들은 정조를 입체적으로 이해할 수 있었습니다.

영조와 정조의 업적 이해

영조가 성균관에 세웠던 탕평비 사진을 보여 주며 탕평책에 대하여 간단히 설명했어요. 탕평책으로 인재를 골고루 등용하고 당쟁을 없애려던 영조의 의지를 학생들에게 전달해 주었어요. 영조가 죽고 왕위에 오른 정조도 탕평책을 이어 나갔는데, 노론과 소론을 골고루 등용했을 뿐 아니라 한발 더 나아가 출신을 가리지 않고 등용했어요. 서얼(양반과 첩 사이의 자녀로 양인 또는 천인)도 글을 잘하거나 재주가 있으면 등용했어요. 남인을 영의 정에 올리기도 했어요. 그리고 정조의 수원화성 스토리텔링 PPT를 보여 주면서 학생들과 이야기를 나누었어요. 정조의 수원화성 스토리텔링 PPT는 다음과 같아요. 수원화성 건설에 관한 구체적인 내용은 '역사 이야기'를 참고하세요.

영조는 아들인 사도세자를 뒤주에 가둬 죽입니다. 이 사건을 임오화변이라고 합니다.

사도세자의 죽음에 대한 여러 이야기가 있지만 확실한 것은 당시 노론 세력이 사도세자와 사이가 좋지 않았다는 것입니다. 우여곡절 끝에 정조는 왕위에 오릅니다. 그리고 자신은 사도세자의 아들이라고 선언합니다.

하지만 정조는 '죄인의 아들은 임금이 될 수 없다'고 주장하는 노론의 끊임없는 견제를 받습니다.

정조는 규장각을 설치합니다. 규장각을 통해 왕실 서적을 관리하면서 혁신정치의 중추기관으로 삼습니다. 나라의 인재를 뽑는 과거시험을 규장각에서 주관하기도 했습니다.

또한 자신을 지켜 줄 친위부대인 장용영을 만들어 노론 세력에 대항하기 위해 군사적인 힘을 키웁니다.

정조는 자신의 아버지인 사도세자의 무덤을 수원으로 옮기고 수원화성을 건설합니다. 그곳에서 자신의 뜻을 펼칠 개혁정치를 꿈꿉니다.

+Tip 수업 성찰

학생들에게 스토리텔링을 하기 전, 정조가 수원화성을 만든 이유와 정조의 업적을 살펴보기 위해 '역사 이야기' 등을 참고하세요. 그리고 스토리텔링 PPT 자료를 교사가 먼저 보세요. 스토리텔링 PPT를 학생들에게 보여 준 후, 정조가 왜 수원화성을 만들었는지 질문하고 대답을 들어 보세요. 참신한 대답을 많이 할 것입니다.

학생들이 원하는 곳을 다 답사하기란 쉽지 않지만 인터넷 지도를 활용하면 생생한 간접 체험을 할 수 있어요. 포털사이트의 로드뷰를 활용해 현장 체험 학습을 가는 것이죠. 학생들에게 미리 학습지를 나누어 주고 가상 체험 학습을 하면서 학습지를 완성하도록 합니다. 저는 학생들과 함께 수원화성을 함께 다녀왔습니다. 어떻게 다녀왔는지 살펴볼까요?

교사: 이틀 뒤, 수원화성으로 체험 학습을 갑니다.

학생: 진짜요?

교사: 당연하죠. 준비물은 필요 없습니다. 그냥 평소대로 학교에 오고 학습을 마치는 시간도 같습니다.

학생: 그렇게 빨리 갔다 오나요?

교사: 물론! 말 잘 들으면 휴게소에서 핫바도 사 줍니다.

D-Day. 학생들에게 체험 학습지를 나눠 주고 출발하기 전에 함께 읽어 보자고 하면 학생들이 진짜인 것처럼 실감합니다. 출발 시간, 도착 시간, 체험 현장에 가서 봐야 할 곳을 미리 확인합니다.

교사: 자, 출발하기에 앞서 스크린 앞으로 가까이 오세요. (포털사이트 지도를 열고 우리 학교 확대) 여기가 우리 학교네요. 이제 출발합니다. 버스 타는 곳으로 갑시다.

학생: ….

교사: 모두 버스에 탔나요? 안전벨트를 착용하고 출발합시다!

학생: ….

교사: (지도상에서 고속도로를 지나 금강휴게소에 도착) 자, 휴게소에서 도착했어요. 화장

실 다녀오면 선생님이 핫바 하나씩 쏠게요.

학생: (이제 자포자기!) 선생님, 핫바 너무 맛있어요. 선생님, 쥐포도 사 주세요.

이렇게 이야기를 나누면서 수원화성에 도착하면 로드뷰 버전으로 바꾸어 화성행궁 - 팔달문 - 서장대 - 서북공심돈 - 장안문 - 화홍문 - 청룡문 - 봉돈 순으로 답사를 다닙니다. 유적지 사진을 보여 주면서 간단히 설명을 하고 학생들이 체험 학습지에 기록하도록 했어요. 학생들은 "너무 힘들다", "3일이 걸렸다(로드뷰가 밤낮이 바뀜)", "피곤해서 내일 쉬자" 등 농담을 하면서 학습지를 마무리했어요. 저는 매년 학생들과 함께 가상 체험 학습을 하며 특히 독도는 꼭 다녀옵니다.

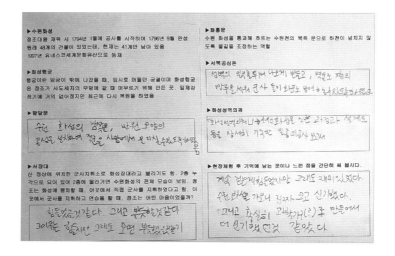

수원화성 가상 체험 학습지

가상 현장 체험에 대한 학생 후기

역사 이야기

수원화성을 만든 까닭

영조는 사도세자를 뒤주에 가두어 죽입니다. 이 사건을 임오화변이라고 합니다. 영조가 사도세자를 죽이는 사건이 일어나기까지는 영조와 사도세자 간 갈등, 영조와 사도세자를 둘러싼 노론과 소론의 대립, 사도세자의 병증과 비행 등 많은 일이 있었지만, 사도세자를 죽음에 이르게 한 원인 중 확실한 것은 당시 강력한 힘

수원화성

을 가진 노론 세력이 사도세자와 사이가 좋지 않았다는 것입니다. 그래서 정조는 요절한 영조의 맏아들 효장세자의 아들로 입적되어 왕위에 오르지만 '죄인의 아들은 임금이 될 수 없다'고 주장하는 노론의 끊임없는 견제를 받았습니다.

정조는 자신을 도울 인재들이 필요했으며 이를 위해 규장각을 설치합니다. 규장각을 정치 기구화하고 규장각을 통해 과거시험을 치르고 인재를 고루 등용합니다. 왕의 친위군인 장용영을 만들어 무력도 키웁니다. 그리고 자신의 아버지 사도세자를 장헌세자로 추존한 후 무덤을 수원으로 옮기고 수원화성을 만듭니다. 정조는 수원화성에서 어머니 혜경궁 홍씨의 회갑연을 엽니다. 정조의 수원화성 건설은 노론 세력이 굳건한 서울을 벗어나 신도시 수원에서 새로운 정치를 펼치려 했던 것으로 추정됩니다.

거중기와 녹로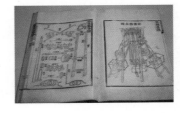

거중기는 정약용이 고안한 기계로 수원화성 건축에 사용되었어요. 도르래의 원리를 이용하여 작은 힘으로 무거운 물건을 들어 올리는 기계예요.

정약용은 정조가 중국에서 들여온 『기기도설』이란 책을 참고하여 거중기를 개발했다고 합니다. 위 4개, 아래

『화성성역의궤』에 나오는 거중기 설계도

4개의 도르래 중 아래쪽 도르래에 물건을 매달고, 거중기의 위쪽 양 끝에 있는 도르래에 걸린 밧줄을 잡아당겨서 물건을 위로 들어 올리도록 설계했어요. 『화성성역의궤』에 거중기의 전체 모습과 각 부분을 분해한 그림이 자세하게 나와 있어요.

거중기

흔히 사람들은 거중기 여러 개를 사용하여 수원화성을 쉽게 쌓았을 거라고 생각합니다. 하지만 실제 사용된 거중기는 1개밖에 없었고 이마저도 자주 고장이 나고 사용하기가 번거로워 잘 쓰이지 않았다고 합니다. 수원화성을 빨리 쌓을 수 있었던 진짜 이유는 노역을 한 백성들에게 합당한 임금을 주었기 때문이라고 해요.

녹로

무거운 물건을 들어 올리는 데 사용한 또 다른 기계로 녹로가 있어요. 녹로는 성을 쌓거나 큰 집을 지을 때 사용했어요. 지금으로 치면 아파트 건설에 쓰이는 타워크레인과 같아요. 수원화성을 쌓을 때 녹로는 2개가 있었다고 합니다.

무인 정조대왕 🖉

정조 어진을 인터넷에서 검색하면 호리호리하고 지적인 생김새의 그림들을 볼 수 있습니다. 이 그림들은 대부분 최근에 그린 것으로 세종대왕처럼 학문을 숭상하는 성군의 이미지예요. 물론 정조는 규장각의 신하들을 가르칠 정도로 학문적 역량이 대단했습니다. 그리고 무예에도 관심이 많아서 무술 교본을 직접 맡아서 간행할 정도로 실력이 뛰어났습니다. 그뿐 아니라 활쏘기를 엄청 잘했어요. 이에 대한 기록이 『정조실록』은 물론이고 박제가의 『정유각집』에도 등장하는데, 박제가에 따르면 10월 30일 이후 12월 22일까지 50발 중 49발을 맞춘 것이 10회나 된다고 해요. 요즘의 국궁 선수들도 50발을 다 맞추는 경우가 평생 한 번 정도라고 하니 얼마나 대단한지 짐작할 수 있겠죠.

3장. 조선 후기 농촌의 변화

모내기법의 발달과
장시의 성장

벼농사는 직파법과 모내기 등 크게 두 가지 방법으로 짓습니다. 직파법은 땅에 씨를 뿌려 키워 내는 방법이고, 모내기는 모판에 씨를 뿌려 모가 자라면 논에 옮겨 심는 방법입니다. 모내기는 직파법에 비해 수확량이 많고 품이 적게 든다는 장점이 있지만, 당시 나라에서는 금지했어요. 왜 그랬을까요? 왜냐하면 모를 옮겨 심으려면 논에 물이 충분히 있어야 하는데 가뭄으로 논이 마르면 모를 옮겨 심을 수 없기 때문이에요. 당시에는 오늘날과 같은 수리시설이 없었기 때문에 비가 오지 않으면 논에 물을 채우기가 쉽지 않았어요. 반면에 직파법은 가뭄이 들어도 그 피해가 적어서 한 해 농사를 망치는 일은 없었어요. 즉, 최소한의 안전장치로 모내기를 금지했던 것이죠. 그런데 조선 후기에는 가뭄에 대비한 저수지를 많이 만듭니다. 그에 따라 모내기 방식의 벼농사가 확대되지요. 또한 백성들은 외국에서 새롭게 들여온 고구마, 감자 같은 구황작물로 기근을 날 수 있었고, 인삼과 같은 특용작물 재배를 통해 부농이 생기기도 합니다.

이러한 맥락을 학생들에게 설명하는 수업입니다. 스토리텔링 PPT를 통해 그 맥락을 설명하고 여유가 된다면 시장놀이까지 해 보세요.

모내기법의 등장 스토리텔링

학생들에게 조선 후기 농촌의 변화 스토리텔링 PPT를 보여 주면서 설명을 해 주었어요.

직파법 <small>ppt</small>

- 3월에 논에 씨를 뿌려 10월에 수확함
- 논을 사용하는 기간은 씨를 뿌리는 3월에서 수확하는 10월까지
- 씨를 뿌린 후부터 수확할 때까지 잡초가 많이 생겨 계속 뽑아 주는 것이 매우 힘듦
- 지금의 밭과 비슷함

모내기법 <small>ppt</small>

- 3월에 모판에 씨를 뿌려 싹을 틔움
- 모판에서 5월까지 벼를 키우다가 논에 물을 가득 담아 놓고 옮겨 심음
- 10월에 수확을 함
- 논을 사용하는 기간은 5월부터 10월까지이고 그 외 기간에는 다른 것을 심어도 됨
- 논에 물이 항상 있어야 함

둘 중 무엇이 더 좋을까? <small>ppt</small>

- 모내기를 활용한 벼농사가 일손이 더 적게 듦
- 10월부터 5월까지는 논에 다른 것도 심을 수 있음(예를 들면 보리)
- 하지만 조선 전기에는 모내기법 금지 왜?
  - 가뭄이 들면 모를 심을 수 없어 한 해 농사가 쫄딱 망하게 된다는 엄청난 문제점 때문에
- 그런데 조선 후기에는 이렇게 위험한 모내기가 급격하게 늘어남! 어째서?

다음 채소를 분류해 봅시다.

다음 채소들은 조선 후기에 우리나라에 처음 들어왔어요.

위와 같은 채소뿐 아니라 인삼, 담배 등도 재배했어요.

그 결과 농민들의 삶은? <small>ppt</small>

- 모내기가 널리 퍼지고 다양한 작물을 생산하게 되면서 농민들의 삶이 어떻게 바뀌었을지 토의해 봅시다.
  - 적은 인력으로 넓은 땅을 농사지을 수 있다.
  - 다른 작물을 팔아서 소득이 늘어났다.
  - 농사지은 것을 파는 사람들이 늘어났다.

요약하면, 많은 장점에도 불구하고 조선 전기에는 모내기 대신 직파법을 활용했어요. 가뭄에 대한 대비책이 제대로 마련돼 있지 않았기 때문이에요. 하지만 조선 후기에는 모내기가 급속하게 늘어나요. 수리시설 확충으로 논에 물을 대는 일이 쉬워졌기 때문이에요. 또한 감자와 고구마 같은 구황작물과 인삼과 담배 같은 특용작물을 많이 재배하여 이로 인해 농가의 소득이 늘어났으며 부농이 생겼어요. 여유 생산품을 사고팔았으며 이러한 변화로 시장이 발달하게 됩니다.

➕ Tip 수업 성찰

조선 후기 시장의 발달은 복합적인 원인이 있습니다. 농사법의 발달로 인한 부농의 증가도 그중 하나이지만, 대동법의 실시와 화폐의 유통, 독점 상업 행위인 금난전권

폐지와 같은 정책들도 큰 몫을 합니다. 하지만 초등학생 수준에서 대동법 실시, 금난전권 폐지는 그 내용이 너무 복잡하고 어려워서 모내기법과 특용작물, 상평통보의 유통 수

처음에는 대 모내기법을 금지 했을지 의인은 많이 햇는데 알고나니 왕들이 금지했을 것이란한 이유였다. 그게 왕들은 똑똑해서 저수지를 만들어 백성들의 화를 5~6주일때 왕들이 백성들을 위하는 마음이 옳은것같다

학생의 수업 일기

준에서 수업을 진행했어요. '역사 이야기'를 읽고 판단하여 그 수준을 조절하시면 될 것 같습니다.

⚐ 이런 수업도 있어요: 상평통보의 사용과 시장놀이 수업

조선 후기에는 시장이 발달하고 화폐도 활발히 유통됩니다. 조선 후기 시장의 발달 모습을 간접 체험하기 위해 시장놀이 활동을 합니다. 단순히 시장놀이만 하는 것이 아니라 상평통보를 도입하여 화폐의 편리함을 느껴 볼 수 있도록 구성했어요.

물물교환으로 시장놀이 하기

학생들은 각자 자신의 가게를 열고 물물교환으로 시장놀이를 시작했어요. 그런데 물물교환으로 물건을 사고파는 활동은 활발히 진행되지 않았고 약 5분 동안 3건 정도의 거래가 오갔을 뿐이었어요. 모든 거래가 끝난 뒤, 물물교환의 불편한 점을 발표했어요.

〈물물교환의 불편한 점〉
 1. 가격 다툼으로 서로 싸움이 날 수 있다.
 2. 물물교환으로 손해 보는 장사를 할 수 있다.
 3. 물건들을 들고 다니기가 너무 무겁다.

상평통보로 사고팔기

활발하게 거래하는 모습

상평통보를 사용하여 시장놀이 하기

학생이 가진 돈을 100원에 상평통보 1개씩 교환해 주었어요. 상평통보를 사용하니 물물교환 때보다 활발한 거래가 이루어졌고 얼마 지나지 않아 물건을 다 팔았어요. 물건을 가장 많이 판 학생은 상평통보를 72개나 벌었답니다.

시장놀이를 마친 후, 상평통보 개수만큼 학급에서 통용되는 스티커를 주었어요. 상평통보로 바꾸어 간 돈은 학급회비로 모아 아이스크림을 사 먹었어요.

〈상평통보의 편리한 점〉

1. 물건과 달리 휴대가 간편하다.
2. 필요한 물건을 바로 살 수 있다.
3. 싸울 일이 없다.
4. 가격이 정해져 있어서 손해 보는 일이 없다.
5. 물건을 사고파는 시간이 많이 줄어든다.

상평통보의 사용으로 시장이 전국적으로 확대되었고 돈을 많이 버는 사람들이 생겼다고 설명해 주었어요. 그리고 혜촌 김학수의 〈시장도〉를 같이 보면서 당시의 시장의 모습은 어떠했는지 자세히 살펴보았어요.

역사 이야기

대동법 🖉

대동법은 백성들을 위한, 당시로서는 매우 개혁적인 납세제도입니다. 그 이유를 한번 살펴볼까요? 조선시대 납세제도 중 하나인 공납은 지방의 특산물을 바치는 것입니다. 예를 들어 제주의 밀감, 나주의 배, 통영의 나전칠기 등이 있습니다. 예상치 못한 인재나 자연재해가 발생하면 특산물 생산에 차질이 생깁니다. 예를 들어 비단을 10필 공납해야 하는데, 비단을 짜는 데 필요한 누에고치를 잘 못 키워서 비단을 5필밖에 생산하지 못했다면 나머지 5필은 다른 고을에 가서 비싼 값에 사 와야 하는 거죠.

그런데 농사로 바쁜 농민들이 직접 구하러 다니기가 어렵습니다. 그래서 상인이나 중간 관리들이 특산품을 방납(대신 납부)하고 농민에게 막대한 대가나 이자를 받는 폐단이 생겼어요. 나라에서는 이를 개선하고자 특산품 대신 쌀로 내게 하는 대동법을 실시합니다. 다만, 농사가 쉽지 않은 산간 지역이나 불가피한 일이 있을 때는 베나 무명, 화폐로 내게 했어요.

나라에서는 대동법을 통해 거둔 쌀로 필요한 물품을 샀습니다. 이 과정에서 공인(궁궐, 관청에서 필요로 하는 물품을 사서 납품하는 상인)이 등장하고 화폐 사용이 촉진되는 등 상업의 발달을 가져옵니다.

대동법은 김육의 건의로 광해군 때 경기도에서부터 실시했으며 전국으로 확대 시행되기까지 약 100년이 걸립니다. 이렇게 오랜 세월이 걸린 이유는 경기도 일부를 비롯한 남쪽 지역과 강원도, 황해도, 함경도 등에 일괄 적용하기 어려워서 제도의 미흡한 점이나 예외의 경우를 보완해 나가는 데 시간이 걸렸기 때문입니다. 또 가구 수(호)를 기준으로 부과했던 세액을 토지 면적(결)을 기준으로 부과하면서 부호의 부담은 늘고 가난한 농민의 부담은 줄었는데 그 과정에서 부호들의 반대도 있었고요. 대동법의 실시로 농민의 부담은 다소 줄었지만 진상이나 별공의 형태로 일부 특산품 납세제도는 계속되어 농민들은 세금 부담은 여전하였습니다.

상평통보 🖉

상평통보는 1633년 인조 때 처음 만들어졌으나 제대로 유통되지 못했고 1678년 숙종 때 다시 만들어 서울 일대에서 사용하였습니다. 숙종 말기에는 전국적으로 유통됩니다. 상평통보가 숙종 때 널리 퍼지게 된 이유는 대동법으로 인한 상업의 발달 때문입니다.

상평통보는 동전처럼 동그랗게 생겼는데 가운데에 네모난 구멍이 있습니다. 네모난 구멍을 둘러싸고 앞면에는 상평통보라는 글자가 새겨져 있고, 뒷면의 위쪽에는 상평통보를 주조한 관청의 이름이 있고, 그 아래쪽에는 천자(千字) 또는 오행(五行)의 한 글자를 새겼어요. 또 숫자나 기호가 찍힌 것이 있는데 이것은 모두 주조 번호를 표시한 것이라고 합니다. 참고로 상평통보의 '상평(常平)'은 상시평준(常時平準)의 줄임말로 유통 가치를 일정하게 유지한다는 뜻입니다.

감자와 고구마 🖉

감자 튀김, 고구마 케이크 등 감자와 고구마는 오늘날 우리가 즐겨 먹는 중요한 식재료입니다. 조선 후기에도 감자, 고구마는 구황작물로서 매우 중요한 식량 역할을 했습니다.

구황작물의 글자를 풀이하면 '구할 구(救)'에 '거칠 황(荒)'으로 흉년에 농사를 망쳐서 먹을 것이 없을 때 목숨을 구해 주는 아주 중요한 음식이라는 뜻이에요. 감자와 고구마는 재배 기간이 짧고 가뭄이나 장마에도 잘 자라서 조선 후기에 전국적으로 재배되었어요. 둘 중 먼저 들여온 것은 고구마입니다. 1763년 일본에 통신사로 갔다 온 조엄이 고구마 종자를 들여와 재배하기 시작했어요. 감자는 그보다 60년쯤 뒤에 조선에 들어옵니다. 산삼을 찾기 위해 조선에 몰래 숨어 들어온 청나라 사람들이 감자를 경작하면서 조선에 퍼지기 시작했다고 추정됩니다. 감자는 고구마보다 재배 방법이 쉬워 더 널리 퍼지게 되지요.

참고로 '감저(甘藷)'는 원래 고구마를 일컫는 말이었으며, 감자는 북쪽에서 온 감저라는 뜻으로 '북감저'라고 불렸어요. 계속 혼용하여 사용되다가 1900년대 이르러 감자, 고구마로 구분되었어요.

4장. 서민문화의 발달

풍속화에는 어떤 내용이 있을까?

조선 후기에는 판소리, 한글 소설, 탈놀이 등 다양한 서민문화가 발달했어요. 학생들에게 모두 소개해 주면 좋겠지만 단순 암기만 될 것 같았어요. 그래서 당시 서민들의 생활 모습이 담겨 있는 김홍도의 풍속화를 주고 서민문화를 알아보는 것으로 수업을 설계했습니다. 김홍도의 풍속화 중 〈서당〉, 〈씨름〉, 〈벼타작〉을 컬러 인쇄하여 모둠별로 나눠 줬어요. 학생들은 하나씩 살펴보면서 이야기를 나누었어요. 풍속화 속 서민들의 생활 모습을 찾아보고 당시의 인물이 되어 짧은 글을 썼어요..

풍속화에서 알게 된 점, 궁금한 점 찾기

학생들은 모둠별로 풍속화를 보면서 이야기를 나눴어요. 그리고 나서 자세히 살펴보고 싶은 풍속화 하나를 선택해 모둠 스케치북(도화지)에 붙이고, 포스트잇에 새로 알게 된 점을 써서 그림 둘레에 붙였어요. 활동 과정은 다음과 같습니다.

1. 그림에서 한 부분을 선택한다.
2. 선택한 부분에 동그라미한 뒤, 그림 바깥으로 선을 긋고 포스트잇을 붙인다.
3. 포스트잇에는 "ㅇㅇ를 보니 당시에는 ◇◇했던 것 같다."의 형식으로 알게 된 점을 쓴다.
4. 그림을 보다 떠올린 궁금증은 다른 색 포스트잇에 써서 붙인다.

학생들이 풍속화에서 찾은 사실은 다음과 같아요.

〈벼타작〉

풍속화에서 알게 된 점과 궁금한 점을 찾은 결과

- 양반은 노비가 일하는 동안 쉬며 술을 먹는다. 증거는 양반 옆에 있는 술병이다.
- 새끼줄을 꼬고 있는데 시장에 가서 팔거나 지붕을 수리하거나 짚신을 삼기 위해서이다.
- 양반이 담배를 피우고 있다. 조선 후기에 담배를 재배했던 사실을 알 수 있다.

〈서당〉

- 갓을 쓴 사람과 안 쓴 사람이 있는 것으로 보아 양반과 상민이 같이 공부를 했다.

〈씨름〉

- 씨름을 보면서 군것질을 하였다.
- 양반은 씨름을 하지 않고 관전만 했다. 점잖게 있어야 하기 때문인 것 같다.

학생들이 풍속화를 보면서 떠올린 궁금증은 다음과 같아요.

- 벼 말고 다른 곡식으로는 뭘 재배했을까?
- 왜 다양한 신분의 사람들이 같이 공부했을까?
- 왜 갓을 벗고 씨름을 봤을까?

'모둠 이동' 활동을 통해 배우고 질문하기

다른 모둠의 탐구 결과를 서로 확인하기 위해 '하나 남고 셋 가기' 활동을 했어요. 모둠별로 한 명만 남아서 설명을 하고 나머지 모둠원들은 다른 모둠으로 이동하여 설명을 듣는 활동입니다. 학생들은 설명을 듣고 궁금한 점을 물어보았어요. 이런 방식으로 모둠을 옮겨 다니면서 서로 생각을 나눕니다.

'하나 남고 셋 가기' 활동 모습

풍속화 그림일기 쓰기

그림 속 인물의 대사를 써 넣은 다음에 그림 속 인물이 되어 일기를 써 보는 활동으로 수업을 마무리했어요.

1780년 9월 18일 맑음, 김 진사 댁에서 일하는 날

김 진사 댁에서 곡식 수확량에 따라 돈을 준다는 소식을 듣고 그 고을에 사는 평민과 노비들이 김 진사 댁에 모였다. 나도 그중 한 명이었다. 김 진사 댁에 모인 사람들은 일을 나눠서 하기 시작했다. 나는 벼를 터는 일을 했다. 볏짐을 나르는 사람과 벼를 나무판자에 터는 일을 하는 사람들은 굉장히 힘들어하는 표정을 하고 있었다. 나는 여러 사람과 함께 일해서 기뻤다. 그런데 김 진사 댁의 게으름뱅이 아들은 술 마시

고 담배 피고 보란 듯이 누워서 우리를 감시하고 있었다. 돈을 벌 수 있어서 좋지만, 감시하는 김 진사 댁 아들이 마음에 들지 않았다.

수업 성찰

다양한 신분의 사람들이 그려져 있는 〈벼타작〉에서 많은 얘깃거리가 나왔습니다. 이 작품 하나만 주고 심도 있게 이야기 나누는 것도 좋을 것 같아요. 새로 알게 된 점보다는 궁금한 점에 대해 서로 질문과 답을 하면서 자유롭게 이야기하는 활동이 더 활발했어요. 질문 만들기 방법으로 수업을 진행해도 좋아요.

 ## 가정에서 역사교육은 어떻게?

역사교육에 적절한 시기는 없습니다. 역사는 수업 시간에만 배우는 것이 아니기 때문입니다. 초등학교 저학년에게는 역사가 참 좋은 이야깃거리입니다. 많은 동화책들의 소재가 역사 인물인 것만 봐도 알 수 있습니다. 초등 저학년 시기에는 통사 위주의 역사책보다는 역사 동화책을 많이 읽히는 것이 좋습니다. 고학년은 역사 관련 시대별, 주제별, 인물별 책을 읽으면 많은 도움이 됩니다. 특히, 역사 수업을 처음 접하기 직전 방학을 활용한다면 훨씬 효과적입니다. 역사는 책을 읽고 습득한 사전 지식이 수업에 많은 도움이 되기 때문입니다.

부모님 또한 역사에 대한 인식을 바꿀 필요가 있습니다. 교과서 내용은 불변의 진리라는 고정관념을 버려야 합니다. 부모부터 관점의 변화가 생겨야 자녀들에게 역사를 보는 관점이 다양하다는 생각을 할 수 있으며, 자녀들의 질문에 일방적인 설명보다는 "네 생각은 어떠니?" 하고 물어보는 것이 좋습니다. 자녀가 역사에 흥미를 가질 수 있는 첫걸음이라고 생각합니다.

자녀와 함께 박물관이나 유적지 답사를 다니는 것도 참 좋은 방법입니다. 하지만 답사하기 전 사전 지식은 필수입니다. 답사 장소에 가서 무언가를 설명해야 한다는 압박감으로 자신도 잘 모르는 어려운 내용을 무작정 자녀들에게 설명하는 경우가 많습니다. 하지만 아이들은 야외에 가서 집중하여 설명을 듣는 것이 잘 안 됩니다. 반드시 답사 전, 가정에서 답사 장소에 대한 책을 읽으면서 함께 공부하는 것이 중요합니다. 답사 장소에서는 공부했던 것을 직접 눈으로 확인하거나 서로 의견을 나누는 활동 위주로 하시면 좋습니다. 요즘은 어린이박물관이나 체험 활동을 할 수 있는 유적지가 참 많습니다. 그런 곳 위주로 가서 아이들이 흥미를 가지고 경험하도록 하는 것도 좋습니다. 참고로 본 책의 〈부록〉에 지역별 주요 답사 장소를 소개해 놓았습니다.

역사 이야기

김홍도의 풍속화 🖊

'조선 후기의 대표적인 화가' 하면 김홍도와 신윤복을 떠올릴 것입니다. 특히, 김홍도의 풍속화는 당시 백성들의 생활 모습을 잘 담고 있어서 귀중한 문화재입니다. 김홍도의 풍속화는 그림 속 인물의 인체 비율이 매우 정확하고 조선의 의복 양식을 살펴볼 수 있을 정도로 아주 정교합니다.

김홍도가 풍속화를 그린 이유는 정조의 명이라고 알려져 있습니다. 정조가 백성들이 사는 모습을 파악하기 위해 김홍도로 하여금 풍속화로 그려서 국정 자료로 삼으려 했다는 것이죠. 물론 사실임을 확인할 수는 없고 하나의 추측입니다. 김홍도는 풍속화만 그렸다고 생각하기 쉽지만, 사실 다양한 그림에 능했습니다. 산수화부터 영묘화, 도석인물화까지 300여 점이나 되는 그림을 그렸습니다.

하회탈놀이 🖊

하회탈은 안동 하회마을에 전해 내려오는, 가장 오래된 탈놀이 가면입니다. 안동 하회탈은 병산탈과 함께 우리나라 탈 가운데 유일하게 국보로 지정되었어요. 하회탈은 하회별신굿탈놀이에서 사용되는데, 하회별신굿탈놀이는 양반 계층에 대한 비판을 우스꽝스럽게 표현하고 있습니다. 하회탈은 반달 눈웃음이 인상적인 양반탈, 백정탈, 부네탈, 할미탈, 이매탈, 선비탈, 각시탈, 초랭이탈, 중탈, 주지탈(2개) 등 11개가 전해집니다.

하회탈에는 다음과 같은 전설이 내려옵니다. 옛날 허 도령이 꿈에서 서낭신의 계시를 받고 탈을 만들어요. 탈을 만드는 곳은 다른 사람들이 출입할 수 없도록 금줄을 치고 매일 목욕재계를 하며 정성을 들여요. 그러던 어느 날 허 도령을 사모하는 처녀가 허 도령이 보고 싶어서 몰래 집 안을 엿보았어요. 그 순간 허 도령은 피를 토하며 쓰러졌고 금세 숨을 거두었어요. 죽기 직전 허 도령이 만들던 탈이 이매탈이었는데, 이 때문에 이매탈은 턱이 없는 미완성의 모습이라고 합니다.

5장. 신분제도의 변화

조선 후기 신분은
어떻게 변할까?

조선 후기, 양반이 늘어나고 천민이 줄어들면서 신분제도에 변화가 생깁니다. 그 이유는 농업과 상업을 통해 부자가 된 상민이 양반 신분을 사고, 살림살이가 어려워진 상민이 살던 곳을 떠나거나 도적이 되기도 하고, 나라에서 공노비가 상민이 되도록 해 주었기 때문입니다. 달라진 신분의 비율을 도표나 그래프로 본다면 학생들은 쉽게 이해할 것입니다. 연도별 신분의 구성을 100칸의 모눈종이에 직접 색칠해 보는 활동을 통해 조선 후기 신분의 변화를 알아보는 수업을 구상했어요.

연도별 신분 구성 색칠하기

조선 후기 '울산 지역의 연도별 신분 비율 변화' 자료를 바탕으로 학습지를 만들었어요. 울산 지역의 연도별 신분 비율 변화표를 만들 때는 항목란을 공란으로 둡니다. 그리고 학생들에게 공란에 들어갈 항목이 무엇인지 물어봅니다. 학생들은 잠시 생각하다가 다양한 대답을 했어요.

〈울산 지역의 연도별 신분 비율 변화〉

연도	( )	( )	( )
1729년	26	60	14
1765년	41	57	2
1804년	53	46	1
1867년	65.5	34	0.5

〈학생들의 대답〉

- (전쟁 수) − (부상자) − (죽은 사람)

- (논) − (밭) − (저수지)

- (경상도 지역의 양반) − (일반 평민) − (상민)

- (전쟁 규모) − (사망자) − (파괴된 문화재)

다양하죠? (양반) − (상민) − (천민)의 비율이라고 정답을 말해 주고, 가로, 세로 각 10칸으로 만들어진 모눈종이에 신분 비율대로 색칠을 해 보라고 했어요. 이때 학생들이 색칠하는 데 시간을 많이 할애하는 것 같으면 너무 예쁘게 색칠하지 않아도 된다고 말해 주세요.

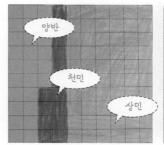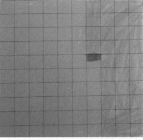

1729년과 1867년 울산 지역의 신분 비율 변화

1729년에 비해 1867년에는 양반이 늘고 천민이 급격히 줄어든 사실을 알 수 있어요. 그 이유를 학생들이 추측한 결과는 다음과 같아요.

〈양반이 늘어난 까닭〉

- 농업 생산량의 확대와 시장의 발달로 부자가 된 상민들이 돈을 주고 양반을 샀다.

- 양반들이 아기를 많이 낳았다.

- 일 잘하는 상민을 양반으로 만들었다.
- 돈으로 공명첩을 사서 양반이 되었다.

〈천민이 줄어든 까닭〉
- 노비들을 상민으로 만들었다. 왜냐하면 세금을 거두기 위해서이다.
- 노비 문서가 다 불에 탔다.
- 노비들이 많이 도망쳤다.
- 노비들이 아이를 많이 낳지 못했다.

학생들의 의견을 칠판에 적은 다음 의미 있는 대답은 인정해 주고 '아이를 많이 못 낳음'과 같이 확인할 수 없는 내용은 다음에 생각해 보기로 했어요.

신분 변화의 이유 알아보기

학습지를 통해 신분이 변화된 이유와 신분이 바뀐 사람들이 어떻게 살았는지 알아보았어요. 학습지에는 공명첩과 김홍도의 〈자리 짜기〉가 나옵니다. 학생들은 부유한 상민들이 공명첩을 사서 양반의 수가 늘었다는 사실과 〈자리 짜기〉 속 가난한 양반처럼 양반도 가난하면 돈을 벌기 위해 일을 했다는 사실을 확인했어요. 그리고 이를 통해 조선 후기 신분제의 변화를 알 수 있었어요.

학생이 작성한 학습지 결과

역사 이야기

가짜 족보 ✏️

갑오개혁을 기점으로 우리나라에는 공식적인 신분제도가 사라집니다. 그래서 지금처럼 양반, 상민, 노비 같은 계층이 없습니다. 주변을 둘러보면 모든 집에 족보나 훌륭한 조상들이 있습니다. 자기 조상이 노비였다는 사람은 본 적이 없습니다. 하지만 진짜 그럴까요? 16세기까지만 해도 인구의 40%가 성이 없었다고 합니다. 조선 후기로 넘어오면서 상민들은 족보를 사거나 가짜 족보를 만들기 시작하죠. 가짜 족보라 해서 새로운 성씨를 만드는 것도 아니고 유명 성씨인 김, 이, 박 씨로 편입을 합니다. 신문고를 쳐서 가짜 족보 만드는 것을 금지해 달라고 할 정도였다고 해요. 다른 나라는 성씨의 종류가 이름만큼 다양한데, 우리나라는 다수가 김, 이, 박 씨인 것도 이런 이유예요. 외국에서 우리나라와의 축구 경기를 중계할 때 공격수도 김, 수비수도 김, 골키퍼도 김이라서 엄청 힘들었다는 이야기가 생각나네요.

납속책과 공명첩 ✏️

납속책은 조선 전기부터 있었던 것으로 나라에 돈이나 쌀을 내면 신분을 상승시켜 주거나 군역을 면제해 주던 제도입니다. 납속책은 임진왜란 중, 그리고 그 이후에도 나라의 재정 확보를 위해 계속되다가 현종, 숙종 때 남발하게 되는데, 이로 인해 조선 후기 신분제가 크게 흔들립니다. 공명첩은 이러한 납속책의 한 종류입니다. 나라에서는 벼슬을 내릴 때 사람 이름이 적혀 있는 문

공명첩

서를 주지만, 공명첩은 벼슬을 받는 사람의 이름 칸을 비워 둔 문서예요. 나라의 살림이 어려울 때 관리들이 돈이나 곡식을 나라에 바치는 사람에게 그 사람의 이름을 적어 이 문서를 주었기 때문이에요. 다만, 실제 벼슬이 아닌 이름뿐인 명예직이었다고 합니다.

6장. 여성의 신분 변화

여성의 지위 변화 그래프 그리기

조선 후기는 성리학의 영향으로 여성의 지위가 상당히 하락합니다. 조선 후기 여성의 지위를 잘 이해하려면 다른 시대와 비교하는 것이 효과적입니다. 삼국시대부터 고려, 조선을 거쳐 현대까지 여성의 삶과 관련된 자료를 통해 여성의 지위가 어떻게 변했는지 그래프를 그려 보는 겁니다. 조선 후기 여성의 지위가 성리학 때문에 낮아지게 되었다는 사실을 학생들이 찾아낼 수 있도록 수업을 설계했어요.

그래프 모양 확인하기

여성의 지위 변화 그래프는 다음과 같은 모양이에요. 가운데는 남녀평등, 위로 한 칸씩 올라갈수록 여성의 지위가 상승합니다. 가운데에서 아래로 한 칸씩 갈수록 여성의 지위가 하락하는 남성 우월 사회라고 할 수 있지요. 그래프에 여성의 지위를 표시하기에 앞서 '시대별 여성의 삶'에 대한 읽기 자료를 읽고 정리하는 활동을 합니다. 그러면 좀 더 객관적인 그래프를 그릴 수 있어요.

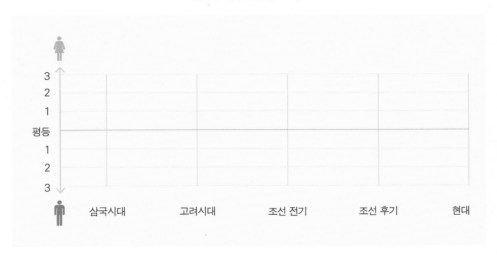

〈여성의 지위 변화 그래프〉

'시대별 여성의 삶' 자료 읽기

여성의 지위 변화 그래프를 그리기 위해서는 참고 자료가 있어야 합니다. 삼국시대부터 고려, 조선, 현대까지 시대별로 여성의 삶과 지위를 알 수 있는 자료를 학생들이 읽기

삼국시대 여성의 삶	
★우리나라의 유일한 여왕 신라에는 여왕이 3명이나 있었다. 선덕여왕, 진덕여왕, 진성여왕, 이렇게 3명으로 유일한 여왕 ★고구려의 데릴사위제 데릴사위제는 남자들이 처가에서 오랫동안 생활한 후에야 아내와 함께 남자의 집으로 돌아올 수 있는 지극히 여성을 배려한 결혼 풍습 ★주몽의 어머니 유화 이야기 유화는 연못가에 나왔다가 천신의 아들이라는 해모수를 만나 사랑을 하게 되었고 임신도 했어요. 하지만 해모수는 그녀를 떠났고, 유화의 아버지 하백은 그녀를 내쫓아 버렸지요. 갈 곳 없던 그녀는 동부여의 금와왕을 만나 후궁으로 살았답니다. 지금의 기준으로 본다면 그녀는 미혼모이며, 집에서 버림받고, 행실이 아름답지 못한 여인에 불과합니다. 하지만 고구려인들은 그녀를 해마다 신으로 섬겼답니다.	★신라 여성의 경제 활동 명단이란 여성은 자신의 재산으로 불탑을 세웠고 여성들은 직접 직물도 짜고 시장에서 물건도 팔고 전문 직업인으로도 활발하게 활동 ★평강공주 이야기 평강공주는 귀족의 아들과 결혼하라는 왕의 명령을 듣지 않고 스스로 궁궐을 뛰쳐나와 바보 온달과 결혼해 그를 대장군으로 만들었습니다. 조선 시대라면 평강공주는 공주의 신분을 빼앗겼을 것이고, 온달은 죽음을 당했을 것입니다. 하지만 고구려 평원왕은 그녀와 대장군 온달을 축복해 주었답니다. 평강공주는 이처럼 신분을 뛰어넘어 사랑을 성취한 용기 있고 진취적인 여성이었습니다. ★고구려의 무덤 벽화 여성이 외출하여 남자와 자유롭게 얘기를 나누며 놀고 있습니다.

'시대별 여성의 삶' 읽기 자료 일부

쉽게 정리해서 나눠 주었어요. 결혼, 재산 분배, 직업, 족보의 기록 등 여성과 관련된 다양한 자료입니다.

학생들은 자료를 매우 집중해서 읽습니다. 필요한 부분은 형광펜으로 예쁘게 줄을 긋는 센스도 발휘하고요. 그리고 표에 정리를 했어요. ×로 표시한 빈 칸은 제가 준 자료에 없는 내용입니다. 자료를 수집하고 읽는 것에 그치지 말고 정리를 하는 시간을 가지면 학생들은 더 쉽게 이해할 수 있어요.

'시대별 여성의 삶'을 표에 정리한 결과

여성 지위 변화 그래프 그리기

시대별 여성의 삶에 대한 내용을 정리한 표를 바탕으로 각자 그래프를 그렸습니다. 모둠별로 하나씩 그려도 됩니다.

여성의 지위가 1이니 2니 하는 것은 큰 의미가 없습니다. 학생마다 견해의 차이는 있으니까요. 중요한 것은 조선 후기에 여성의 지위가 급격하게 추락했

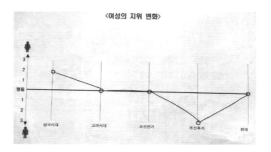

〈여성의 지위 변화〉

학생이 그린 '여성의 지위 변화' 그래프

다는 사실입니다. 왜 조선 후기에 여성의 지위가 크게 추락했는지 학생들에게 질문을 했어요. 모둠별로 시간을 주고 교과서를 참고하여 그 이유를 찾아보도록 했더니 '성리학' 때문이라는 사실을 대부분 찾아낼 수 있었답니다. 그럼에도 불구하고 조선 후기 훌륭한 업적을 남긴 여성(허난설헌, 김만덕 등)도 있으니, 이에 대해 언급을 해 주면 더 좋을 것 같습니다.

수업 성찰

현재 우리가 경험하는 남녀평등에 대한 논의로 빠지지 않도록 합니다. 이번 수업의 핵심과는 크게 상관이 없습니다. 지나치게 논점이 흐려지면 선생님이 직접 중재할 필요가 있어요.

삼국시대와 고려시대 여성의 지위를 착각하지 않도록 합니다. 많은 학생들이 삼국시대와 고려시대에 여성의 지위가 남성보다 높다고 표시했어요. 특히, 삼국시대에는 여왕도 있었기 때문에 학생들이 이렇게 생각할 수 있어요. 또한 여성의 지위와 관련된 자료를 많이 줄수록 높게 보는 경향도 있어요. 하지만 현재와 비교하여 과거에는 남성이 여성보다 항상 지위가 높았다는 사실을 주지시킬 필요가 있습니다.

자료의 양은 학생들의 수준에 맞게 조절해 줍니다. 읽기 자료의 양이 많거나 내용이 조금 어려운 것 같으면 그 양을 줄이거나 표에서 일부 항목을 빼도 됩니다. 물론 세부적인 자료는 달라지겠지만, 조선 후기 여성의 지위가 하락했다는 사실은 변화가 없습니다.

조선 후기에서 현대까지

'시대별 여성의 삶' 읽기 자료 🖊

삼국시대

주몽의 어머니 유화 이야기
유화는 연못가에 나왔다가 천신의 아들 해모수를 만나 사랑하게 되었고 임신도 했습니다. 하지만 해모수는 이 사실을 모른 채 그녀를 떠났고, 유화의 아버지 하백은 그녀를 내쫓았어요. 다행히 유화는 동부여의 금와왕을 만나 후궁이 되지요. 오늘날의 기준으로 보면 유화는 미혼모이며, 집에서 버림받은 여인에 불과합니다. 하지만 나중에 고구려인들은 유화를 신으로 섬깁니다.

고구려의 데릴사위제
고구려의 서옥제는 일종의 데릴사위제로 남자가 처가에서 오랫동안 생활한 후에야 아내와 함께 남자의 집으로 돌아올 수 있는, 지극히 여성을 배려한 결혼 풍습입니다.

평강공주 이야기
평강공주는 귀족의 아들과 결혼하라는 왕의 명령을 듣지 않고 궁궐을 뛰쳐나와 바보 온달과 결혼해 그를 대장군으로 만들었습니다. 조선시대라면 평강공주는 공주의 신분을 빼앗겼을 것이고, 온달은 죽임을 당했을 것입니다. 하지만 고구려 평원왕은 그녀와 온달을 축복해 주었어요. 평강공주는 이처럼 신분을 뛰어넘어 사랑을 성취한 용기 있고 진취적인 여성이었어요.

고구려의 무덤 벽화와 신라의 봉화 취서사 불탑
고구려 벽화를 보면 여성이 남자와 자유롭게 얘기를 나눕니다. 봉화 취서사에 있는 신라시대 불탑은 김량중의 딸 명단이 자신의 재산을 내어 세웠다고 합니다. 신라 여성들은 사유재산이 있었고 직물을 생산하여 내다 파는 등 직업인으로 활동했습니다.

고구려 장천 1호분 벽화

우리나라의 유일한 여왕
신라에는 여왕이 3명이나 있었어요. 선덕여왕, 진덕여왕, 진성여왕으로, 우리 역사에서 유일한 여왕입니다.

고려시대

고려시대의 제사
오늘날 제사는 보통 친가 쪽 돌아가신 조부모에 대해 지냅니다. 하지만 고려시대에는 친할아버지뿐만 아니라 외할아버지 쪽 제사도 지냈습니다. 제사는 큰아들 집이 아니라 주로 절에서 함께 지냈습니다.

몇녀 몇남
지금은 자식이 몇이냐고 물으면 '2남 1녀'와 같이 남자를 먼저 말합니다. 하지만 고려시대에는 여자가 먼저 태어났으면 '2녀 1남', 이렇게 순서대로 대답했어요. 족보에 아들과 딸을 태어난 순서에 따라 차례대로 적었고 사위와 외손자, 외손녀까지 적었어요.

처가살이
결혼을 하면 남편이 아내 집으로 가서 아내의 식구들과 함께 살면서 아이를 낳고 키우다가 자녀가 웬만큼 자란 뒤에 남편 집으로 갔어요. 처가에서 평생 같이 살면서 상속(고려시대는 남녀 균분 상속)이나 음서제의 혜택을 누리기도 했어요. 또한 아이들이 외갓집에서 자라다 보니 외할아버지, 외할머니와 사이가 아주 가까웠습니다.

조선 전기

송순의 분재기
조선 명종 때 송순이 자신의 재산을 아들과 딸에게 고르게 나누어 준 내용을 기록한 문서입니다.

조선 전기의 제사
제사는 아들이 없으면 딸과 사위가 모셨어요. 맏

송순의 분재기

아들만 제사를 지내는 것이 아니라 형제가 돌아가면서 제사를 모시기도 했어요. 제사에서 친손자와 외손자를 구별하지 않아서 외손자가 제사를 지내기도 했어요.

결혼제도
조선 전기 결혼제도에서 고려시대와 마찬가지로 처가살이를 했습니다.

경국대전
『경국대전』에 따르면 자식들 간에 남녀 차별 없이 똑같이 재산을 나누는 것(남녀 균분 상속)이 원칙입니다. 또한 관청 소속 여자 노비가 임신을 하면 출산 전후 80일의 휴가를 주었다는 기록이 있어요.

족보
족보에 올릴 때 남자부터 올리지 않고 출생 순으로 올렸으며, 사위나 외손자도 올렸습니다.

조선 후기

삼종지도
조선 후기에 여자는 평생 3명의 남자를 따라야 했습니다. 어려서는 아버지를 따르고, 결혼해서는 남편을 따르고, 늙어서는 아들을 따르는 것입니다. 이를 '삼종지도'라고 합니다.

결혼제도
중국의 결혼 풍습을 따라 시집살이로 바뀌었습니다. 시집살이란 결혼식을 올린 뒤, 여자가 남자 집에서 평생 사는 것입니다. 결혼과 동시에 여자는 남편 중심으로 생활하기 때문에 친정 식구와는 상당히 멀어지게 됩니다.

재산 상속
딸에게는 재산을 적게, 아들에게는 재산을 많이 나눠 줍니다. 아들 중에서도 특히 맏아들이 많이 받습니다. 제사도 맏아들이 지내고, 딸은 지내지 않게 됩니다.

열녀문
남편이 일찍 죽어 과부가 되면 평생 혼자 살아야 합니다. 재혼하지 않고 죽은 남편을 위해 헌신한 여자에게는 나라에서 열녀문을 세워 다른 여자들이 본받도록 하였습니다.

현대

대한민국 헌법
헌법에 따르면 모든 국민은 법 앞에 평등하고 성별과 종교 또는 사회적 신분에 의하여 정치적, 경제적, 사회적, 문화적 생활의 모든 영역에서 차별을 받지 않습니다.

재산 상속
남녀에 따라 상속에 차별을 두지 않는다고 법으로 정해져 있습니다.

여성 정치인
2022년 기준 국회의원 중 여성 비율은 18.6%입니다. 제18대 대통령은 여성이기도 했습니다.

정치 외 분야에서 여성의 활동
여성은 남성과 마찬가지로 거의 모든 분야의 직업을 가질 수 있습니다.

여성의 교육 수준(대학 진학률)
여학생의 대학 진학률은 2019년 기준 74.5%에 이릅니다. 남학생은 66.6%입니다.

열녀 만들기 프로젝트 ✏️

조선 후기에는 유교적 신분 질서가 강화되어 고려시대와 달리 여성의 지위가 상당히 추락합니다. 삼종지도라 해서 여성은 아버지, 남편, 아들을 따라야 하고, 끝까지 정절을 지키는 열녀가 많이 등장합니다. 나라에서는 열녀를 기리기 위해 열녀비를 세우고 열녀의 행적을 글로 남겨서 사람들이 본받을 수 있도록 하고요. 사실 조선 전기에 만들어진 『경국대전』은 대놓고 열녀가 되도록 권합니다. 일례로 남편이 죽으면 아내는 삼년상을 치르도록 했어요. 열녀로 등극하면 개인은 물론이고 그 가문에도 명성이 뒤따라서, 집안에서도 은근히 열녀가 나오기를 바랐다고 합니다.

조선 후기에는 열녀 경쟁이 치열해지고 조건도 더 까다로워집니다. 남편이 일찍 죽으면 삼년상을 치르고 재혼만 안 하면 되던 것이 이때는 남편을 따라 죽기까지 하는 지경에 이르거든요. 심지어 남편이 죽어갈 때 남편을 위해 제 손가락을 잘라 피를 먹이거나 제살을 베어 먹일 정도는 해야 열녀 반열에 오르게 됩니다. 과부 입장에서는 얼마나 죽을 지경이겠습니까? 만약 재혼이라도 하면 친정과 시댁은 큰 타격을 입고, 재혼을 해서 낳은 자식은 벼슬길에도 오르지 못합니다. 이렇다 보니 조선 후기 열녀는 타의적으로 만들어지는 경우가 많아서 그 폐해가 만만치 않았다고 합니다.

허난설헌 ✏️

허난설헌(1563~1589)은 『홍길동전』을 쓴 허균의 누나입니다. 허난설헌은 어려서부터 글솜씨가 뛰어났어요. 그러나 조선시대 사람들은 여자의 재능이 높이 평가되는 것을 좋아하지 않았어요. 그래서 남편과 시어머니도 허난설헌의 재능을 달가워하지 않았다고 해요. 불행한 결혼 생활, 친정아버지와 두 자녀의 죽음으로 마음의 병을 얻은 허난설헌은 젊은 나이에 세상을 떠납니다. 이후 누나의 재능을 아까워한 허균은 누나가 쓴 시와 글을 모아 책으로 만들었으며, 조선에서 인정받지 못했던 허난설헌의 시는 중국과 일본에서 높은 평가를 받습니다.

김만덕 ✏️

김만덕(1739~1812)은 제주의 상인 집안에서 태어났으나 어려서 부모님을 잃습니다. 김만덕을 아끼던 기생이 만덕을 딸로 삼고 기생으로 이름을 올립니다. 김만덕은 성인이 된 후 관청에 가서 자신은 본래 양인이니 기생의 신분에서 벗어나게 해 달라고 간청하여 기생 신분에서 벗어나지요.

  김만덕은 재물을 모으는 재능이 탁월했어요. 육지와 제주 사이에서 유통업을 하면서 큰 이익을 얻고 조선 최초의 여성 CEO가 됩니다. 그러던 어느 해 제주에 큰 흉년이 들어 많은 사람이 굶어 죽게 되었어요. 김만덕은 그동안 모은 돈으로 쌀을 사서 굶주린 사람들에게 나누어 주었어요. 김만덕이 제주 백성을 구한 일은 정조에게도 알려졌으며, 우의정 채제공이 『만덕전』이라는 책을 지어 그녀의 선행을 널리 알렸습니다.

7장. 실학

실학자, 그들을 알고 싶다

실학은 실생활에 도움이 되는 학문을 말합니다. 교과서에서는 실학을 '조선 후기 실생활에 도움이 되는 학문'이라고 정의하고 다양한 실학자의 주장과 활동을 업적 중심으로 서술하고 있어요. 수업에서는 실학의 개념에 대해 학생들과 이야기를 나눈 뒤에 여러 인물들을 제시하고 실학자와 실학자가 아닌 사람으로 분류해 보았어요. 학생들은 자료를 조사하고 토의를 하면서 실학에 대해 더 깊이 있게 이해할 수 있었어요.

실학의 의미 알기

학생들에게 실학의 의미를 물어봤어요. 학생들은 '실업자들이 연구하는 학문', '실제 생활에 도움이 되는 학문' 등 다양하게 대답했어요. **'조선 후기 실생활에 도움이 되는 학문'**이라고 실학의 사전적 의미를 칠판에 써 주었어요. 그리고 실학의 의미를 두고 좀 더 구체적으로 학생들과 이야기를 나누어 보았어요. '조선 후기'와 '실생활에 도움이 되는 학문'이란 구체적으로 무엇인지 모둠별로 토의해 보라고 했어요. 학생들의 토의 결과는 다음과 같아요.

〈조선 후기를 언제로 볼 것인가? (이유)〉

- 1637년 (병자호란 이후에 많은 변화가 생겨서)
- 1674년 (숙종 때부터: 상평통보를 사용했기 때문에)

〈실생활에 도움이 되는 학문이란?〉

- 땅에 관한 학문
- 생활에 필요한 물건을 만드는 것과 관련된 학문
- 돈 계산 및 수학과 관련된 학문
- 음식, 집을 만드는 것과 관련된 학문
- 나라의 발전과 관련된 학문

학생들이 근거를 잘 찾았죠? 언제부터를 조선 후기로 볼지에 대해서는 가장 빠른 시기인 1637년으로 합의했어요. 의견이 분분해서 수업이 잘 진행되지 않을 때는 조선 후기가 시작되는 시기에 대해 선생님이 정답을 제시해 주는 것이 더 효과적일 수 있어요. 통상적으로 조선 후기는 임진왜란이 끝난 이후를 말합니다.

실생활에 도움이 되는 학문의 개념은 다음과 같이 정리를 했어요.

- 토지 및 농사에 관련된 학문 ⇒ 농업과 관련된 학문
- 나라를 잘 다스리는 것과 관련된 학문
- 시장의 발전과 상평통보 사용 ⇒ 상업과 관련된 학문
- 생활에 필요한 것 ⇒ 우리 생활과 관련된 학문
- 집을 만드는 것 ⇒ 공업과 관련된 학문

실학자 분류하기

학생들에게 다음과 같이 여러 인물을 제시하고, 각 인물이 실학자인지 아닌지 분류를 해 보라고 했어요.

박지원, 정약용, 유형원, 김정호, 장영실, 송시열, 정조, 홍대용, 최제우

인물들에 대해 따로 설명해 주지 않고 분류해 보라 했더니, 학생들이 확실하게 실학자라고 한 사람은 '김정호' 정도였고 대부분은 잘 몰랐어요. 잘 모르는 이유는 인물에 대한 정보가 없었기 때문이에요. 실학자를 분류해 내기 위해서는 다음과 같은 정보가 필요했어요.

- 인물의 업적
- 인물이 살았던 시기

인물의 업적 조사하기

모둠별로 인물이 살았던 시기와 인물의 업적을 스마트 기기, 교과서 등을 활용하여 조사했어요. 인터넷에서 인물을 검색하면 인물에 대한 정보와 함께 그가 쓴 책들이 나오는데, 그 책의 내용을 확인해서 인물들이 어떤 일을 하고 어떤 생각을 가지고 있는지 자세히 조사하라고 했어요.

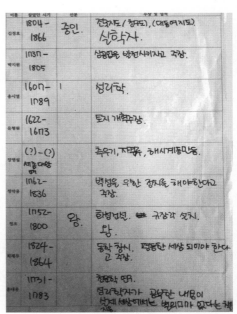

실학자에 대한 조사 결과

실학자인지, 아닌지 분류하기

각 인물의 업적을 바탕으로 실학자를 분류해 봤어요. 대부분의 인물이 만장일치로 같은 결과가 나왔는데, 정조에 대해서는 만장일치가 나오지 않았어요. 그래서 정조가 실학자인지 아닌지에 대해 토론을 했어요.

모둠별로 실학자를 분류한 결과

학생1: 정조는 실학자가 아니라고 생각합니다. 수원화성을 만들기는 했지만 그것은 노론 세력을 약화하기 위함이고, 규장각의 설치도 정조를 도울 인재를 뽑기 위함이지 백성들을 위한 것이 아니며, 장용영도 자신을 지키기 위한 군대입니다. 그리고 탕평책도 신하들 간에 다툼을 줄이기 위한 것이지 백성을 위한 것이 아닙니다.

실학자 분류 결과

학생2: 정조가 수원화성을 만들고 규장각에서 인재를 뽑은 것은 결국은 백성들을 위한 것이었습니다. 또한 정조의 새로운 시도로 나라가 발전할 수 있고, 그로 인해 백성들이 잘살 수 있기 때문에 실학자라고 생각합니다.

오랜 토론 결과, 정조는 실학자가 아닌 것으로 분류하기로 했습니다.

⊕ Tip 수업 성찰

실학자 분류 결과는 매년 학급마다 조금씩 다릅니다. 특히, 정조는 항상 의견이 분분해서 토의를 통해 합의를 합니다. 실학자라고 할 수도 있고 아니라고 할 수도 있습니다. 나름대로 근거가 있다고 봅니다. 학생들이 합의한 결과를 존중해 주시고, 그 과정에서 실학에 대한 개념이 명확해지는 것에 중점을 두면 좋을 것 같아요.

학생들에게 제시해 주는 인물의 유형과 수는 선생님 재량껏 바꾸셔도 상관이 없습니다. 제 경우, 처음에는 욕심이 앞서 15명 정도의 많은 인물을 제시해 주었어요. 하지만 결론이 나오기까지 시간이 많이 걸려서 차츰 인물 수를 줄이기 시작했으며, 9명 정도로 좁히니 적당한 시간에 끝낼 수 있었습니다.

 개념 형성 수업

사회과학자들이 사회 현상을 분석하고 해석하는 것은 사회 현상과 관련된 지식이 명료하기 때문입니다. 즉, 정확한 정보와 지식을 토대로 사회 문제를 살피기 때문에 문제점을 찾아내고 분석과 해석을 할 수 있습니다. 그 때문에 성공적인 사회과 탐구도 탐구 주제와 관련된 '개념의 명료화'에 토대한다고 볼 수 있습니다. 기존 수업에서도 '개념 이해'를 하지만, 이때의 개념 이해는 개념 적용보다는 단어의 뜻 이해에 초점이 맞추어져 있습니다. 예를 들어 출생률, 고령화, 저출산, 인구 분포 등 단어의 의미를 알도록 하는 것입니다. 하지만 개념은 단어의 뜻 이해보다 더 넓은 의미이며, 학생들이 이를 적용할 수 있도록 지도해야 합니다.

초등학생 수준에서 특정 개념을 명확하게 알 수 있는 유용한 수업 방법은 학생들에게 그 개념에 해당하는 예와 그렇지 않은 예를 주고 분류하도록 하는 것입니다. 분류 과정에서 서로 다른 의견에 대한 토론을 거치며 개념이 명료화됩니다.

김정호의 『대동여지도』 ✏️

황해도 어느 산골에 한 소년이 있었습니다. 그 소년은 "대체 저 산줄기는 어디에서 시작되었는지 알 수 있는 지도는 없을까?" 하고 혼자 중얼거렸어요. 나중에 이 소년은 지도를 하나 얻었는데 실제 모습과 비교해 보니 너무 딴판이라 실망을 했어요. 그래서 직접 지도를 만들기로 마음을 먹었습니다. 전국을 3번이나 돌고 백두산을 8차례나 올랐습니다. 그리고 지도를 만들었지요. 이렇게 만든 지도가 흥선대원군에게 전해졌는데, 흥선대원군은 "이런 지도를 함부로 만들면 나라의 비밀이 누설되어 큰일이 나겠구나." 하고 옥에 가두어 죽였다고 해요.

누구에 대한 이야기일까요? 우리에게 매우 익숙한 김정호 이야기입니다. 조선총독부가 발행한 국어 교과서의 일종인 『조선어독본』에 실린 내용입니다. 하지만 이 이야기에는 틀린 사실이 많습니다. 첫째로, 김정호가 백두산을 8차례나 올랐다는 것은 김정호의 신분이나 당시 교통시설을 고려했을 때 불가능합니다. 둘째로, 조선은 지도가 상당히 발달한 나라였고 이미 정밀한 지도가 많았어요. 김정호는 이런 지도를 집대성하여 『대동여지도』를 만들었다고 합니다. 끝으로, 『고종실록』에는 김정호의 죽음과 관련된 어떤 기록도 없어요. 흥선대원군에 의해 김정호가 죽었다는 이야기는 아마도 일제강점기 때 흥선대원군을 비하하기 위해 만들어진 잘못된 주장으로 보입니다.

정약용과 『목민심서』 ✏️

정약용은 1762년 경기도 남양주에서 태어났어요. 어릴 적부터 영특하여 4세에 이미 천자문을 익혔고 7세에 한시를 지었으며 10세 전에 개인 시집을 펴냈다고 합니다. 22세에 과거에 합격하여 조정에 나아갔으며, 그로부터 10여 년 뒤에 수원화성 설계에 큰 역할을 하지요. 하지만 1800년에 정조가 갑자기 세상을 떠나면

『목민심서』(강진 다산유물전시관 소장)

서 정약용을 포함하여 정조 세력들은 모두 죽임을 당하거나 관직에서 쫓겨나게 됩니다. 정약용은 강진으로 귀양을 가지요. 여기서 실학을 연구했으며 18년 뒤 유배에서 풀려나 고향으로 돌아옵니다. 정약용은 75세의 나이로 세상을 뜰 때까지 실학 사상을 집대성했어요. 대표적인 저서로 『경세유표』, 『목민심서』가 있습니다.

　『목민심서』는 지방관이 되는 '부임'부터 일을 마치고 직을 떠나는 '해관'까지 총 12개 항목에서 목민관이 갖추어야 할 역할과 태도에 대해 서술하고 있습니다. 특히, '부임' 부분에서는 부탁하지 말기, 고마워하지 말기, 거절하기를 실천하라고 조언하면서 시작합니다. 무엇보다 지방 수령의 직분은 백성의 삶과 직접적인 연관이 있기 때문에 벼슬을 절대 청탁하여 구해서는 안 된다고 강조합니다.

박제가의 『북학의』 ✏️

　이것의 지붕은 기와를 얹은 것 같다. 짐 싣는 이것은 바퀴 축이 구르는데, 바큇살이 '공(卄)' 자처럼 생겼다. 이것 밑바닥의 바퀴 축이 만나는 부분에는 쇠로 만든 것이 붙어 있는데 반달 모양의 원 그리는 도구 같은 모양이며, 짐을 다 싣고 나면 떼어 내기도 한다.

'이것'은 무엇일까요? 바로 수레입니다. 박제가가 청나라에 갔을 때 자세히 보고 기록한 내용으로, 『북학의』의 「내편」에 실려 있습니다. 박제가는 왜 이렇게 수레에 대하여 자세히 썼을까요? 그것은 수레를 통한 유통의 중요성을 인지했기 때문입니다. 당시 조선은 상공업을 등한시하여 국가가 부유하지 못했으며, 이를 극복하기 위해 박제가는 상공업을 강조했습니다.

박제가는 우부승지 박평의 서자로 태어났어요. 우부승지는 오늘날의 대통령 비서에 해당하는 높은 벼슬입니다. 하지만 박제가는 서자였기 때문에 벼슬을 할 수 없었어요. 게다가 그의 나이 11세에 아버지가 돌아가시면서 어머니는 삯바느질로 생계를 이어 갔어요. 박제가는 어릴 적부터 글과 그림에서 뛰어난 재주를 보였고 19세를 전후해서는 박지원, 홍대용, 유득공 등과 어울리면서 사회 변화에 대한 열정을 키워 나갔어요.

1777년 정조가 서얼허통법을 발표하여, 드디어 관직에 나아간 박제가는 청나라에 총 4번 다녀오게 됩니다. 청나라의 앞선 문물을 꼼꼼히 기록하여 쓴 책이 바로 『북학의』입니다. 「내편」과 「외편」으로 나뉘는데, 「내편」에는 벽돌, 기와, 창문, 집과 같이 주거에 관한 내용과 길, 다리, 수레, 배, 화폐 등 상업과 유통에 관련된 내용, 그리고 활, 총, 성곽 등 국방과 관련된 내용을 기록했습니다. 「외편」에는 밭, 거름, 농기구, 과거시험, 관직과 같이 농사 및 관직에 관한 내용과 경제론, 해외통상론 등이 실려 있습니다. 박제가는 나라의 부강을 위해 상공업의 육성을 강조했으며, "재물은 우물과 같다."라고 하면서 소비의 중요성을 주장했어요. 무엇보다 상공업의 발전을 위해서는 유통이 매우 중요하므로 도로 정비를 포함하여 수레, 배와 같은 교통시설을 확충할 것을 강조했어요.

8장. 세도정치와 농민봉기

농민봉기로 교훈 얻기

국사편찬위원회가 만든 조선왕조실록 사이트에서 '민란'을 검색하면 철종과 고종 때 기록이 많이 올라옵니다. 『철종실록』을 살펴보면 눈에 띄는 점이 있어요. 대부분의 민란이 철종 13년에 몰려 있다는 것이죠. 철종 13년이면 1862년이며, '임술농민봉기'라고 해서 민란이 전국적으로 일어난 해입니다. 그 이유는 삼정의 문란 때문이죠. 삼정은 대표적인 조세제도인 전정, 군정, 환정을 의미합니다.

그러면 삼정 문란이 발생한 이유는 뭘까요? 세도정치가 계속되면서 탐관오리가 늘어났기 때문입니다. 세도정치란 특정 가문이 정치 권력을 독점하는 것인데, 당시 대표적인 가문으로 안동 김씨와 풍양 조씨가 있어요. 임금을 능가하는 권력을 가졌기 때문에 출세하려면 이들에게 많은 뇌물을 주어야 했어요. 정조가 일찍 죽고 어린 왕 순조가 즉위하면서 시작된 수렴청정과 외척들의 세도정치는 8살에 왕이 된 헌종을 거쳐, 강화도에서 살다가 갑자기 왕이 된 철종에 이르러 더욱 강화됩니다. 철종 때에는 안동 김씨가 득세했는데, 이들 세도가에게 뇌물을 주고 지방관이 된 사람들은 백성을 수탈하여 부당한 이익을 취했어요. 그러다 결국 참다못한 농민들이 봉기를 한 것이지요.

과거의 사건을 통해 교훈 얻기

칠판에 '민란'이라고 쓰고 뜻을 물어보았어요. 학생들은 "백성들이 반란을 일으킨 것"이라고 대답을 했어요.

국사편찬위원회의 조선왕조실록 사이트에서 '민란'을 검색하면, 성종부터 고종까지 민란에 대한 기록이 나옵니다. 그중에서 철종을 선택하여 민란 기록을 살펴보면 거의 대부분 철종 13년에 일어났습니다. 이렇게 자료를 검색하고 찾는 과정을 학생들에게 직접 보여 주었어요. 학생들이 자료를 살펴볼 시간을 주고 나서, 민란이 일어나게 된 이유는 무엇인지 물어보았어요. 학생들의 대답은 다음과 같았어요.

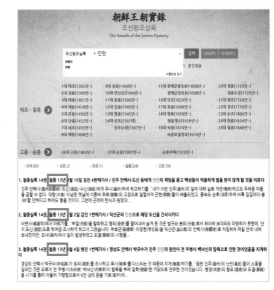

'민란' 〉 '철종' 검색 결과(총 24개 중 22개가 철종 13년 기록)

- 철종이 백성들을 힘들게 만들어서 임금을 바꾸려고
- 백성들의 생활이 어려워서
- 먹을 것이 부족하고 재산이 없어서

『목민심서』에 나오는 시와 글을 읽고 농민들의 삶을 느껴 보았어요. 그러고 나서 정약용이 이 글을 썼을 때보다 철종 시기 농민들의 삶은 더 어려웠음을 학생들에게 말해 주었어요.

> 시아버지 상에 이미 상복 입었고 애는 아직 배냇물도 안 말랐는데
> 삼대의 이름이 다 군보(군적)에 실리다니
> 짧은 언변으로 가서 호소해도 호랑이 같은 문지기가 가로막고
> 이정은 으르렁대며 외양간 소까지 몰아가네
> …(하략)…

내가 다산에 살면서 창고로 가는 길을 내려다보기를 이제까지 10년인데, 시골 백성이 곡식을 받아 짊어지고 지나가는 자를 일찍이 본 일이 없다. 한 톨의 곡식도 일찍이 받아 온 일이 없는데도, 겨울이 되면 집집마다 곡식 5~7석을 내어 관청의 창고에 바치는데…. 빌리지도 않은 돈을 빌렸다고 우기면서 이자를 받아 가는 셈이다.

『목민심서』의 시와 글을 읽고 나서 순조에서 헌종, 철종 시기 최고의결기관이었던 비변사의 당상(고위 관직)을 역임했던 사람들을 살펴보고 학생들과 함께 다음과 같은 내용으로 이야기를 나눴어요.

순조가 겨우 11세에 왕위에 오르면서 정순왕후의 수렴청정이 시작됩니다. 왕후의 가족들은 조정을 쥐락펴락하지요. 순조가 성인이 된 뒤에는 순조의 장인의 세력이 권력을 잡습니다. 순조 다음 왕은 헌종인데 헌종은 8세에 왕위에 오릅니다. 순조 시기와 유사하게 수렴청정과 외척들 간 다툼 속에 세도정치는 더욱 강화되지요. 게다가 헌종은 후사 없이 이른 나이에 죽음을 맞습니다. 그래서 강화도에 살고 있던, 그의 먼 친척인 철종이 왕위에 오릅니다. 이제 수렴청정과 외척의 세도정치는 극에 달하여 관리들은 더욱 부패하고, 그렇지 않아도 먹고살기 힘든 백성은 더욱 어려운 상황에 처하게 됩니다. 농민봉기가 일어날 수밖에 없는 조건들이 수없이 많이 만들어졌어요.

세도정치와 농민봉기의 흐름을 정리하고 역사에서 얻을 수 있는 교훈을 찾아보았습니다. 학생들이 정리한 내용은 다음과 같아요.

주제	시기	사건	얻을 수 있는 교훈(해결책)
세도 정치	순조 헌종 철종	• 정치 권력을 소수의 집안이 독차지하여 관리들의 부정부패가 심했다. • 농민들이 살기 힘들었다. • 전국적으로 농민봉기가 일어났다. • 조선이 혼란스러웠다.	• 부정한 관리의 단속과 처벌이 필요하다. • 부패한 관리에 맞서 싸워야 한다. • 세금을 줄여 준다. • 힘이 한 곳에 몰리면 나라가 망한다.

수업 성찰

초등학생들이 과거의 사건에서 교훈을 찾는 것은 쉽지 않습니다. 과거가 현재와 상황이 다르지 않으며 역사는 되풀이될 수 있다는 사실을 학생들에게 알려 줍니다. 그리고 우리가 역사를 배우는 이유가 여기에 있다는 사실을 설명해 주셔도 됩니다.

⚙ 이런 수업도 있어요: 조선 후기 주요 사건의 흐름 이해와 서술형 평가

다음은 조선 후기 주요 사건의 흐름을 도표로 정리해 본 것입니다.

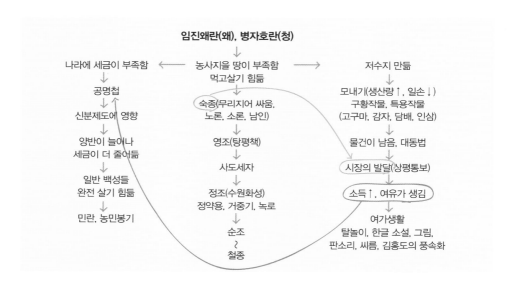

조선 후기 주요 사건과 사람들의 생활상을 학생들과 함께 정리해 보는 시간을 가져 보세요. 위의 도표를 활용하여 제가 교실에서 실천한 방법을 소개해 볼게요.

칠판에 주요 사건을 빈칸으로 표시해 두고, 아침 시간에 학생들에게 빈칸에 어떤 말이 들어갈지 써 보라고 해 보세요. 생각보다 많은 학생들이 흥미를 가지고 고민할 것입니다. 우리 반 모두가 힘을 합쳐 빈칸을 채워 보라고 한 뒤, 학습지를 나눠 주고 한 번 더 정리해 보라고 하세요. 그리고 다음 날에는 주요 사건을 초성만 쓴 다음 학생들에게 각자 빈종이에 답을 써 보라고 하면 대부분의 학생들이 잘 씁니다.

조선 후기부터는 역사적 사건도 많고 내용도 상당히 어렵습니다. 세세한 부분을 암기하기보다는 전체적인 흐름을 파악하도록 지도하는 것이 더 좋습니다.

학생들이 역사적 사건의 흐름을 숙지한 다음 조선 후기 사회 변화에 대한 서술형 평가를 실시했어요. 문제는 총 5개이며, 이 중 2개를 선택하여 서술하도록 했어요. 그리고 사건의 맥락 파악과 용어 사용 수준에 따라 각각 5점부터 1점까지 점수를 주었어요.

서술형 평가지 작성 결과

역사 이야기

삼정의 문란 🖉

19세기 조선은 삼정의 문란이 큰 문제가 되었습니다. 삼정이란 조선의 대표적인 조세제도인 정전, 군정, 환곡을 말합니다.

정전은 땅에 부과하는 세금인데 농사를 지을 수 없는 땅이나 아예 존재하지도 않는 땅에 대해 세금을 거두는 일이 발생합니다. 군정은 병역을 면제시켜 주는 대신 군포를 거둬들이는 것입니다. 그런데 일부 양반은 이 의무를 회피하고 군

가난한 사람이 스스로를 노비로 판 문서인 노비자매문서(국립중앙박물관 소장). 32세의 복쇠라는 남자가 아내와 함께 자신의 몸을 25냥에 파는 내용이 담겨 있다.

적에 올라 있는 농민을 포함한 양인만이 군포를 부담했어요. 게다가 공명첩의 남발로 조선 후기 양반의 수는 증가하고 양인은 감소하여, 양인들의 군포 부담이 배가될 수밖에 없었어요. 징수해야 할 군포액이 미리 결정되어 각 군현에 할당되었고 부패한 지방관들은 할당된 목표액은 물론 개인적인 축재까지 더해 과도하게 징세를 했어요. 환곡은 봄에 가난한 농민에게 쌀을 빌려 주었다가 가을에 갚도록 하는 빈민구제사업입니다. 하지만 조선 후기에는 터무니없는 이자를 받아 내면서 폐단이 생겨납니다.

정약용의 '애절양'

갈밭마을 젊은 아낙은 통곡 소리가 그치지 않고
관청문을 향해 울부짖다가 하늘 보고 호소하네
정벌 나간 남편이 돌아오지 못하는 수는 있어도
예로부터 남자가 생식기를 잘랐단 말 들어 보지 못했네

시아버지 상에 이미 상복 입었고 애는 아직 배냇물도 안 말랐는데
삼대의 이름이 다 군보(군적)에 실리다니

짧은 언변으로 가서 호소해도 호랑이 같은 문지기가 가로막고

이정은 으르렁대며 외양간 소까지 몰아가네

정약용의 『목민심서』 「병전육조」 '첨정'에 실려 있는 시의 일부입니다. 제목은 '애절양 (哀絶陽)'으로, 남편이 생식기를 자른 것을 보고 슬퍼한다는 뜻이에요. 왜 남자는 자신의 생식기를 잘랐을까요? 그 속에는 당시 군정의 문란과 농민들의 비극적인 삶이 있습니다. 한 백성이 아이를 낳은 지 사흘밖에 되지 않았고 아버지는 이미 죽었음에도 군적에 등록 되어 세금으로 포를 내야 합니다. 그래서 칼을 뽑아 스스로 생식기를 베어 버립니다. 그 아내가 생식기를 관청에 가지고 가니, 피가 아직 뚝뚝 떨어지는데, 울며 하소연했으나 문 지기가 막아 버린다는 내용입니다. 그런 와중에 이정(말단 관리)은 외양간에 있던 소를 빼 앗아 가고요.

진주 농민봉기 ✏️

진주 민란의 발단은 1861년 진주의 지방관이 부족한 재정을 일방적으로 농민에게 전가 하면서 시작합니다. 진주목사 홍병원은 지방 재정과 환곡의 결손 부분을 백성들에게 떠 넘겨 강제 징수합니다. 경상우병영에서도 백낙신이 환곡과 군포의 부족량을 농민들에게 서 강제 징수하려 했어요. 이에 농민들은 격분하게 됩니다.

1862년 2월 유계춘이 중심이 되어 진주 민란이 시작됩니다. 농민봉기군은 먼저 장터 로 몰려 나왔어요. 스스로를 초군(樵軍)이라 부르며 머리에 흰 수건을 두르고 손에는 몽 둥이나 농기구를 쥐고서 진주성으로 몰려갔지요. 농민봉기군은 백낙신과 홍병원에게 강 제 징수를 취소한다는 약속을 받아 냈어요. 그런 다음 부정한 향리들을 죽이고 평판이 좋 지 않은 부호들의 집을 습격해 재물을 빼앗았어요. 진주의 농민봉기는 이후 전라도, 경상 도, 충청도 곳곳에서 일어난 수십여 농민봉기의 도화선이 되었어요. 1862년에 일어난 이 모든 봉기를 임술농민봉기라고 합니다.

홍경래 🖉

조선 지배층의 상당수는 이른바 삼남 지역으로 불리는 경상도, 전라도, 충청도에서 배출되었어요. 서북 지역인 황해도와 평안도 등은 상대적으로 소외되었어요. 오죽했으면 서울 양반 가문의 노비들조차 평안도 사람들을 무시했다고 합니다. 이곳에 사는 사람들은 관직 진출이 힘들었으며 중국 사신이라도 오면 노동력과 비용을 부담하는 등 불이익을 받았어요. 오랜 기간 소외되었던 서북 지역도 조선 후기에 변화의 기운을 맞이합니다. 평양, 의주 상인을 중심으로 청나라와의 무역량이 많아지고 광산이 활발하게 개발되면서 경제적 부가 축적되었어요. 하지만 그럴수록 이들에 대한 수탈이 심해졌어요.

홍경래는 평양 향시를 통과하고 유교와 풍수지리를 두루 익힌 지식인이었어요. 그러나 한양 대과에서 낙방하고, 이후부터는 풍수지리에 종사하며 생계를 유지했어요. 자연스레 각지를 다녔고, 그러면서 당시 세도가들의 폭정과 백성들의 어려운 삶을 목도하고 문제의식을 갖게 돼요. 홍경래는 그와 같은 생각을 하는 사람들과 힘을 모읍니다. 명망가 출신부터 무술이 뛰어난 장수 등이 지휘부를 구성하고, 부를 쌓은 평민들이 자금을 대고, 농민과 광부, 임금노동자들이 군대를 이뤘어요. 이렇게 만들어진 봉기군은 1811년 12월에 거병하여 열흘 만에 청천강 이북 지역을 장악했어요. 부패한 관리들에게서 빼앗은 곡식을 농민들에게 돌려주기도 했어요. 그러나 관군의 토벌 작전으로 1812년 4월 정주성에서 크게 패하면서 안타깝게도 진압되고 맙니다.

홍경래는 평안도를 비롯한 서북 지역에 대한 차별과 세도정치의 모순을 바로잡고자 하였으나, 토지 문제 등 사회 개혁의 구체적인 내용을 제시하지 못했다는 한계가 있어요. 그럼에도 큰 의의가 있는 것은 조선 후기의 사회 발전을 바탕으로 지배층 밖에서 성장한 사회층이 주체적으로 봉기를 했다는 점입니다. 중세적 지배체제를 허물어 가는 과정에서 중요한 단계를 이룹니다.

9장. 흥선대원군

흥선대원군 평가하기

역사적 인물에 대한 평가는 단순하지 않습니다. 세상에 완벽한 인물은 없을뿐더러 업적에 대한 평가와 관점이 다양하기 때문입니다.

흥선대원군은 공과에 대한 논란이 매우 많은 인물입니다. 이번 시간에는 학생들이 직접 흥선대원군의 업적을 조사한 다음 각각에 대하여 가치 판단을 하고, 이를 종합하여 인물에 대한 평가를 해 보았어요.

흥선대원군에 대한 자료 조사하기

흥선대원군 카드를 모둠별로 나눠 준 뒤, 카드 앞면의 빈칸에  들어갈 말을 찾아 쓰고 뒷면에는 그와 관련해 흥선대원군이 한 일을 구체적으로 쓰도록 했어요. 학생들이 카드의 앞뒤 빈칸을 채우기 전에 반드시 다 함께 교과서에서 흥선대원군과 관련된 부분을 찾아 읽도록 하세요.

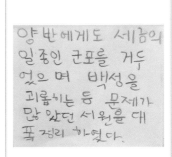

흥선대원군 카드 앞면과 뒷면

흥선대원군의 업적 평가하기

학생들과 함께 흥선대원군 카드를 하나씩 보면서 흥선대원군이 한 일들을 어떻게 평가할지 논의했어요. 백성에게 도움이 되었는지 여부와 그 정도에 따라 카드 앞면에 스티커를 붙이기로 했어요. 도움이 많이 되면 파란색 스티커를 1~3개로 늘려 가고, 피해를 많이 주면 노란색 스티커를 1~3개로 늘려 가요. 스티커를 기준으로 흥선대원군에 대해 최종 평가를 했어요. 올해는 전반적으로 파란색 스티커가 많았어요. 같은 활동을 매년 하는데 그 결과는 매년 달라요.

흥선대원군에 대한 스티커 평가 후에는 학생

흥선대원군이 한 일에 대해 스티커를 붙인 결과

들이 만든 카드의 내용을 바탕으로 흥선대원군의 업적에 대해 발표하는 시간을 가졌어요. 그런 다음 흥선대원군의 업적을 칠판에 쓰면서 간단히 정리를 했어요. 흥선대원군에 대한 평가는 학생들마다 다 다르지만, 합당한 근거를 바탕으로 판단했으니 모두 틀리지 않았다고 말해 주세요.

흥선대원군을 평가하는 글쓰기

마지막으로 각자 흥선대원군을 평가하는 글을 썼어요. 주장이 분명하고 명확한 근거가 2개 이상이면서 글의 분량이 적절하면 A+, 글의 분량은 부족하지만 주장이 분명하고 근거가 2개 이상이면 A, 주장은 분명하지만 근거가 1개이거나 근거로 보기 어렵거나 불충분하다면 B, 주장이 모호하고 근거가 없으면 C라는 점수 기준을 미리 말해 주었어요. 흥선대원군에 대해 평가하는 글쓰기는 국어 과목과 연계하여 실시했습니다.

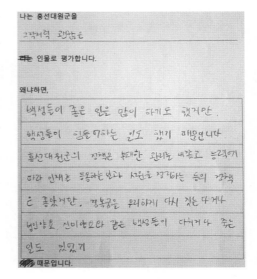

흥선대원군을 평가하는 글쓰기 결과물

역사교육 톡톡!

〈나도 큐레이터〉 활동

도슨트(docent)는 '가르치다'라는 뜻의 라틴어 docere에서 유래한 용어로 박물관이나 미술관 등에서 관람객에게 전시물을 설명해 주는 안내인을 말합니다. 그리고 큐레이터(curator)는 박물관이나 미술관에서 자료의 수집, 보존, 관리, 전시, 연구 등의 전문적인 일을 담당하는 사람입니다. 학예사 또는 학예연구사로 불리기도 합니다.

문화재나 인물과 관련된 수업에서 학생들과 함께 박물관 큐레이터 활동을 해 보세요. 우선 학습지를 제공합니다. 학습지의 이름은 〈나도 큐레이터〉입니다. 학생들은 박물관의 직원인 큐레이터가 되어 박물관장님이 내려주는 여러 가지 미션을 수행합니다. 미션을 수행하면서 학습지 내용도 작성하고 문화재와 관련 인물을 자신만의 톡톡 튀는 아이디어를 더해 설명할 수 있습니다.

〈나도 큐레이터〉 학습지 결과물

역사 이야기

흥선대원군 ✏️

조선시대에 왕의 아들이 대를 잇지 못하고 방계 왕족이 왕위를 이을 때 그 왕의 아버지에게 준 벼슬이 '대원군'입니다. 흥선대원군 이전에는 선조의 부친 덕흥대원군, 인조의 부친 정원대원군, 철종의 부친 전계대원군 등 3명의 대원군이 있었는데, 모두 아들이 왕위에 오르기 전에 죽어서 사후에 대원군으로 추증되었습니다. 그런데 철종이 죽고 왕위를 이을 아들이 없는 상태에서 방계 왕족인 이하응의 아들이 12세에 왕위에 오르게 됩니다. 그리고 이하응은 조선 최초로 살아 있는 대원군이 되어 고종 대신 나라를 다스립니다. 왜 흥선대원군 본인이 직접 왕이 되지 않았을까 하는 의문이 들지는 않나요?

철종이 후사 없이 죽자, 왕위 계승에 대한 권한은 왕실의 가장 어른인 신정왕후(풍양 조씨)에게 있었어요. 일찍부터 이러한 상황을 대비했던 흥선대원군은 자세를 낮추고 신정왕후와의 관계를 다져 놓았어요. 이즈음 안동 김씨 세력에 눌려 있던 신정왕후와 신하들은 안동 김씨와 상관없는 인물이 왕이 되길 원했어요. 흥선대원군은 이를 잘 알고 있었고, 철종에 비해 자신의 항렬이 높아서 직접 왕이 되긴 어려웠지만, 대신에 어린 아들을 철종의 후계자로 만드는 데는 성공한 거죠.

흥선대원군은 개혁정책을 펼쳐 나갑니다. 먼저 세도정치를 바로잡기 위해 외척을 배제하는 한편, 부패한 관리들을 내쫓고 능력 있는 인재를 고루 뽑았어요. 나라 재정을 어렵게 하고 당쟁의 원인이 되었던 서원은 47곳만 남기고 대부분 철폐했어요. 또한 세금을 양반한테도 거두었어요. 이러한 정책은 백성들에게 큰 호응을 얻게 됩니다. 하지만 왕권을 강화하고자 임진왜란 때 불타 버린 경복궁을 재건하기로 결정하면서, 여기에 필요한 돈을 마련하기 위해 벼슬을 팔고 수많은 백성들의 노동력을 착취했어요. 이에 결국 백성들이 마음은 돌아서고 맙니다. 고종이 장성하여 직접 정치를 하면서부터는 흥선대원군은 고종의 비인 명성황후와 팽팽하게 대립합니다. 그러다 아관파천을 계기로 정치에서 완벽하게 물러나게 됩니다.

병인양요 ✏️

1866년 흥선대원군은 프랑스 신부와 조선인 천주교 신자 수천 명을 죽이는데, 이것을 병인박해라고 합니다. 여기서 살아남은 프랑스 선교사가 중국에 주둔해 있던 프랑스 함대 사령관과 프랑스 공사에 이 소식을 알리자, 프랑스군이 즉각 조선으로 쳐들어왔고 금세 강화도를 점령합니다. 프랑스군은 강화도 외규장각에 보관된 조선의 왕실 의궤를 포함해 수많은 보물과 중요한 책들을 약탈하거나 불태워 버립니다. 이에 조선(흥선대원군)은 양헌수 장군을 보냈으며 정족산성에서 프랑스군을 유인하여 크게 물리칩니다. 이것이 바로 병인양요입니다.

척화비 ✏️

홍선대원군이 나라를 다스릴 당시 서양의 여러 나라가 조선과 무역을 하기 위해 이양선을 이끌고 옵니다. 하지만 홍선대원군은 그들과 무역을 하지 않았고, 오히려 천주교 신도들을 박해합니다. 이를 빌미로 프랑스는 군함을 이끌고 와서 강화도를 약탈했어요. 홍선대원군은 군대를 보내 프랑스군을

척화비(국립중앙박물관 소장본과 경남 창녕 소재본)

물리쳤어요. 그로부터 몇 년 뒤에는 미국이 무역을 요구하면서 강화도를 공격했어요. 어재연이 이끄는 조선군이 광성보에서 미군에게 전멸하지요. 그럼에도 홍선대원군은 끝까지 미국의 통상 요구를 거절했어요. 결국 미국은 아무 성과 없이 철수했어요. 홍선대원군은 쇄국의 의지를 더욱 굳건히 했고 외세의 침입을 경계하기 위해 나라 곳곳에 척화비를 세웠어요. 척화비에는 다음과 같은 말이 적혀 있어요.

'서양 오랑캐가 침입하는데 싸우지 않으면 화친할 수밖에 없고, 화친을 주장하면 나라를 파는 것이 된다. 우리의 만대 자손에게 경고하노라. 병인년에 짓고 신미년에 세우다.'

10장. 조선의 개항

강화도조약의 불평등한 부분 찾기

홍선대원군은 쇄국정책을 펴면서 문호를 개방하지 않았습니다. 하지만 홍선대원군이 물러나고 고종이 척화정책을 완화하면서 조선은 일본과 강화도조약을 맺게 됩니다.

강화도조약은 우리나라 최초의 근대적 국제조약이었지만, 철저하게 일본 중심으로 체결된 불평등 조약입니다. 게다가 조선은 국제조약이라는 개념이 전혀 없는 상태였어요. 일본은 강화도에서 대포를 발사하면서 공포 분위기를 조성하기도 했어요. 강화도조약의 과정을 이해하고 불평등한 조약을 평등하게 바꿔 보는 수업을 해 보았습니다.

학습 동기 유발하기

강화도조약은 일본이 운요호 사건을 일으켜 맺은 불평등조약입니다. 운요호 사건은 운요호가 조선 해안을 탐측하러 왔다며 강화도에 접근하자 조선군이 포격을 하고, 두 나라가 격전을 벌이다가 일본군이 퇴각한 사건입니다. 이후 일본은 싸움의 책임을 조선에 물으면서 개항을 요구하였고 이것이 바로 강화도조약으로 이어지게 됩니다. 이 과정을 교실로 옮겨 와 가상의 이야기로 만들어 역할놀이를 했어요.

명진이는 얌전한 아이입니다. 어느 날 반에서 제일 까불고 시끄러운 효민이가 명진이에게 시비를 걸었습니다. 명진이는 꾹 참았습니다. 다음 날은 명진이의 머리를 잡아당기고 학용품을 빌려 간 뒤 돌려주지도 않았습니다. 심지어 욕을 하고 사물함에서 물건을 훔쳐 가기도 했습니다.

아무리 얌전한 명진이지만 도저히 참을 수가 없어서, 효민이에게

"야, 너 정말 이럴 거야!"

하면서 툭 밀쳤습니다. 그런데 운이 없게도 효민이가 넘어지면서 의자에 부딪혀 이가 2개 부러졌습니다.

평상시 교실에서 까부는 학생이 얌전한 학생 역할을 하였습니다. 반대로 하여 학생들의 흥미를 높인 것이죠. 두 사람 중 누구의 잘못인지 학생들에게 질문을 하고 그 답변을 들어 본 후, "조선시대에도 이와 비슷한 사건이 있는데 한번 알아볼까요?"라면서 운요호 사건으로 자연스럽게 넘어갔어요.

운요호 사건 알아보기

운요호 사건은 배 모형을 만들어 지도상에서 강화도로 움직여 가면서 설명해 주었어요. 운요호 사건에 대한 동영상 자료를 미리 찾아서 학생들에게 보여 주면서 설명을 하면 훨씬 더 실감이 납니다.

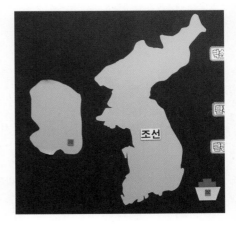

교사: 흥선대원군이라면 어떻게 했을까요?

학생: 아마 개항하지 않았을 것입니다.

교사 : 그런데 그 무렵에는 개항에 적극적인 고종과 민비가 집권하고 있을 때라 강화
　　　　도에서 조약을 맺고 개항을 하게 됩니다.

강화도조약 스토리텔링 읽기 자료

　고종이 조선을 다스리던 1875년 어느 날이었습니다. 멀리서 배 한 척이 강화도 쪽으로 다
가오고 있습니다. 무슨 배인지 한번 볼까요?

　(종이배 위에 미리 붙여 둔 QR코드 찍기) 운요호라는 배입니다. 조선 해안을 탐측 연구하겠
다고 왔어요. 강화도 근처에 와서 우리나라를 염탐하고 바다 깊이도 재어 보았어요.

　이것을 강화도에서 본 조선군은 어떻게 했을까요?

　(QR코드 찍기) 해안 경비를 서고 있던 조선군은 예고도 없이 강화도로 가까이 오는 일본
군을 향해 포를 쏘았지요. 일본군은 이에 맞서 포격을 했으며, 영종도에 상륙하여 조선군과
격전을 벌이고 주민들을 죽이고 집에 불도 질렀어요. 그
리고 일본에 돌아가서 조선군이 먼저 공격했다고 말해
요. 일본 정부는 이를 듣고 조선에 피해를 보상하라면서
개항을 요구했습니다.

운요호　　　　　운요호 사건 대응사격

강화도조약의 과정 살펴보기

　PPT를 통해 강화도조약의 과정을 설명했어요. 옆
의 두 번째 사진은 강화도 연무당을 찍은 것인데, 일
본 군인들이 대포를 설치하고 위협하는 모습입니다.
일본은 공포 분위기를 조성하여 자신들에게 유리한
방향으로 조약을 맺으려고 했지요. 수업 현장에서는
학생들에게 이 사진에 대한 설명을 바로 하지 않고,
어떤 장면인지 질문을 하여 궁금증을 유발했어요.

　"조약을 맺고 있는 장소에 일본군들이 대포를 설치
해 놓았다."고 보충 설명을 해 주니, 학생들은 위협을
하기 위해 대포를 설치했다고 대답했습니다.

강화도조약 장면

강화도 연무당의 대포 배치 모습

강화도조약의 내용 알기

강화도조약의 내용을 정리한 자료를 나눠 주고 모둠별로 읽어 보면서 불평등한 내용을 찾아보라고 했어요. 학생들은 조약의 내용을 평등하게 바꾸려면 어떻게 바꿀 수 있을지 토의를 했어요. 모둠별로 조약 내용을 고치고 서로 이야기하면서 좀 더 평등하게 다듬었어요.

불평등한 조약 내용	불평등한 부분을 학생들이 고친 내용
조선은 부산 이외에 2곳을 개항하고 일본인이 오가며 통상을 하도록 허가한다.	• 조선이 허가를 한 곳에서만 통상을 한다. • 3곳이 아닌 1곳만 개항한다. • 한양(조선의 수도)과 가까운 인천, 그리고 원산은 조선 침략의 통로가 될 수 있으니 개항하지 않는다.
조선 해안을 일본인이 측량하는 것을 허가한다.	• 조선 해안과 일본 해안을 조선과 일본이 서로 자유롭게 측량한다. • 측량을 하되, 조선에서 허가한 곳만 한다.
일본인이 조선의 개항지에서 조선인에게 죄를 지었더라도 조선은 일본인을 처벌할 수 없다.	• 조선에서 죄를 지은 일본인은 조선에서 심판한다.

NEW 강화도조약 완성하기

'불평등한 부분을 학생들이 고친 내용' 중에서 가장 적절한 조약 내용을 모아 NEW 강화도조약을 완성했어요.

NEW 강화도조약

1. 조선은 부산 1곳을 개항한다.
2. 조선의 해안을 일본인이 마음대로 측량할 수 없고 조선의 허가 하에 조선 관리와 함께 측량한다.
3. 일본인이 조선의 개항지에서 죄를 지으면 조선 관리, 일본 관리가 모여서 함께 심판한다.

역사 이야기

운요호 사건 🖊

1875년 일본은 군함 두 척을 조선에 보냈습니다. 그리고 일본 이사관에게 수교 지연의 책임을 묻고자 왔다면서 운요호가 부산에 입항합니다. 일본군은 조선의 항의를 무시하고 오히려 조선 관리를 운요호에 태우고 발포 훈련을 보여 주는 등 일본 군함의 무력을 과시합니다. 이후 운요호는 조선 해안을 연구한다면서 동해안과 남해안을 왔다 갔다 하다가 서해안을 거슬러 강화도까지 올라옵니다. 그리고 물 보급을 이유로 일본군은 운요호에서 내려 작은 배에 옮겨 타고 초지진으로 들어오려 했어요. 그러자 조선군은 정당방위로서 포격을 했고, 일본군은 운요호로 돌아가 보복 공격을 했어요. 일본의 공격에 초지진은 금세 쑥대밭이 되었어요. 운요호는 영종도로 옮겨 가서 다시 조선군을 공격했어요. 조선군은 용감하게 맞서 싸웠지만, 근대식 대포와 소총으로 무장한 일본군을 당해 내지 못하고 무참하게 패배합니다. 일본군은 조선의 무기를 빼앗고 불을 지르고 약탈합니다.

이후 일본은 물을 얻고자 했을 뿐인데 조선이 먼저 공격한 것에 대한 책임을 물어 강화도 앞바다에서 무력 시위를 하고, 결국 조선으로부터 불평등한 강화도조약을 이끌어 냅니다. 그런데 이렇게 상대방을 곤란하게 만들어 불평등한 조약을 이끌어 내는 방식은 일본이 미국과 수교를 할 때 똑같이 당한 방식으로, 운요호 사건은 일본이 철저하게 준비한 사건이라 할 수 있습니다.

임오군란부터 을사조약까지
원인과 결과 탐구

운요호 사건부터 강화도조약, 국권피탈까지 복잡하고 민감한 사건들의 흐름과 많은 정보로 학생들은 어려움을 토로하고 교사들도 힘듦을 토로합니다.

사건들의 흐름을 살펴보면 크게 두 가지 공통점이 있어요. 하나는 조선 자체의 일이 아니라 조선을 둘러싼 주변 나라와 관련되어 있다는 것입니다. 여기서 주변 나라는 일본, 청, 러시아가 되겠지요. 다른 하나는 어느 한 나라가 조선에 영향을 미치면 다른 나라가 이를 견제했다는 것입니다. 그렇다 보니 청, 일본, 러시아가 순서대로 조선을 장악하려는 모습을 보입니다. 힘이 약한 조선을 자신의 영향 아래 두고 궁극적으로는 식민지화하고 싶었기 때문이죠.

이러한 이해 없이 사건만 순서대로 암기하면 전체적인 맥락은 절대 보이지 않아요. 그래서 근대화 시기 주요 사건들을 주변 나라와의 관계 속에서 파악하는 수업을 준비했어요. 총 4~6차시가 걸리지만, 근대화 사건을 모두 다룰 수 있기 때문에 오히려 효과적입니다. 이번 수업을 열심히 하신다면 이후 동학농민운동, 대한제국 등에 대한 수업이 훨씬 쉬워집니다. 이번 수업의 순서는 다음과 같아요.

1. 근대화 사건 자료 읽기(임오군란~을사조약)

2. 근대화 사건을 순서대로 배열하기

3. 각 사건에 영향을 미친 나라 파악하기

4. 주변 나라들이 조선에 영향을 미치려는 까닭 추측하기

수업에 들어가기 전, '역사 이야기'에서 각 사건들에 대해 미리 정독하시기 바랍니다.

근대화 사건 자료 읽기

강화도조약부터 국권피탈까지의 주요 사건은 교과서에 자세히 나와 있지 않아요. 맥락 없이 간략하게 기술되어 있어서 흐름을 파악하기가 여간 어렵지 않습니다. 그래서 학생들에게 근대화 사건을 잘 설명하고 있는 책을 추천해 주고 사회 시간에 2시간 정도 같이 읽었어요. 따로 시간을 내서 아침 시간이나 국어 시간에 읽어도 좋아요. 단, 반드시 학생들 모두와 함께 정독하세요.

근대화 사건을 순서대로 배열하기

근대화 사건 카드를 미리 만들어서 모둠별로 나눠 주고 순서대로 배열해 보라고 했어요. 학생들이 활동 완료 후 "정답!"이라고 외치면 선생님이 정답 여부를 말해 준다고 했어요. 책을 읽었음에도 불구하고 학생들은 처음에는 오답투성이로 사건을 배열하고 교사를 불렀습니다.

"정답! 선생님, 저희 다 했어요!"

"음, 임오군란까지만 정답. 그 뒤부터 다시!"

참고로 학생들에게 정답 여부를 말해 줄 때는 '처음부터 ○○까지는 정답'이라고 꼭 알려 주세요.

사건들의 순서를 모두 맞춘 모둠에게는 도화지를 세로로 펼치고 근대화 사건 카드를 순서대로 붙이도록 했어요.

각 사건에 영향을 미친 나라 파악하기

각 근대화 사건의 원인과 결과를 찾아봅니다. 사건의 왼쪽에 그 사건의 원인이 된 나라를 붉은색 포스트잇에 써서 붙여 보라고 했어요. 사건의 오른쪽에는 그 사건 후에 우리나라에 영향력을 행사한 나라를 파란색 포스트잇에 써서 붙여 보라고 했어요. 예를 들면 강화도조약의 경우, 원인이 된 나라는 일본이고 강화도조약 후 일본이 조선에 영향력을 행사했기 때문에 오른쪽에도 일본을 써 붙이게 되죠. 물론 사건 양쪽에

각 사건의 원인과 결과를 찾아 쓰는 학생들

포스트잇이 붙지 않는 경우도 있다는 사실을 꼭 알려 주세요.

모둠에서 한두 명만 집중적으로 활동하는 모습이 보인다면, 이럴 때는 선생님이 개별적으로 질문을 하여 점검합니다. 활동이 완료되면 모둠별로 완성한 학습지를 들고 칠판 앞으로 나오게 합니다. 그리고 한 학생에게 한 사건씩 그 원인과 결과를 물어봅니다.

교사: 갑신정변의 원인과 결과를 수영이 말해 줄래요?

학생1: 갑신정변은 일본의 도움을 받아 서양 문물을 받아들이고 개혁을 하자는 것입니다. 왜냐하면 임오군란 이후 청나라 군사의 주둔으로 청의 간섭을 받고 있었기 때문이죠. 그래서 '원인'이 되는 나라를 '청나라'로 보았으며, 갑신정변이 3일 만에 실패하고 다시 청나라의 간섭을 받았기 때문에 '결과'도 '청나라'로 했습니다.

교사: 오, 잘했어요. 그럼, 이번에는 민규가 아관파천에 대해 설명해 볼까요?

학생2: 어…. 아! 을미사변은 잘할 수 있는데요!!

교사: 네, 2모둠 다시 가서 공부해 오세요. 잘 알고 있는

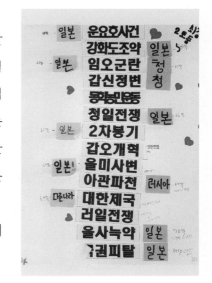

각 사건의 원인과 결과를 정리한 결과

학생들은 다른 친구들을 좀 가르쳐 주세요.

학생 개개인마다 학습 수준이 다르기 때문에 이해 속도가 느린 학생에게는 미리 사건을 지정해 주는 것도 좋은 방법입니다. 이런 과정을 거치면 모둠 내에서 모두가 주인의식을 가지게 되며 무임승차하는 일이 줄어들게 됩니다.

〈사건의 원인과 결과를 정리한 결과〉

원인	사건	결과
일본	운요호 사건	일본
일본	강화도조약	일본
일본	임오군란	청
청	갑신정변	청
	동학농민운동	
청, 일본	청일전쟁	일본 (청 OUT)
일본	2차 봉기	일본
러시아	을미사변	일본
일본	아관파천	러시아
다른 나라들	대한제국	
일본, 러시아	러일전쟁	일본 (러시아 OUT)
일본	을사늑약	일본
일본	국권피탈	일본

주변 나라들이 조선에 영향을 미치려는 까닭 추측하기

마지막으로 교사가 사건의 흐름을 처음부터 끝까지 정리해 주고 모둠별로 토의를 했어요. 토의 주제 첫 번째는 '알게 된 점'이고, 두 번째는 '왜 주변 나라들이 우리나라를 서로 차지하려고 했는지 알아보기'입니다. 그리고 다음과 같은 대화를 나누면서 수업을 마무리했어요.

교사: 주변 나라들이 왜 이렇게 우리에게 영향을 미치려고 했을까요?

학생1: 우리나라의 힘이 약해서입니다.

교사: 어떤 나라들이 영향을 미치려고 했나요?

학생2: 청, 일본, 러시아입니다.

교사: 그런데 놀라운 것은 지금도 우리나라 주변에는 똑같은 나라들이 있다는 것입니다. 과거와 같이 나라를 빼앗기지 않으려면 어떻게 해야 할까요?

학생3: 나라의 힘을 키워야 합니다.

학생4: 하루 빨리 통일을 해야 할 것 같습니다.

수업 성찰

전체적인 사건의 흐름을 교사가 알아야 합니다. 사건의 흐름을 알지 못하면 수업을 이끌어 가기 상당히 어렵습니다. 교사가 미리 관련 자료를 두세 번 정독하시고 수업을 하시기를 권합니다.

역사 이야기

임오군란 ✏️

1882년 군인들이(구식 군대) 폭동을 일으킵니다. 13개월이나 급여가 밀려 있다가 그중 1개월분을 겨우 받았는데, 겨와 모래가 반 이상 섞인 쌀을 받았기 때문입니다. 심지어 쌀의 양도 부족했어요. 그렇지 않아도 강화도조약 이후 개화정책에 따라 새로 설립된 별기군(신식 군대)에 비교당하며 차별 대우를 받던 이들은 결국 분노가 폭발하여 책임자를 구타했어요. 이 사건이 바로 임오군란입니다.

군인들은 급여를 담당하는 선혜청을 습격합니다. 그리고 별기군 부대로 쳐들어가 일본인 교관을 살해하고 일본 공사관을 폐쇄합니다. 다음 날에는 창덕궁으로 쳐들어갔어요. 그러자 당시 집권 세력인 민비는 급하게 도망가 버렸어요. 외세와 조정의 부정부패로 고통받던 서울 변두리의 백성들도 군인들에게 합세했으며, 이들은 흥선대원군에게 도움을 청해요. 결국 고종이 대원군을 조정으로 불러들이고 나서야 겨우 해산을 하여 사건이 마무리됩니다.

하지만 이후 민비 세력과 조정의 요청으로 청나라가 개입했으며, 흥선대원군을 납치해 청으로 데려갑니다. 그리고 다시 민비 세력이 집권을 하게 되지요. 청나라는 군대를 계속 조선에 주둔시키면서 조선을 속국으로 만들려는 야심을 본격적으로 드러내고요. 표면적으로 임오군란은 별기군에게 차별당했던 구식 군대의 반란이었으나, 당시 개화를 통해 들어오는 외래 세력과 민비 정권의 수탈에 대한 불만이 폭발한 봉기였다고 볼 수 있어요.

갑신정변 ✏️

임오군란 이후 청나라의 간섭이 심해지자, 조정에서는 청을 몰아내고 자주적인 나라를 실현하려는 움직임이 일어납니다. 이러한 움직임을 주도한 사람들이 개화파입니다. 대표적인 인물로는 김옥균, 박영효, 서재필 등이 있어요. 개화파는 일찍이 실학 사상을 바탕으로 근대 사상과 과학기술을 접했으며 외국을 방문하여 선진 문물을 익혔습니다.

개화파는 조정을 청나라가 장악하고 있는 상황에서 청과 민비 정권을 일거에 몰아내기 위해서는 급진적인 정변으로만 가능하다고 판단했어요. 하지만 세력이 약했기 때문에 일본에 도움을 요청했어요. 조선을 자신들의 입맛대로 휘두르고자 했던 일본은 흔쾌히 수락했고요. 이때가 1884년입니다. 때마침 베트남을 두고 청과 프랑스 간에 전쟁이 일어나면서 조선에 있던 청나라 군대 일부가 철수하게 됩니다. 이때가 절호의 기회라 여긴 개화파는 우정총국 개국 축하 날 정변을 일으켰어요. 이것이 갑신정변입니다.

개화파는 고종과 민비의 거처를 방어하기 좋은 경우궁으로 옮긴 뒤, 민비 세력들을 제거해 나갔어요. 봉건 사회의 모순을 극복하고 자주적인 근대화를 이룩하기 위한 개혁 정강도 발표했어요. 한편 민비는 다시 청에 도움을 요청하고 고종을 설득하여 창덕궁으로 환궁합니다. 곧이어 청나라 군대가 창덕궁을 공격하고 교전에서 밀린 일본은 철수합니다. 이로써 갑신정변은 3일 만에 실패로 끝납니다. 이후 김옥균은 일본으로 망명했는데, 망명 생활 중에 자객에게 암살당했어요.

갑신정변은 대중의 폭넓은 지지를 받지 못했고 성급하게 일본을 끌어들인 점이 있지만, 최초로 자주적인 근대국가를 수립하고 신분제를 없애려 했던 점은 높이 살 만합니다. 당시 개화파가 내놓은 개혁 정강은 정확히 알 수는 없으나 14개 조항이 김옥균의 일기인 『갑신일록』에 남아 있으며, 이를 살펴보면 개화파의 생각을 좀 더 알 수 있어요.

1조 대원군을 가까운 시일 내에 모셔 올 것(조공하는 허례는 의논하여 폐지함)

2조 문벌을 폐지하여 인민 평등의 권리를 제정하고 사람으로써 관(官)을 택하게 하지 관으로써 사람을 택하지 말 것

3조 전국 지조법(地租法)을 개혁하여 관리의 부정을 막고 백성의 곤란을 구제하며 국가 재정을 넉넉하게 할 것

4조 내시부(內侍府)를 혁파하고, 그 가운데 우수한 재능 있는 자는 등용할 것

(…이하 생략…)

동학농민운동과 전봉준 ✏️

전봉준은 몸이 작아서 녹두장군이라 불렸어요. 그는 1890년 동학에 입교한 지 얼마 지나지 않아 고부 지방 동학접주가 됩니다. 그러던 1892년 조병갑이 고부군수로 부임하면서 여러 가지 명목으로 농민들을 괴롭힙니다. 자연재해로 농사가 망해도 국세를 3배나 징수하고, 부농을 잡아다가 죄를 씌워 재물을 빼앗고, 만석보를 고쳐 만든다면서 노동력을 강제 징발하고, 수세라는 명목으로 보세를 징수하는 등 탐학과 비행을 일삼았어요. 이에 농민들은 전봉준을 대표로 내세워 조병갑에게 억울한 사정을 진정합니다. 하지만 조병갑이 이를 거부하자, 1894년 전봉준은 1,000여 명의 농민과 동학교도를 이끌고 관청을 습격합니다. 무기를 빼앗고 곡식을 농민들에게 돌려주었어요.

우금치전적비

서울로 압송되는 전봉준

이에 조선 정부는 부패한 관리를 처벌하도록 새로운 관리를 내려보냈는데, 오히려 민란의 책임을 동학교도에게 돌려 사람들을 체포하고 살해했어요. 그러자 고부, 흥덕, 고창, 부안 등지에서 분노한 1만여 명의 동학농민군이 봉기합니다. 동학농민군은 지역적인 민란을 지양하고, 나랏일을 돕고 백성을 편안하게 한다는 '보국안민(輔國安民)'과 포악한 것은 물리치고 백성을 구한다는 '제폭구민(除暴救民)'을 내세워 관군을 격파하고 전주를 점령했어요.

그러나 정부의 요청으로 청나라와 일본 군대가 들어오자, 분위기가 이상하게 돌아감을 느낀 전봉준은 여러 상황을 우려해 몇 가지 개혁 사항을 협의한 뒤 휴전을 합니다. 이때 동학농민군이 내놓은 협의안이 폐정개혁안이에요. 폐정개혁안은 탐관오리 숙청, 동학농민군의 참정권 보장, 토지 재분배, 노비 해방 등 갑신정변 때보다도 훨씬 개혁적인 내용을 담고 있어요. 동학농민군은 집강소를 설치하여 무기 관리와 치안 유지, 그리고 합법적인 범위 안에서의 폐정개혁 활동을 벌였어요.

그런데 일본군이 경복궁을 점령하고 대원군이 다시 집권했다는 소식이 전해집니다. 전봉준은 일본에 대해 분노하며 동학군을 일으켜 다시 봉기합니다.(2차봉기) 이때 바로 청일전쟁이 발발합니다. 심지어 전쟁은 일본에게 유리하게 흘러갑니다. 동학군은 관군과 일본군 모두에 맞서 전투를 벌였어요. 하지만 신식 무기를 앞세운 일본군과 관군의 반격에 공주 우금치전투에서 크게 패하고 맙니다. 동학군은 엄청난 학살을 당하고, 전봉준은 체포되어 서울로 압송된 뒤 1895년 교수형을 당합니다.

고부 봉기로부터 1년여에 걸쳐 전개된 동학농민운동은 실패하였지만, 동학농민운동은 이후 항일의병항쟁으로 변모하였고 그 정신은 3·1독립운동으로 계승됩니다.

아관파천 ✏️

아관파천(俄館播遷)은 풀이하면 '러시아 공사관으로 거처를 옮긴다'는 뜻입니다. 1896년 고종은 경복궁을 떠나서 약 1년간 서울 정동에 위치한 러시아 공사관에서 지냅니다. 왜 고종은 궁궐을 놔두고 러시아 공사관으로 갔을까요?

1894~1895년 조선에 대한 지배권을 둘러싸고 벌어진 청일전쟁에서 승리한 일본은 중국으로부터 요동반도를 빼앗고 대륙 침략의 기회를 엿보기에 이릅니다. 일본의 대륙 침략 정책은 러시아에도 큰 위협으로 다가왔어요. 영토가 중국에 인접해 있으니까요. 그래서 러시아는 독일, 프랑스와 함께 일본에 압력을 가했고(삼국간섭), 일본은 결국 요동반도를 청에 반환했어요. 이를 지켜본 민비 정권은 러시아와 손을 잡고 친러 세력을 많이 기용했어요. 그러자 일본은 조선 내에서 자신의 입지를 강화하고자 1895년 10월 경복궁을 습격해 민비, 즉 명성황후를 살해합니다. 이것이 바로 을미사변입니다. 이로 인해 동학농민운동이 전국적으로 일어났으며(2차 봉기), 이듬해 2월 고종은 러시아 공사관으로 거처를 옮겨 버립니다.

아관파천 이후 고종은 러시아 공사관에서 갇힌 것과 다름없

는 생활을 합니다. 그리고 조정은 러시아에게 크게 휘둘립니다. 이 기간 동안 조선은 여러 제국주의 열강에 조선의 광산 채굴권과 교통, 통신 부설권 등을 빼앗기듯 싼값에 넘깁니다. 자립 경제의 기반이 송두리째 뽑힌 것입니다. 이에 비판의 소리가 높아지자, 고종은 1897년 2월 덕수궁으로 환궁했어요. 자주독립을 표방하는 의미로 연호를 '광무'로, 국호를 '대한제국'으로 바꾸고 개혁정치를 폅니다.

을사조약 ✏️

1904~1905년 만주와 대한제국의 지배권을 두고 러시아와 일본이 전쟁을 합니다. 이것이 바로 러일전쟁입니다. 러일전쟁에서 일본이 우세해지면서 일본은 대한제국에 '한일협약'을 강요했어요. 1904년 한일협약에 따라 대한제국은 외교 및 재정 분야에서 일본이 추천한 외국인 고문을 채용했어요. 실질적으로 대한제국의 정책을 일본이 마음대로 할 수 있게 된 것입니다.

을사조약 전문

을사조약 장면

그 후 러일전쟁에서 승리한 일본은 1905년 '제2차 한일협약'을 강요합니다. 이것이 바로 을사조약이에요. 불평등한 조약이라는 뜻에서 '을사늑약'이라고도 합니다. 고종은 이 조약의 심각성을 알고 체결을 계속 미루었는데, 일본이 이완용과 이지용, 박제순, 권중현, 이근택을 앞세워 조약을 대신 체결하게 합니다. 이들 5명을 을사오적이라고 하며 대표적인 매국노입니다. 을사조약으로 대한제국은 외교권을 완전히 박탈당했으며 사실상 일본의 식민지가 되어 버립니다.

12장. 동학농민운동

‘새야 새야’
노래의 의미는?

개인적으로 우리나라 근대 민중항쟁의 계보는 동학농민운동 → 3·1운동 → 4·19혁명 → 6월민주항쟁으로 이어진다고 봅니다. 항쟁 시기를 보면 1894년→ 1919년→ 1960년 → 1987년이며, 사건 사이의 기간이 25년, 41년, 27년으로 약 한 세대에 한 번씩 일어났음을 알 수 있어요.

동학농민운동이 진압되고, 조선은 빠른 속도로 일본의 식민지가 됩니다. 이 때문에 항상 아쉬움과 비장함을 가져오는 것 같습니다.

이번 수업은 ‘새야 새야'라는 노래를 듣고 노랫말의 의미를 생각해 보는 것으로 시작합니다. 고부군수 조병갑의 폭정을 시작으로 동학농민운동의 흐름을 파악한 뒤, 마지막에 ‘새야 새야’ 노래를 다시 듣고 그 의미를 찾아봄으로써 수업을 마무리했어요.

'새야 새야' 노래 듣기

학생들에게 동학농민운동 학습지를 나눠 주고 '새야 새야' 노래를 들려줬어요. 그리고 다음의 질문에 대하여 답을 생각해 보라고 했어요.

- '새야 새야' 노래는 어떤 내용을 담고 있나요?
- 파랑새와 녹두는 각각 누구를 상징할까요?

첫 번째 질문에 학생들은 "녹두밭에 파랑새가 앉지 말라고 한다", "작은 콩을 장사하기 위한 노래", "일본이 조선을 가지려고 하는 노래" 등으로 적었어요. 두 번째 질문에 대해서는 파랑새와 녹두의 관계를 "신하 – 왕", "관리 – 백성", "일본 – 백성" 등으로 적었어요. '파랑새'라는 단어에 일본을 떠올리는 학생들이 많았어요. 지난 시간에 배운 갑신정변이 생각이 났는지, 청나라와 김옥균을 의미한다는 학생도 있어서 신선했습니다.

동학농민운동에 대해 알아보기

학습지에 다음과 같은 문제를 제시하여 괄호 채워 넣기를 하면서 동학에 대한 이해를 높였어요.

1. 동학을 창시한 사람은 (   )입니다. 그는 서학이 우리 것을 해치고 우리 사회를 위태롭게 한다고 생각했으며 당시 조선의 학문인 (   )만으로는 백성들이 원하는 개혁과 변화를 이룰 수 없다고 생각했다.
2. 서학에 맞선다는 의미에서 동학을 창시했다. 동학은 서학의 장점을 받아들였으며 전통적인 민간 신앙, 유교, 불교 등이 모두 녹아 있다.
3. 특히, '사람이 곧 하늘'이라는 (   )을 주장하여 모든 사람이 (   )해야 한다고 했다.
4. 하지만 나라에서는 백성들을 어지럽히는 종교라 하여 금지했으며 최제우를 잡아들여 처형했다. 최제우의 뒤를 이은 (   )은 숨어 다니면서 동학을 전파했으며 경상도, 전라도, 충청도의 많은 백성들이 믿게 되었다.

학습지를 통해 동학에 대한 이해도를 높인 후에는 동학농민운동 스토리텔링 PPT를 보여 주면서 그 과정을 함께 살펴봤어요. 동학농민운동 스토리텔링은 총 3부로 이어지며 하나의 부가 끝날 때마다 학생들과 간단히 질의응답을 나누면 좋아요.

스토리텔링 1부

자, 이야기는 전라도 지방에서 시작됩니다. 전라도에 고부라는 고을이 있었는데, 이곳을 다스리는 관리는 조병갑입니다. 못된 탐관오리지요. 백성들을 괴롭히고 세금을 마구 거둡니다. 또 백성들을 시켜 저수지를 만들고서는 물을 쓰려면 세금을 내라고 합니다. 이에 화가 난 농민들은 조병갑은 물러가라며 봉기를 일으켜요. 그 선두에 선 인물이 바로 전봉준입니다. 전봉준은 별명이 녹두장군인데, 왜 그런지 아세요? 키가 작아서 그렇대요. 전봉준과 동학을 믿는 농민들이 함께 조병갑을 몰아냅니다.

"이런 상황에서 나라에서는 어떻게 했을까요?" 하고 질문을 해 보았어요. 학생들은 다음과 같이 발표했는데, 실제로 조정에서 한 일과 놀랍도록 똑같았어요.

- 타협을 했을 것 같다.
- 청나라나 일본에 도움을 요청한다.
- 반란을 일으킨 사람을 체포하여 감옥에 가둔다.
- 탐관오리를 처벌할 것이다.

학생들의 대답을 듣고 "와, 상당히 비슷하다! 너희들이 발표한 것들이 실제 사건에 다 들어가 있어."라고 말해 주면서 스토리텔링을 다시 시작합니다.

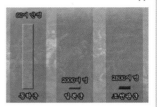

- 고종과 민비는 어떻게 했을까?
- 청에게 도움을 요청
- 청이 도착하고 일본 군대도 같이 도착
- 다른 나라 군대가 오자 동학농민군은 이제 그만하자고 나라와 협상하고 스스로 지역을 다스림

- 탐관오리, 못된 양반을 처벌할 것
- 노비 문서를 없앨 것
- 정해진 세금 말고 더 거두지 말 것
- 토지를 공평하게 나눠 줄 것
- 집안을 보지 말고 실력을 보고 인재를 뽑을 것

스토리텔링 2부

조정에서 조병갑을 처벌하고 새로운 관리를 파견합니다. 하지만 새로운 관리 역시 탐관오리였으며, 오히려 농민들을 벌합니다. 농민군은 화가 나서 크게 봉기를 합니다. 조정에서는 군대를 보내 농민들을 진압하려 했지만 동학농민군에게 패했고 동학농민군은 전주성을 점령합니다. 그러자 조정은 동학농민군을 진압해 달라며 청에 도움을 요청합니다. 일본도 가만있지 않아요. 조선 내 청의 영향력이 커질까 봐 부랴부랴 군대를 보냅니다.

상황이 이상하게 돌아가지요? 동학농민군은 다른 나라의 군대가 들어오니까 안 되겠다 싶어서 조정과 타협을 하고 집강소를 설치하여 그 지역을 직접 다스리기로 합니다. 나라에서도 이를 인정해 주지요. 그리고 일본과 청나라한테는 그만 물러가라고 해요.

동학농민군은 직접 그 지역을 다스리면서 몇 개의 규칙을 만듭니다. 마치 갑신정변 때처럼 말이죠. 어떤 규칙들을 만들었는지 질문하니, 학생들이 대답을 아주 잘해요.

우금치 전적비

전봉준 체포

- 새야 새야 파랑새야
- 녹두 밭에 앉지 마라
- 녹두 꽃이 떨어 지면
- 청포 장수 울고 간다.

스토리텔링 3부

이렇게 끝날 줄 알았는데, 문제가 발생합니다. 일본 군대도 청나라 군대도 계속 조선에 주둔합니다. 오히려 일본이 경복궁을 불법 점령하고 흥선대원군을 앞세워 친일 내각을 세우는 사건이 일어나요. 이어서 일본은 풍도(경기 안산시) 앞바다에서 청나라 함대를 공격하고 성환(충북 천안시)에서 청군을 공격합니다. 평양전투와 황해전투에서도 일본군이 청군을

물리칩니다. 이에 자신감을 얻은 일본은 중국 본토에 대한 공격을 시작하지요. 이것이 바로 청일전쟁입니다. 청일전쟁은 결국 일본의 승리로 끝나게 됩니다.

동학농민군은 "일본군은 물러가라"고 외치며 이제는 일본군과 싸우게 됩니다. 동학농민군의 수는 엄청나게 많지만, 얼마 전까지 농사짓던 사람들이라 무기도 없고 전술이나 전략도 약했어요. 결국 우금치(충남 공주시)에서 크게 패하고 전봉준도 잡혀갑니다. 동학농민군은 뿔뿔이 흩어졌지만 관군과 일본군은 끝까지 추격해서 죽입니다.

'새야 새야' 노래의 의미 살펴보기

동학농민운동의 흐름을 참고하여 '새야 새야' 노래의 의미를 다시 한 번 생각해 보라고 했어요. 학생들은 녹두 장군이 전봉준이라는 사실은 쉽게 찾았고, 몇몇 학생들이 파랑새를 일본군이라고 말했어요. 왜 파랑새가 일본군을 의미하는지 물어봤어요. 학

3. 동학농민운동에 대한 설명을 다 듣고 다음 노래를 다시 들어봅시다.

> 새야새야 파랑새야　　녹두밭에 앉지마라
> 녹두꽃이 떨어지면　　청포장수 울고간다

▶ 녹두밭, 녹두꽃이 의미하는 것은?
동학농민군, 전봉준

▶ 파랑새가 의미하는 것은?
일본군 (군복이 파란색)

▶ 울고가는 청포장수가 의미하는 것은?
백성

노래의 의미를 쓴 결과

생들은 "파랑새가 평소에 보기 힘든 낯선 새라서", "일본군의 깃발이 파래서", "일본군의 옷에 파란색의 표시가 있어서"라고 대답했어요. 당시 일본군 군복의 색이 푸른색이라서 파랑새라고 부연 설명을 해 주었어요.

- 파랑새 – 일본군
- 녹두 – 전봉준
- 청포장수 – 동학농민군, 백성들

최제우와 동학 ✏️

최제우는 서학이 우리 것을 해치고 우리 사회를 위태롭게 한다고 생각했습니다. 또한 기존의 성리학으로는 백성들이 원하는 개혁과 변화를 이룰 수 없으므로 새로운 종교가 필요하다고 생각했습니다. 최제우는 서학에 맞선다는 의미에서 1860년 동학을 창시했어요. 동학은 서학에 대항하기 위하여 만들어진 것이지만 서학의 장점을 수용하고 전통적인 민간 신앙, 유교, 불교 등을 융합했습니다.

동학을 포교하기 위한 가사집 『용담유사』

동학은 인내천(人乃天)과 후천개벽(後天開闢) 사상을 내세웠어요. 인내천은 '사람이 곧 하늘'이라는 생각으로 모든 사람이 평등하다는 뜻입니다. 후천개벽은 지금의 세상이 끝나고 백성들이 바라는 새로운 세상이 열릴 것이라는 생각으로, 당시 힘들었던 백성들에게 새로운 희망을 심어 주었어요. 동학의 교세는 빠르게 확장되었습니다. 하지만 동학 사상은 신분 차별이 엄격했던 조선 후기 사회에서는 받아들여지기 어려웠어요. 1864년 나라에서는 동학을 금지하고 최제우를 잡아들여 처형합니다.

최제우

최제우에게 동학의 가르침을 이어받은 최시형은 동학을 몰래 전파했으며, 경상도에서 시작된 동학은 전라도와 충청도까지 퍼지게 됩니다. 그리고 30년 뒤, 동학농민운동으로 이어지게 됩니다.

13장. 대한제국

대한제국이 세워진 까닭은?

강화도조약 이후 미국, 영국, 러시아 등의 서구 열강이 물밀듯이 들어오면서 조선에 근대화를 요구합니다. 이 때문에 조선의 근대화는 서양 세력에 휘둘린 부정적인 모습으로 인식되기 쉽습니다. 하지만 조선 나름대로 자주적이고 근대적인 나라를 만들기 위해 노력했다는 사실을 학생들에게 알려 주는 것이 중요합니다. 위, 아래로부터 자주성을 주장한 갑신정변과 동학농민운동을 비교하여 공통점을 찾는 활동을 통해 조상들이 바라던 나라는 어떤 나라인지 알 수 있도록 했어요. 갑신정변과 동학농민운동은 앞에서 배웠던 내용이지만 그 의미가 중요하여 좀 더 상세하게 들여다보고자 했어요. 수업의 흐름은 다음과 같아요.

1. 갑신정변과 동학농민운동 비교 분석하기
2. 각 사건에서 주장한 내용 찾기
3. 조상들이 바라는 나라 추측해 보기

갑신정변과 동학농민운동 비교 분석하기

모둠 구성원에게 갑신정변, 동학농민운동의 원인과 결과를 포스트잇에 적어 보라고 했어요. 학생들은 모둠원들의 의견을 함께 읽고 가장 괜찮은 것을 하나 골라 학습지에 붙였어요. 참고로 학습지는 B4 종이에 확대 출력해서 나눠 주면 포스트잇을 붙이기 딱 좋은 크기가 됩니다. 학생들이 갑신정변과 동학농민운동을 비교 분석한 내용은 다음과 같아요.

	갑신정변	동학농민운동
원인	• 청나라의 간섭을 받기 싫어서 • 개화파가 자신들의 주장을 이루기 위해 • 조정이 신식 문물을 받아들이지 않아서	• 탐관오리 때문에 백성들이 화가 나서 • 탐관오리인 조병갑이 농민에게 횡포를 부려서
결과	• 청나라의 공격을 받고 3일 만에 끝남 • 조정의 요청으로 조선에 들어왔던 청나라군이 청으로 돌아가지 않고 조선을 더욱 간섭함	• 관군과 일본군이 동학농민군을 무자비하게 죽임

각 사건에서 주장한 내용 찾기

갑신정변과 동학농민운동의 원인과 결과를 파악한 뒤, 각 사건에서 주장한 내용을 찾아봤어요. 좀 더 자세히 살펴보기 위해 관련 자료를 찾아 나눠 주되, 학생들이 이해하기 쉬운 문장으로 다시 써서 제공하면 더 좋아요. 각 사건에서 주장한 내용 중 공통점을 찾

- 청에 잡혀 간 흥선 대원군을 즉시 데려오고, 앞으로는 청에 조공을 바치지 않고 왕의 나라로 떠받들지도 않는다.
- 양반 중심의 신분 제도를 없애고 인민 평등권을 세워 능력에 따라서 관리를 뽑는다.
- 토지세 제도를 고쳐서 관리들의 부정부패를 막고 백성들을 보호하며 나라의 재정을 튼튼히 한다.
- 조정 관리들은 의정부에 모여 법령을 정하고 시행한다.

갑신정변에서 주장한 내용

● 12개조 폐정 개혁안
1. 동학 교도와 정부는 원한을 씻고 나라일에 협력한다.
2. 탐관 오리는 그 죄를 조사하여 엄하게 벌한다.
3. 나쁜 짓을 한 부자는 엄하게 벌한다.
4. 불량한 유림과 양반들을 엄하게 벌한다.
5. 노비 문서는 불태워 버린다.
6. 천민 차별을 개선하고 백정이 쓰는 패랭이는 없애 버린다.
7. 청상 과부의 재혼을 허용한다.
8. 이름도 없는 세금은 전부 없앤다.
9. 관리 채용에는 지위나 문벌을 따지지 않고 인재를 등용한다.
10. 왜와 통하는 자는 엄하게 벌한다.
11. 조정이나 개인에게 빌린 돈은 모두 없었던 일로 한다.
12. 토지는 똑같이 나누어 농사짓게 한다.

동학농민운동에서 주장한 내용

아 학습지에 붙이도록 했어요. 그리고 나서 모둠별로 발표했어요. 그 내용은 다음과 같아요.

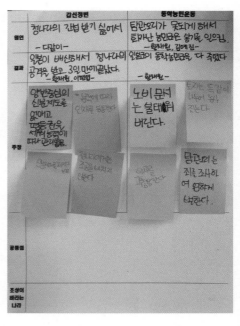

- 토지를 똑같이 나눠 주도록 했다.
- 억울한 노비를 풀어 주거나 신분제도를 없애자고 했다.
- 인재를 고루 뽑자고 했다.
- 일본이나 청나라에 의존하지 말자고 했다.

학생들이 잘 찾은 것 같지 않나요?

학생들이 학습지에 정리한 결과

조상들이 바라는 나라 추측하기

학생들이 발표한 내용을 칠판에 모두 적고 모둠별로 화이트보드를 나눠 줍니다. "그렇다면! 이것을 봤을 때, 근대화 시기에 조상들이 바라는 나라는 어떤 나라일까?"라고 질문하고 화이트보드에서 써서 제출하라고 했어요.

학생들이 제출한 화이트보드는 앞면이 아닌 뒷면이 보이도록 칠판 앞에 배열한 뒤, 하나씩 뒤집으면서 읽어 주었어요. 그 내용은 다음과 같아요.

답을 뒤집어서 제출한 모습

- 모든 사람들이 평등하고, 다른 나라에 의존하지 말자.
- 모든 백성들이 평등하고, 우리나라만의 전통을 지키자.
- 평등하고 자주적인 국가
- 모두 다 같이 잘사는 나라
- 백성들이 원하는 나라를 만드는 것

이렇게 설명을 하면서 수업을 마무리했어요.

"맞아요. 조상들은 자주적인 국가를 건설하려고 노력했어요. 그래서 어떤 나라를 건설했을까요? 바로 대한제국을 건국합니다. 교과서 제목에도 나와 있어요. 자주독립국가라고요."

학생들은 그제야 대한제국 앞에 '자주'라는 수식어가 붙은 이유를 이해했는지 "아~" 하며 동의하였습니다.

 수업 성찰

갑신정변과 동학농민운동에 대한 주요 내용을 학생들이 이해하기 쉬운 문장으로 써서 나눠 준다면 수업을 좀 더 원활하게 할 수 있어요. 물론 있는 그대로의 사료를 제시하는 것은 어렵기는 하지만 의미는 있다고 생각합니다.

역사 이야기

독립협회 ✏️

고종의 아관파천은 곧 자주권의 상실을 의미한다고 볼 수 있어요. 이 시기에 러시아를 필두로 하여 서구 열강이 너도나도 조선의 이권을 침탈했어요. 서구 열강은 특히 광산 채굴권과 교통, 통신 부설권에 힘을 기울였는데, 이는 막대한 이익을 가져다주는 노다지였기 때문입니다. 금광에서 금이 많이 나왔을 때 서양인이 광부들에게 "노터치"라고 외쳐서 '노다지'가 되었다는 이야기가 퍼질 정도였죠.

헌의6조

1. 외국인에게 의지하지 말 것
2. 이권에 관련된 외국과의 조약은 각 대신과 중추원 의장이 합동 서명하여 시행할 것
3. 재정은 탁지부에서 관리하고 예산과 결산을 사람들에게 공포할 것
4. 중대한 범죄는 공판을 진행하되 피고의 인권을 존중할 것
5. 칙임관(고위직 관료, 정1품~종2품)은 정부에 자문해서 과반수의 찬성에 따라 임명할 것
6. 홍범14조 등 규정을 실제로 시행할 것

갑신정변의 주동자로 미국에 망명했던 서재필이 귀국하면서 개화파는 자주독립국가를 건설하고자 1896년 독립협회를 만들었어요. 이들은 청에서 벗어난다는 의미로 중국 사신을 맞이하던 영은문 자리에 독립문을 세우고, 『독립신문』을 만들어 국민들에게 자주독립 의식을 고취시켰어요. 갑신정변이 백성의 지지와 기반 없이 실패한 경험을 되살려 시민 참여와 계몽을 위해 만민공동회를 열었어요. 또한 법률 기반의 정치 개혁을 주장하는 '헌의6조'를 고종에게 요구하여 입헌군주제를 정착시키려고 노력했

독립문

독립신문

어요. 하지만 정부는 어용 단체인 황국협회를 만들어 독립협회와 만민공동회를 습격하고 독립협회 간부를 무고했어요. 1898년 독립협회는 고종의 칙령으로 해산하게 됩니다.

대한제국 ✏️

아관파천으로 서구 열강들의 이권 침탈이 심해지는 중에 독립협회의 활동으로 자주국가에 대한 국민의 요구가 높아졌습니다. 이에 고종은 1897년 러시아 공관에서 경운궁(덕수궁)으로 환궁하였고, 그해 10월 국호를 '대한제국'으로 고치고 황제로 즉위하였습니다. '광무'라는 연호를 사용하고 각종 개혁을 추진하여서 이를 광무개혁이라고 합니다. 고종은 왕

대한제국의 여권

권을 강화하고자 하였으나 황제와 궁내부를 중심으로 개혁을 추진하다 보니 그 기반이 좁았으며, 부국강병을 목표로 했던 근대적 상공업 진흥 정책은 재정 부족, 개혁 추진 방식의 문제, 외세의 간섭으로 제대로 된 성과를 보지 못합니다.

광무개혁의 내용을 구체적으로 살펴보면, 그 첫 번째는 양전 및 지계사업이에요. 양지아문을 통해 토지를 측량하고 토지소유권을 인정해 주는 지계를 발급했어요. 물론 외국인의 토지 소유는 인정되지 않았고요. 눈에 두드러지는 성과가 있었던 것은 경운궁을 중심으로 도로를 개설하고 전기, 전차, 전신, 전화, 철도 부설 사업을 추진한 것이었어요. 근대적인 기술 인력을 양성하기 위해 실업학교를 세우고 각종 회사도 설립하였어요. 또한 이 모든 정책과 사업을 뒷받침하기 위해 화폐 및 금융제도를 개혁하고자 했어요. 하지만 화폐 주조와 중앙은행 설립에 필요한 막대한 자금을 구하지 못해서 지지부진한 가운데 러일전쟁을 맞습니다. 더욱이 일제는 이즈음부터 고문정치를 실시하면서 대한제국의 내정을 일일이 간섭하고 궁내부를 축소하여 근대화 관련 기구들을 폐지했어요. 고종이 추진하던 모든 개혁 사업을 중단시키고요. 이로써 광무개혁은 실패한 개혁이 되었으며, 이후 일본에 의한 식민지적 근대화가 시작됩니다.

14장. 근대 문물의 수용

근대 문물
도입의 결과는?

근대 문물의 수용으로 조선은 다양한 분야에서 변화를 맞이합니다. 새로 도입된 문물과 조선의 변화된 모습을 구체적인 사례를 통해 살펴보는 것도 중요하지만, 이번 수업은 연표를 보면서 전체적인 흐름과 변화 양상을 찾아보는 활동으로 구성했어요.

근대 문물 살펴보기

근대 건축물인 석조전과 옛 건물이 혼재된 덕수궁 사진과 전등이 달린 창덕궁 인정전 사진을 학생들에게 보여 주었어요. 그리고 왜 옛 궁에 이런 근대 시설이 있는지 질문했어요.

덕수궁 석조전

교사: 조선시대 궁궐인데 왜 이런 것들이 있을까요?

학생1: 임금님이 일을 하는데 너무 어두워서 밝게 하려고 그런 것 같아요.

학생2: 일제강점기 때 일본 사람이 자기 마음대로 만들었을

창덕궁 인정전의 전등

것 같아요.

학생3: 새로운 물건이 들어와서 설치했을 것 같아요.

근대 시기 달라진 생활 모습 정리하기

근대 문물의 도입 연표를 학생들에게 나눠 주었어요. 연표에는 1883년부터 1910년까지 우리나라에 설치된 학교, 근대 시설, 철도 등의 정보가 쓰여 있어요. 맨 위에서부터 학생들과 함께 천천히 읽었어요. 읽으면서 새롭게 설치된 학교나 기관들에 줄을 긋도록 했어요. 5줄 정도까지는 함께 읽고 나머지는 모둠별로 소리 내어 읽도록 했어요.

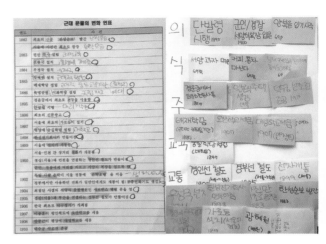

연표를 보고 학생들이 정리한 결과

다 읽은 후에는 밑줄 그은 내용을 포스트잇에 옮겨 쓰고 빈 도화지에 포스트잇을 붙이면서 비슷한 항목끼리 분류하도록 했어요. 의, 식, 주, 교육, 교통 등 5개 항목으로 분류하게 하면 좋습니다. 완성한 결과물을 모둠별로 책상 위에 올려놓고, 다른 모둠의 결과물을 구경하러 다닐 수 있도록 시간을 주었어요.

그리고 모둠별로 사람들의 생활 모습이 어떻게 변화되었는지 돌아가면서 간단히 발표를 했어요. "신식 옷을 많이 입고 다녔다", "단발령 때문에 남자들은 머리를 짧게 잘랐다" 등 다양한 이야기가 나왔어요. 이와 같은 방식으로 의, 식, 주, 교육, 교통 항목에서 생활 모습의 변화를 발표했어요. 새롭게 생긴 시설들이 많아서 학생들은 당시 사람들의 생활 모습이 엄청 많이 바뀌었을 것으로 추측했어요.

학생들의 발표가 끝난 뒤, 다양한 근대 문물 사진을 보여 주면서 설명을 해 주었어요. 전화나 기차와 관련된 에피소드를 이야기해 주니 학생들이 재미있어 하며 들었어요.('역사 이야기' 참고)

근대 문물 도입의 장단점 살펴보기

앞에서 학생들이 정리한 내용은 거의 대부분 근대 문물의 도입으로 인한 장점에 해당합니다. 하지만 근대 문물의 수용이 마냥 좋은 것만은 아니었어요. 단발령으로 인해 목숨까지 끊은 사람도 있었고 우리의 고유한 전통이 사라지는 경우도 많았어요. 그래서 학생들에게 근대 문물과 관련된 다양한 읽을거리를 주었습니다. 그리고 근대 문물 도입의 장단점을 이야기해 보도록 하였습니다. 학생들이 이야기한 근대 문물의 장단점은 다음과 같아요.

장점	• 밤에도 이동할 수 있다. • 여성도 교육을 받을 수 있었다. • 우체국을 통해 편하게 편지를 전달할 수 있다. • 신문이 생겨서 새로운 정보를 알게 되었다.
단점	• 상투를 자르는 것에 대한 반대가 심했다. • 우리나라가 돈을 많이 쓰게 되었다.(외국에서 돈을 빌려 시설을 만들었기 때문에) • 소수의 사람들만 이용할 수 있었다.

Tip 수업 성찰

근대 문물의 종류가 많아서 수업 시간이 부족할 수 있으므로 연표에서 몇 가지 항목을 빼도 수업에는 크게 상관이 없습니다. 수업의 흐름을 역으로 구성하여 다양한 근대 문물을 조사하고 이것을 연표로 만드는 활동을 해도 재미있을 것 같아요. 참고로 근대 문물의 도입에 대한 읽기 자료는 『역사신문 5』(역사신문편찬위원회 편, 1996), 『한국 근대사 산책 3』(강준만, 2007)을 참고해 만들었어요.

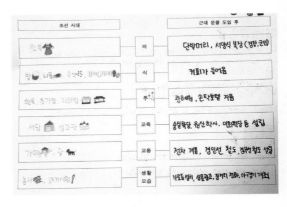

수업을 끝내고 완성한 학습지

역사 이야기

신식 교통수단의 등장 ✏️

'불을 뿜어내는 수레'가 뭔지 아시나요? 그것은 바로 기차입니다. 1899년 우리나라 최초의 경인철도가 개통된 다음 날 『독립신문』에 화륜거(火輪車), 즉 기차에 대한 기사가 났어요. 당시 기차의 속도는 시속 20~30km로 노량진에서 제물포까지 가는 데 1시간 40분이나 걸렸지만, 사람들에게는 경이로움의 대상이었다고 합니다.

자전거는 1890년대 초 프랑스 선교사와 독일 기술자들이 국내에 들여온 것으로 추정되며 1890년대 후반부터 상품으로 판매가 되었습니다. 유명인사 중 자전거의 선구자는 윤치호였어요. 독립협회 회장이었던 윤치호의 연설회장은 언제나 초만원이었는데, 연설 때문에 온 것이 아니라 자전거를 구경하러 왔다고 합니다. 자전거 덕에 윤치호는 축지법을 쓰고 다닌다는 소문이 돌기도 했어요.

1900년에는 남대문에서 서대문까지 전차 노선이 개통되었는데 서울의 전차 도입은 일본보다 빨랐다고 합니다. 하루 평균 승차 인원은 2,000명으로 서울 인구의 1% 정도였는데, 한번 타고 종점까지 왔다 갔다 하는 사람, 지방에서 전차를 타러 온 사람, 전차 때문에 생업을 포기한 사람들이 있었다고 할 만큼 인기가 폭발적이었어요. 하지만 하루에도 몇 번씩 아이들이 전차에 깔려 죽어서 전차에 불을 지른 사건도 있었다고 합니다.

전화의 개통과 김구 ✏️

벨이 전화를 발명한 것은 1876년이에요. 그러면 우리나라는 언제 전화를 들여왔을까요? 기록상으로는 1896년 궁궐과 인천 간에 개통된 것이 최초입니다. 왜 하필 인천이었냐고요? 인천을 통한 무역 수입이 국가 재정에 큰 영향을 미쳤기 때문이라고 해요.

그 당시에는 전화 예절이 대단히 까다로웠다고 합니다. 수화기를 들기 전에 상투를 단정히 고치고 두 손을 맞잡아 절을 하고 상대방이 전화를 받으면 직함, 품계는 기본이고 본관에 이름까지 다 말했다고 합니다. 상대방 부모의 안부까지 묻고 난 뒤에 모든 인사가 끝나고 용건을 말했다고 합니다. 그런데 이건 아무것도 아닙니다. 임금에게 전화를 할 때에는 관복을 차려입고 큰절을 네 번 하고 무릎을 꿇은 뒤, 엎드려서 수화기를 들었답니다.

　전화와 관련해서는 많은 이야기가 전해지는데, 그중에서도 자주 회자되는 이야기는 '김구의 목숨을 살린 한 통의 전화'입니다. 당시 김구는 일본인을 살해한 죄로 인천감리서에 수감되어 있었는데, 사형 집행 직전에 한 통의 전화가 왔죠. 고종 황제의 명으로 '사형 집행을 중지하라'는 전화였어요. 개통된 지 3일 만에 걸려온 한 통의 전화로 김구는 목숨을 구하게 되었고, 우리나라 독립의 역사에서 엄청나게 중대한 일을 하게 됩니다.

골초 국가 조선 ✏️

개항 이후 담배의 종류가 매우 다양해졌어요. 또한 품질 좋은 담배 생산과 판매를 위해 1883년부터 1884년에 담배 판매소가 집중적으로 설립되었어요.

　담배는 광해군 때 처음 조선에 들여왔는데, 이후 대중으로 빠르게 확산되어 기름진 토지마다 담배를 가득 심는 폐단이 생겨날 정도였다고 합니다. 『하멜표류기』에 "조선에는 담배가 매우 성행하여 어린아이들이 네댓 살 때 이미 배우기 시작하며 남녀 간에 담배를 피우지 않는 사람이 매우 드물다."라고 적혀 있으며, 순조 또한 "아이들이 젖만 떼면 바로 담뱃대를 문다."라고 했어요. 정조 때는 니코틴이 많은 독한 담배를 즐겼고, 전체 인구 1,800만 명 중 360만 명 이상이 담배를 피웠다고 합니다. 흡연율이 20%나 되는 엄청난 '골초 국가'였던 거예요.

　담배가 들어온 초창기에는 남녀노소 할 것 없이 같이 담배를 피우다가 후에 어른 앞에서는 담배를 피우지 않는 흡연 문화가 정착되었어요. 남녀노소 할 것 없이 담배를 피우던 시절이 소위 '호랑이 담배 먹던 시절'이며, 이 말은 호랑이도 담배를 피울 만큼 담배 예절이 갖춰지지 않은 때라는 뜻이에요.

15장. 나라를 지키기 위한 노력

조상들은 어떤 노력을 했을까?

단순히 교과서를 읽기보다 목표와 미션을 주고 교과서에서 찾아보라고 하면 많은 학생들이 흥미를 보입니다. 단순하면서 쉽게 접근할 수 있는 탐구 방법입니다.

을사늑약 이후 일본은 대한제국에 대해 식민지화 정책을 본격적으로 추진해요. 하지만 우리도 가만히 지켜보고만 있지는 않았습니다. 다양한 방법으로 일본에 저항하며 나라를 지키기 위한 노력을 합니다. 조상들의 저항 활동을 상상해 보고 그것을 검증해 보는 탐구 수업입니다.

가설 세우기

을사늑약 이후 일본에 나라를 빼앗기지 않으려고 조상들이 어떤 노력을 했을지 가설을 세워 보라고 했어요. 가설은 1인당 1개 이상이라고 했어요. 학생들이 세운 가설은 다음과 같아요.

• 일본인들을 암살한다.

- 다른 나라에 도움을 구한다.
- 전쟁을 일으킨다.
- 을사늑약 반대를 외친다.

가설 검증하기

자신이 세운 가설을 검증해 보는 시간입니다. 교과서, 인터넷에서 근거 자료와 함께 관련 인물들도 찾아보라고 했어요. 비슷한 가설을 세운 학생끼리 모여서 함께 찾아보기도 했어요. 자신의 가설이 실제 역사와 같으면 검증 결과에 O를 하고, 가설이 틀렸으면 ×를 한 후 다른 가설을 세워서 검증하도록 했어요.

2개의 가설을 세우고 검증한 학생의 학습지

나라를 지키기 위한 조상들의 노력 정리하기

모둠별로 가설 검증 내용을 모아 보도록 했어요. 그리고 그 내용을 정리하여 발표했어요.

학생들이 정리한 조상들의 노력은 항일의병운동, 외국에 을사늑약의 무효성을 알리는 활동, 을사늑약을 반대하며 자결하기, 신민회 조직, 일본 고위 정치인 암살, 국채보상운동 등 크게 6가지였습니다.

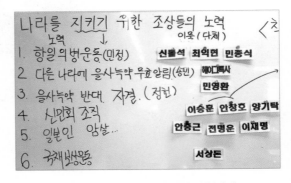

나라를 지키기 위한 노력과 관련 인물(단체)

수업 성찰

처음에는 교과서 내용을 중심으로 가설을 검증하도록 하는 것이 좋습니다. 앞서 '근대화 사건−임오군란부터 을사조약까지 원인과 결과 탐구' 수업에서 학생들에게 제공했던 읽기 자료('역사 이야기' 등)를 활용해도 좋아요. 기본 자료를 활용하여 검증을 하고 추가로 더 많이 검증하고 싶은 학생들에게는 인터넷이나 스마트 기기를 허용하세요.

역사 이야기

최익현 ✏️

반침략, 반외세를 주장한 위정척사운동의 대표적 인물로 최익현이 있습니다. 최익현은 불의와 타협하지 않는 강직한 성격으로 수많은 상소를 올려 임금에게 자신의 의견을 피력했어요. 흥선대원군의 경복궁 중건과 당백전 발행의 문제점을 지적하며 상소하고, 흥선대원군이 서원을 대거 철폐하자 또다시 상소하는데 이것은 대원군이 정치에서 물러나는 계기가 됩니다. 그리고 민비 세력이 고종의 눈을 가린다며 비난하는 상소를 올렸다가 제주도에 유배됩니다. 그 뒤 유배에서 풀려난 최익현은 강화도조약으로 개항이 시작되자, 상소를 올리고 조약 체결의 불가함을 주장하다가 흑산도로 유배됐어요.

   최익현은 단순히 상소만 올리는 유학자가 아니라 실천적인 활동가였습니다. 1905년 을사늑약이 체결되자, 70세가 훌쩍 넘은 고령의 나이에도 불구하고 직접 의병을 모아 관군과 일본군에 맞서 싸웠어요. 그러나 안타깝게도 싸움에 패하고 체포되어 쓰시마 섬에 유배되어 죽음을 맞아요. 혼란한 시기, 애국을 위해 끝까지 자신의 신념을 굽히지 않은 최익현의 기개는 지금에 돌아봐도 큰 의미가 있어요.

서상돈과 국채보상운동 ✏️

일본은 우리나라에 도로를 놓고 상하수도를 만든다는 명목으로 조선 정부를 강요하여 차관을 들여옵니다. 이때 1,300만 원이라는 나라 빚이 생겼는데, 현재 가치로 약 4,000억 원이라고 합니다. 그러자 나라의 빚, 즉 국채를 갚자는 운동이 대구에서 시작됩니다. 서상돈은 "국채 1,300만 원을 갚지 못하면 장차 토지라도 주어야 하므로 우리 2천만 인민이 담배를 석 달만 끊고 그 대금으로 국채를 보상하자."라면서 그 자신부터 800원을 내겠다고 했어요. 서상돈은 이러한 국채보상

서상돈 흉상

취지를 『대한매일신보』에 밝히고 모금운동에 나섭니다. 국채보상운동은 금세 전국으로 퍼져 나갔으며 고종 황제도 참가하였습니다. 국채보상운동에 참가한 사람은 모두 4만 명, 모은 돈은 200만 원 이상이었다고 해요.

성금 내는 사람들 모형

이에 놀란 일본은 국채보상운동을 방해하고자 국채보상기성회 총무인 양기탁에게 국채보상의연금 횡령 누명을 씌워 구속했어요. 양기탁은 나중에 무죄로 풀려납니다. 하지만 이 사건을 계기로 국채보상운동은 급격하게 퇴조했어요. 국채보상운동은 최초의 국민운동이자 애국계몽운동으로서 우리 역사에서 매우 중요한 운동입니다.

헤이그 특사 사건 🖉

고종은 뒤늦게 을사늑약의 부당함을 국제 사회에 알리고자 합니다. 그래서 1907년 네덜란드 헤이그에서 열리는 만국평화회의에 이준, 이상설, 이위종을 특사로 파견하여 일본의 만행을 폭로하고 호소했어요. 하지만 만국평화회의는 제국주의 열강들이 자신들의 이익을 위해 개최한 것이었기 때문에 반응은 냉담했어요. 그럼에도 대한제국의 실정과 주권 회복에 대한 의지가 다소나마 외국에 알려졌고, 이에 놀란 일본은 고종을 강제로 퇴위시켜 버립니다. 뒤이어 순종이 즉위하고, 곧바로 한일신협약(정미7조약)을 체결했어요.

그 결과 일본의 통감부가 최고통치기구가 되었어요. 일본인이 우리나라 중앙과 지방 곳곳에 등용되었고 일본인 차관이 요직에 배치되어 실권을 행사했어요. 또한 대한제국의 자율적 외국인 고용을 차단하고 황궁 수비대를 제외한 군대를 강제 해산했어요.

민족의 원수 암살 사건 🖉

을사늑약이 체결되자, 곳곳에서 민족의 원수 암살 시도가 일어납니다. 1908년 3월 샌프란시스코 기차 안에서 미국인 스티븐스(Durham Stevens)가 암살당합니다. 스티븐스는 일본의 요청으로 우리나라 외교 고문으로 있었으며, 미국에서 을사늑약을 찬양하고 다녔던 인물입니다. 스티븐스를 암살한 사람은 미국에 유학을 가 있던 장인환과 전명운이었으며『대한매일신보』는 이 사실을 보도하여 국민의 애국심을 고취합니다. 두 사람은 공범으로 체포되었는데, 전명운은 무죄 석방, 장인환은 10년 복역 후 석방되었습니다. 1909년 10월에는 안중근이 하얼빈에서 이토 히로부미를 저격하여 죽입니다. 체포된 안중근은 재판 과정에서 일제의 침략을 규탄하고 대한제국의 독립을 주장하였으며 이듬해 처형됩니다. 같은 해 12월에는 이재명이 이완용을 저격합니다. 하지만 이완용은 상처만 입고 살아났으며, 이재명은 21살의 나이로 교수형을 당합니다.

조선의 멸망 🖋

조선이 멸망한 까닭을 '당쟁, 쇄국정책, 성리학, 양반제도'라고 배운 경험이 있습니다. 과연 조선은 내부적으로 문제가 많고 서로 싸우기만 해서 망했을까요? 조선이 건국된 것이 1392년이고 국권 상실이 1910년입니다. 전 세계에서 조선 말고 500년간 지속된 왕조는 에스파냐 왕국밖에 없습니다. 그러면 조선은 어떻게 500년이나 지속될 수 있었을까요? 우리 민족이 순종적인 성격이라 봉기를 일으키지 않아서일까요? 하지만『조선왕조실록』을 보면 민란이 꾸준히 일어납니다. 순종은커녕 힘들 때마다 수없이 봉기를 했어요.

　조선이 500년 동안 지속될 수 있었던 근본적인 이유는 합리적인 정치, 경제, 법률 시스템이라고 생각합니다. 그 한 예로 상소를 들 수 있어요. 조선시대에는 누구나 왕에게 상소를 올릴 수 있었어요. 하지만 한자를 모르면 상소를 못 올리겠지요? 그래서 나중에는 한글 상소도 허락해 줍니다. 글을 모르는 사람은 신문고를 쳐서 불만을 제기했고요. 나라에서도 백성들의 이야기에 귀를 기울여서 정조 때는 상소, 신문고 등을 통해 해결한 문제가 5,000건이나 되었습니다. 조선에 폐해가 없었던 것은 아니지만, 동시대 다른 나라들에 비해 합리적인 제도가 마련되어 있어서 긴 세월을 유지할 수 있지 않았을까요?

항일의병운동의
변화

을사늑약 이후 그 수가 늘어난 의병은 1907년 군대 해산과 함께 최고조에 달합니다.(자세한 내용은 '역사 이야기' 참고) 그러자 일본은 1909년 삼남 지역의 의병을 와해하고자 남한 대토벌을 실시했어요. 그 결과 1910년 즈음에는 국내 항일의병운동은 거의 사라졌어요. 1915년 마지막 의병장 채응언이 체포되면서 국내 의병운동은 완전히 사라지고, 의병들은 만주와 연해주로 근거지를 옮겨 활동했어요. 만주에서 신흥강습소(신흥무관학교의 전신)를 설립하여 독립군을 체계적으로 양성하게 되지요. 1919년 3·1운동 이후에는 해외에서 임시정부가 세워졌어요. 그에 힘입어 1920년 봉오동 전투, 청산리 전투 등 만주에서 항일무장운동이 활발히 일어났고요. 이러한 과정을 학생들이 자료를 통해 스스로 찾아보는 탐구 수업을 설계했어요.

표를 보고 지도에 스티커 붙이기

항일의병운동이 일어난 연도와 장소가 적힌 표와 대한민국 지도를 모둠별로 나눠 주었어요. 그리고 지도에 스티커를 붙이도록 했는데 1905~1909년까지 항일의병운동이

항일의병운동 활동 지역			
연도	의병장	활동 장소	스티커 색깔
1905	유계국	경남 하동	
1906	민종식	충남 홍성	
1906	최익현	전북 정읍	
1906	월용기	경북 영덕	
1907	이강년	충북 제천	
1907	고광순	전남 광양	빨강
1907	김덕제	강원 원주	
1907	연기우	경기 파주	
1908	신돌석	전북 울진	
1908	홍범도	함경남도 갑산	
1908	민긍호	강원 여주	
1908	이인영	서울	
1908	민덕호	경기도 양주	
1909	안규홍	전남 보성	
1910			
1911			
1912			
1913			노랑
1914			
1915			
1916			
1917			
1918			
1919			
1920	홍범도	만주 봉오동	파랑
1920	김좌진	만주 청산리	

지도에 붙여 보고 알게 된 사실
(1905~1909)
빨간색은 머리쪽 밑에있지만 파란색은 위쪽에서
항일의병운동을 하는것을 알수있다.

항일의병운동 활동 지역 | 지도에 스티커를 붙인 결과

일어난 장소에는 빨강 스티커, 1910~1919년까지는 노랑 스티커, 1920년부터는 파랑 스티커를 붙이게 했어요. 그런 다음 새롭게 알게 된 점을 쓰라고 했어요.

의문점 해결하기

빨간색 스티커는 남한을 중심으로 국내에 퍼져 있고 노란색은 하나도 없습니다. 그리고 파란색은 만주 땅에 붙여졌어요. 스티커의 분포를 살펴보면서 새롭게 알게 된 점을 썼는데, 이 과정에서 다음과 같은 의문이 들었어요.

알게 된 점	의문점
• 빨간색 스티커는 남쪽에 집중되어 있다. • 노란색 스티커는 없다. • 파란색 스티커는 중국에 있다.	• 1910년대에는 항일의병운동이 왜 없었을까? • 1920년대에는 왜 중국에서 항일의병운동을 했을까?

이러한 의문점을 바탕으로 왜 그런 변화가 생겼을지 학생들에게 가설을 세워 보라고

했어요. 학생들은 다음과 같은 가설을 세웠어요. 가설을 발표한 뒤, 가설 검증을 위한 탐구 활동에 돌입합니다. 학생들이 탐구를 가장 적극적으로 할 때가 스스로 의문점이 생겨 해결하고 싶을 때지요. 그래서 이렇게 자료를 조작하는 활동을 통하여 의문점이 생기도록 한 것이죠. 가설을 설정하지 않고 의문점을 바로 해결해 나갈 수도 있습니다.

의문점	가설
• 1910년대에는 항일의병운동이 왜 없었을까?	• 국권이 상실되어서 일본 세상이기 때문이다. • 독립운동가들이 모두 죽어서 그럴 것이다.
• 1920년대에는 왜 중국에서 항일의병운동을 했을까?	• 중국까지 일본이 침략하려고 하자 그곳에서 항일의병운동을 전개하였을 것이다.

가설을 검증하기 위한 참고 자료로 당시의 사건들을 정리한 연표를 나눠 주었어요.

1905년	• 을사늑약
1906년	• 일본의 통감부 설치
1907년	• 고종의 헤이그 특사 파견 • 고종의 퇴위 • 일본이 대한제국의 군대를 강제로 해산함
1908년	• 전국의 의병이 모여 서울진공작전을 계획함
1909년	• 일본의 남한대토벌로 국내 항일의병이 거의 사라짐 • 안중근이 이토 히로부미 사살
1910년	• 국권 상실
1911년	• 이동녕 등이 만주에 신흥강습소를 만들어 청년을 교육함
1913년	• 만주 신흥강습소를 신흥중학교로 바꾸고 군사 훈련을 강화함
1915년	• 국내에서 활동한 마지막 의병장 채응언이 체포됨
1919년	• 고종의 사망 • 3·1운동 • 대한민국 임시정부 수립 • 더 많은 학생을 수용하기 위해 신흥중학교를 확장한 신흥무관학교를 설립하여 독립군을 배출함
1920년	• 홍범도의 봉오동 전투 • 김좌진의 청산리 전투

이러한 과정을 살펴보는 수업 의도는 항일의병운동이 국내에서 없어진 이유는 남한대토벌, 일본의 탄압 등으로 인한 것이고, 만주에서 새롭게 생겨난 이유는 국내 활동이 어려워진 의병과 독립운동가들의 망명, 3·1운동, 신흥무관학교 활동 등이라는 사실을 찾도록 하는 것이었어요. 학생들과 연표를 보면서 다음과 같은 질문을 해 주시면 학생들이 탐구 활동을 하는 데 도움이 많이 됩니다.

"1920년대에 중국에서 항일의병운동이 활발하게 일어났다면 바로 그 전에 어떤 사건이 원인이 되었을까?"

의문점	학생들이 찾아낸 이유
• 1910년대에 국내에서 항일의병운동이 없어진 이유	• 일본이 우리나라를 본격적으로 지배해서 • 일제가 의병 세력을 완벽하게 진압하기 위해 남한대토벌 작전을 펼쳐서 • 국권이 상실되고 국내에서 의병운동을 할 사람들이 다 사라짐
• 1920년대에 만주에서 항일의병운동이 활발하게 일어난 이유	• 3·1운동으로 용기를 얻어서 • 대한민국 임시정부가 생겨 지휘를 할 수 있음 • 신흥무관학교 때문에 군대와 독립군이 생김

정리 및 역사 스토리텔링

1910년대에 항일의병운동이 아예 없었던 것은 아니에요. 국내에서는 대한독립의군부, 대한광복회와 비밀결사 활동이 있었고, 국외에서는 중광단, 간민회, 흥사단 등이 조직되고 신흥강습소, 서전서숙 등의 학교가 설립되어 의병을 양성하거나 군자금을 모으고 활로를 모색했다는 사실을 알려 주었어요. 그리고 남한대토벌, 봉오동 전투, 청산리 전투에 대해 관련 사진을 보여 주면서 설명해 주었어요.

우리나라의 국권을 빼앗으려는 일본. 하지만 계속되는 항일의병운동으로 골치가 아팠어요. 그러던 1907년 7월 헤이그 특사 사건으로 대한제국의 실정과 주권 회복에 대한 의지가 국제 사회에 알려졌고, 이에 놀란 일본은 황급히 고종을 강제 퇴위시켰어요. 그러자 수많은 시민들이 고종 퇴위 반대 운동에 나섰고 의병과 군인들이 속속 합류했어요. 일본은 곧바로 대한제국의 군대를 강제 해산하고 포수 등이 소유한 총과 탄환 등을 빼앗았어요. 이에 홍범도도 크게 분노하여 의병을 일으킵니다. 일본은 대한제국 국권을 빼앗기 위한 하나의 과정으로 1909년 9월 '남한대토벌'이라고 하여 최신식 무기로 무장한 대규모 군대를 보내서 의병을 모두 진압합니다. 그리고 그 1년 뒤인 1910년에 한일병합조약이 이뤄지는 거지요.

체포된 의병들

남한대토벌로 많은 의병장들이 만주, 러시아 등지로 망명하고, 1915년 마지막 의병장 채응언이 체포되면서 국내 의병활동은 끝이 납니다.

1919년 전국적으로 3·1운동이 일어납니다. 그에 힘입어 만주에 있는 의병들도 힘을 모아서 일본군에 맞서 싸웁니다. 그중 하나가 바로 봉오동 전투인데요, 봉오동으로 한번 떠나 봅시다.

채응언

1920년 6월 봉오동에서 일본군을 상대로 독립군이 크게 이겼어요. 승리를 이끈 장군은 바로 홍범도입니다. 홍범도는 봉오동 골짜기 안으로 일본군을 유인하여 격파했어요. 10월에는 청산리에서 큰 전투가 벌어집니다. 이때 활약한 장군은 바로 김좌진입니다. 청산리 전투는 김좌진이 이끄는 북로군정서와 홍범도가 이끄는 대한독립군이

홍범도

연합하여 독립군 토벌에 나선 일본군에 맞서 싸운 전투입니다. 청산리 일대에서 약 일주일에 걸쳐 10여 차례 전투를 벌였는데, 일본과의 전투 중 가장 큰 규모였으며 독립군이 최대의 승리를 거둔 전투이기도 합니다.

+ Tip **수업 성찰**

역사 스토리텔링과 함께 청산리 전투('지식채널e'), 이회영('역사채널e') 등에 대한 영상을 찾아 보여 줍니다. 수많은 사람들이 독립운동에 몸 바쳤음을 느낄 수 있습니다.

역사 이야기

대표적인 항일의병운동 3가지 ✏️

우리나라 역사를 돌아보면 외적이 침입하였을 때 벼슬아치들은 나 몰라라 도망가고 백성들이 힘을 모아 의병을 결성하여 물리친 경우가 많습니다. 임진왜란 때도 의병의 활약이 대단했고, 국권피탈 시기에는 일본에 대항하여 끊임없이 의병운동이 일어났어요. 국권피탈 시기 일본에 맞서 싸운 대규모 의병운동은 3가지인데 을미의병, 을사의병, 정미의병이 그것입니다.

을미의병은 1895년 명성황후 시해 사건과 단발령에 반대하여 일어난 의병이고, 을사의병은 1905년 외교권 박탈과 통감부 설치를 주요 내용으로 했던 을사늑약에 반대하여 일어난 의병입니다. 그리고 정미의병은 1907년 일본이 고종을 강제 퇴위시키고, 정미7조약(한일신협약)으로 행정권과 사법, 입법권을 장악하고, 대한제국 군대를 강제 해산하자 이에 반대하여 일어난 의병이에요. 이전의 항일의병운동이 농민군 중심이었다면 정미의병은 해산된 군인들의 참여로 조직적이고 강한 화력을 앞세워 대항할 수 있었어요. 또한 유생, 평민, 천민 등 다양한 출신의 의병장이 대거 등장했고 상인, 공인, 노동자, 농민 등 모든 계층이 참여했어요. 1895년부터 1907년까지 이 시기 대표적인 의병장으로 누가 있는지 알고 있나요? 바로 유인석, 신돌석, 최익현, 민종식, 홍범도, 안규홍 등이 있습니다.

의병 활동의 한계점 ✏️

의병운동이 실패한 이유는 겉으로 보면 수적 열세와 무력 차이로 보일 수 있어요. 하지만 유교적 이념과 신분 차별로 인한 분열도 큰 영향을 미칩니다. 김백선 사건은 이러한 점을 여실히 보여 준 사건입니다. 김백선은 평민 출신 의병장으로 1896년 유인석 의병부대의 선봉장을 맡아 충주성 전투에서 큰 공을 세웠어요. 그런데 김백선이 이끄는 부대가 가흥에서 일본군과 교전을 벌일 때 안승우에게 지원군을 요청했으나 안승우가 지원군을 보내지 않았어요. 결국 이 전투에서 패한 김백선은 안승우에게 항의했으며, 이후 유인석 부대 내 양반과 평민, 천민 간 갈등이 더욱 깊어지게 됩니다. 여기에 더해 김백선은 서울 진격을 강하게 주장했는데, 유인석이 이를 받아들이지 않고 오히려 김백선을 항명죄로 사형시켜 버렸어요. 이 사건은 의병 내에서 신분 간 차별과 갈등이 밖으로 드러난 대표적인 사건입니다.

또 하나 눈여겨 볼 사건은 이인영의 서울 진공 작전입니다. 1907년 일본에 의해 고종이 퇴위하고 군대가 해산되자, 이에 반대하여 이인영을 중심으로 13도 의병연합부대가 서울을 공략하고자 한 작전이에요. 서울을 공략하자는 통문이 돌자 전국에 흩어져서 활동하던 의병들이 속속 경기도 양주로 모여들었어요. 통문을 돌리지 않은 함경도와 평안도의 의병들까지 왔어요. 이렇게 모인 의병과 군인이 1만 명 정도 되었다고 하니, 그 기세가 정말 대단했어요.

이인영은 13도 의병연합부대의 총대장이 되고 지역별로 7명의 의병장을 임명합니다. 하지만 한계점이 드러나는 것이 양반과 유생들에게만 의병장 직위를 주었다는 거예요. 을미사변 때부터 죽 의병 활동을 해 온 신돌석은 이미 '태백산의 호랑이'로 불릴 만큼 용맹을 떨치고 있었어요. 그리고 1,000여 명이나 되는 의병을 이끌고 왔어요. 그럼에도 의병장에서 제외되었어요.

이인영

이인영은 을사조약 폐지와 13도 의병연합부대를 교전단체로 인정하라는 내용의 격문을 각국 영사권에 전달한 후에 2,000여 명의 의병을 이끌고 동대문을 통해 서울로 들어가고자 했어요. 그런데 일본군 또한 이에 대비해 망우리 일대에서 기다리고 있었어요. 허위가 이끄는 선발대 300여 명이 필사적으로 전투에 임했지만, 일본군에 비해 무기가 열악하고 후발대와 연락이 원활하지 않아 결국 싸움에 지고 후퇴합니다. 그런 와중에 갑자기 이인영에게 부친이 죽었다는 연락이 옵니

신돌석

다. 이인영은 어떻게 했을까요? 이인영은 총대장직을 허위에게 넘기고 부친상을 치르러 고향으로 가 버립니다.

허위는 남은 의병을 이끌고 다시 항쟁을 준비했으나 곧 일본군에게 잡혀가면서 서울 진공 작전은 흐지부지됩니다. 그리고 그로부터 1년 뒤 이인영도 결국 일본군에 잡혀가 죽음을 맞습니다.

홍범도 🖊️

홍범도는 어릴 때부터 머슴, 노동자, 포수로 일하며 어려운 생활을 했어요. 그리고 1895년 을미사변이 일어났을 때 이에 분개하여 일본군 10여 명을 죽이고 유인석 의병부대에 합류하여 전투를 했어요. 그 뒤에는 다시 농사와 사냥을 하며 살았는데 1907년 일본이 고종을 폐위하고, 군대 해산과 함께 총포 및 화약류 취체법(조선인의 무기와 탄약을 정부에 반납)을 강제 시행하면서 이에 반대하여 다시 의병 활동을 시작했어요. 그 시작은 포수들을 위한 생존권 싸움이었지만, 일제의 만행과 침략에 분노하며 그 활동 영역을 넓혀 독립군이 되지요.

홍범도는 총을 잘 쏘았을 뿐 아니라 지형을 이용한 전략과 전술에 뛰어났고 부하 의병들을 잘 인솔하였어요. 가는 곳마다 공을 세웠어요. 1908년 만주를 거쳐 연해주로 들어가기까지 일본군과 수차례 전투를 치르며 혁혁한 성과를 거뒀어요. 연해주에서도 홍범도는 두만강을 넘나들며 일본군을 공격하다가 1909년 국내로 돌아와 항일운동을 했어요. 그러다 1910년 한일병합 후 만주로 망명하여 항일운동을 합니다.

1919년 3·1운동이 일어나자 홍범도는 대한독립군을 조직하고 본격적인 항일운동에 나섰어요. 대한국민회 산하로 들어가 재정적 지원을 받아서 병력을 키우고 연합 부대를 창설해요. 언제나 그렇듯 일본군과 싸워서 전과를 올려요. 그리고 드디어 1920년 봉오동 전투에서 일본군 157명을 죽이고 120명의 중상자, 100여 명의 경상자를 내는 큰 승리를 거둬요. 그 뒤 이어지는 청산리 전투에서는 김좌진과 연합하여 싸우는데, 이 전투는 항일 무장운동 역사상 가장 큰 승리로 기록되지요.

청산리 전투에서 크게 패한 일본은 이에 대한 보복으로 조선인을 무차별 학살하면서 대대적인 독립군 토벌에 나섭니다. 이에 홍범도는 만주를 떠나게 돼요. 김좌진의 북로군정서 등 다른 독립군 부대와 통합한 대한독립군단의 부총재가 되어서 러시아령 자유시로 들어가게 됩니다. 이즈음 조선 독립군은 두 파로 나뉘어 대립하고 있었는데 러시아가 조선 독립군에 대해 무장해제령을 내리면서, 이를 둘러싸고 독립군 간에 싸움이 생기고 무장해제를 하지 않으려던 측의 독립군이 크게 희생됩니다. 이후 러시아는 조선의 독립군에 대한 통제를 더욱 강화했고, 홍범도는 독립군 부대와 함께 잠시 자유시를 떠났다가 이듬해 연해주로 돌아와 농업에 종사하면서 조선인의 생활 향상과 권익 보호에 힘씁니다. 그러다 1937년 스탈린의 한인강제이주정책에 따라 중앙아시아 카자흐스탄으로 이주했어요. 1941년 제2차 세계대전이 일어나자 홍범도는 참전하고자 했으나 워낙 고령이라 전쟁에 나가지 못하고, 그로부터 2년 뒤 75세를 일기로 죽음을 맞습니다.

김좌진 🖊

김좌진은 충남 홍성에서 태어났어요. 육군무관학교에 들어가서 졸업 후 대한제국 육군 장교에 임명됩니다. 그런데 1907년 일본에 의해 고종이 퇴위하고 대한제국 군대가 강제 해산되면서 김좌진은 계몽운동에 나섭니다. 신민회에도 가입하고 청년학우회 활동도 하고 고향에서 학교를 세웠어요. 그러던 2010년 한일병합조약으로 대한제국이 멸망합니다. 김좌진은 북간도에 독립군 양성 학교를 세우기 위한 군자금 모금 활동에 나섭니다. 이 일로 2년 6개월간 감옥살이를 하지요. 이후에도 군자금 모집 등 독립운동을 계속하다가 일본의 감시가 삼엄해지자 만주로 갑니다.

1919년 3·1운동이 일어나자 김좌진은 만주에서 다른 독립운동가들과 함께 대한독립선언서를 발표하고 대한군정부를 조직하여 사령관을 맡았어요. 대한군정부는 후에 대한민국 임시정부 휘하 대한군정서(북로군정서)로 개편됩니다.

1920년에는 봉오동 전투에서 크게 패한 일본이 대대적인 독립군 토벌에 나서고 이에 독립군은 산속으로 근거지를 이동했어요. 김좌진의 부대도 이동했어요. 그리고 10월 21

일 청산리에서 일본군과 전투를 치르게 되지요. 김좌진의 부대는 청산리 계곡에서 일본군 200여 명을, 홍범도의 연합부대는 완루구에서 일본군 400여 명을 사살했어요. 이후 26일까지 김좌진과 홍범도는 10여 차례의 전투 끝에 일본군 1,200여 명을 사살했어요. 반면에 독립군 측은 전사자가 100명 정도로 적었어요. 청산리 전투에 참가한 독립군은 김좌진의 북로군정서 1,600여 명, 홍범도의 대한독립군과 연합부대 1,400여 명으로 모두 3,000여 명이었어요.

청산리 전투 후 김좌진은 다른 독립군 부대와 통합하여 러시아령 자유시로 갔다가 러시아군의 독립군 지휘를 거부하고 다시 만주로 돌아옵니다. 만주에서 신민부를 창설하고 성동사관학교를 설립해 독립군 양성에 힘쓰는 등 독립운동을 이어 갑니다. 1929년에는 무정부주의자들까지 포섭하여 한족연합회를 결성하고 주석에 취임하여 황무지 개간, 문화계몽사업, 독립정신 고취와 단결을 호소합니다. 그러나 이듬해 고려공산당 산하 조직에서 파견한 박상실의 총에 맞아 죽음을 맞습니다.

17장. 3·1운동과 임시정부

묘지석의
비밀을 풀어라

대한민국 임시정부는 독립운동의 상징입니다. 그리고 임시정부의 상징적인 인물은 김구로 볼 수 있어요. 그래서 김구 관련 미션을 수행하는 수업을 해 보았어요. 미션 수행 후에 3·1운동과 임시정부에 대해 상세하게 알아보는 수업을 해 보시길 바랍니다.

대한민국 임시정부 관련 미션

미션지를 나눠 주고 미션지 속 사진은 김구의 부인인 최준례 여사의 묘지석이라고 설명을 해 주었어요. 묘지석 좌우에 있는 아이들은 김구의 아들이며, 묘지석 왼쪽에 있는 어른이 바로 김구입니

최준례 여사의 묘지석에 관한 미션지

다. 그런데 묘지석에 'ㄹㄴㄴㄴ해ㄷ달ㅊㅈ날남ㅂ해ㄱ달ㄱ날 죽음'이라는 암호 같은 글자

가 적혀 있어요. 암호가 의미하는 바를 모둠별로 추측해 보라고 했어요.

▶ 미션 1: 자음(ㄱ, ㄴ 등)으로 이루어진 암호가 의미하는 것은?

ㄹㄴㄴㄴ 해 ㄷ 달 ㅊ ㅈ 날 남(태어남)
(대한민국) ㅂ 해 ㄱ 달 ㄱ 날 죽음

예상과 다르게 학생들은 ㄱ, ㄴ 등의 자음이 의미하는 것이 숫자일 것이라고 쉽게 추측하였으며, 약 10분의 시간이 지나자 암호의 의미를 정확하게 추측한 모둠이 나왔어요.

ㄱ은 숫자 1, ㄴ은 숫자 2를 의미합니다. 한글 대신 숫자를 넣으면 연도가 나오며, 이것은 바로 최준례 여사가 태어나고 죽은 날이에요. 태어난 연도는 단기로 표시를 했으며 죽은 연도는 6년이라고 표시했어요. 학생들에게 4222년은 단기라는 설명을 해 주세요. 당시에는 단기 달력을 썼으며 단기 4222년은 서기 1889년입니다.

(단기) 4222년 3월 19일 태어남
(대한민국) 6년 1월 1일 죽음

암호를 다 풀었다면 다음 질문으로 미션을 계속 진행합니다.

• 대한민국 6년은 어떤 의미일까요?
• 그렇다면 대한민국 1년은 언제일까요?

대한민국 1년은 바로 임시정부가 세워진 1919년이며 대한민국 6년은 1925년입니다. 두 번째 미션도 해결 실시!

▶ 미션 2: 다음에서 (   )에 들어갈 단체는?

이러한 미션을 해결하는 과정에서 학생들은 두 가지 미션 모두 대한민국 임시정부와 관련이 있다는 사실을 알게 됩니다.

대한민국 임시정부와 3·1운동의 이해

대한민국 임시정부 설립 과정에 대한 영상을 찾아서 학생들에게 보여 줍니다. 임시정부 수립 과정에서 3·1운동이 자연스럽게 등장합니다. 유튜브에서 찾은 영상 〈역사저널 그날〉의 '대한민국 임시정부, 대한민국의 근간이 되다'(4분 미만)와 〈역사채널e〉의 'The history channel e_6264'(4분 정도)를 보았어요.

학생들에게 학습지를 나눠 주고 3·1운동에 대해 조사하는 수업을 했어요. 학습지에는 3·1운동의 원인, 과정, 결과를 조사하여 기록하는 칸이 있습니다. 학생들은 서로 이야기를 나누면서 각자의 학습지에 그 내용을 썼어요. 학습지를 제출하면 선생님은 질문을 하여 학생이 3·1운동을 잘 이해하였는지 확인합니다. 학생의 이해가 부족하다고 판단되면 피드백을 주고요. 질문과 피드백은 다음과 같은 방식으로 진행되었어요.

교사: (학습지를 덮으면서) 잘 썼네요. 그럼, 선생님이 질문을 할 테니 학습지를 보지 않고 대답을 해 보세요. 3·1운동의 원인을 2개만 말해 볼래요?

학생1: 음, 쓰긴 했는데 기억이 안 나요.

교사: (학습지를 돌려주면서) 말로 설명할 수 있도록 공부해 오세요.

교사: 3·1운동을 하기까지 과정을 한 가지만 말해 볼래요?

학생2: 고종 황제에 대한 독살설이 퍼졌고, 민족 대표 33인이 태화관에서 독립선언서를 읽고 전국적인 만세 운동을 했어요.

교사: 3·1운동의 과정을 잘 알고 있네요. 그런데 학습지에는 원인이 하나밖에 없네요. 1개 더 조사해서 써 오세요. 원인에 대해서는 ○○가 잘 알고 있던데 가서 한번 물어보세요.

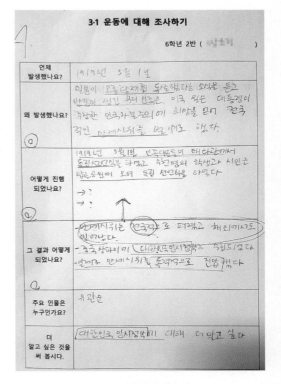

학생들이 수행한 학습지

학생들에게 질문을 하고 답변을 들어 보는 이유
는 정확하게 이해했는지 확인하기 위해서입니다.
학생들이 학습지에 써 온 결과를 보면 완벽합니다.
하지만 막상 말로 설명하라면 못하는 경우가 많아
요. 쓰기만 했지 제대로 이해를 못해서 그렇습니다.

학습지 작성 내용이 미흡한 학생에게는 관련 자
료나 도움을 줄 친구 이름을 언급하면서 피드백을
주었어요. 질문에 대답을 다 잘했으면 A+, 학습지

교사는 피드백을 주고(오른쪽), 학생들은 문제 해결을
위해 자료를 찾거나 협의하는 모습

에 쓴 내용은 충실하지만 말로 설명하는 것이 미흡하면 A, 학습지에 답을 한 가지 정도
만 썼으면 B로 평가를 했어요. 참고로 평가 기준은 학생 수준을 고려하여 다르게 설정할
수 있어요.

피드백을 주는 수업 형태는 기존 수업과는 많이 다릅니다. 교사는 학생 한 명, 한 명에
게 피드백을 주며 학생들은 자기주도적으로 문제를 해결해요. 빠르게 학습지를 작성하
고 답변을 잘해서 A+를 받은 학생에게는 더 공부하고 싶은 것, 조용히 독서, 친구 가르
쳐 주기 중 하나를 선택하라고 해요. 대부분의 학생들은 착하게도 다른 친구를 도와준다
고 합니다.

역사 이야기

민족대표 33인에 대한 착각 🖊

3·1운동 하면 무엇이 떠오르나요? 유관순? 독립선언서? 저는 민족 대표 33인이 제일 먼저 떠오릅니다. 민족 대표 33인이 탑골공원에서 독립선언서를 낭독하고, 그에 고취된 민중들이 벌떼같이 일어난 운동이 3·1운동이라 생각하는 사람들이 많습니다. 하지만 우리가 알던 상식과 다른 점이 있어요.

민족 대표 33인은 탑골공원에 나타나지 않았습니다. 태화관이라는 식당에서 독립선언서를 낭독한 후, "조선 독립 만세"를 외치고 총독부에 전화를 걸어 자수했어요. 민족 대표 33인이 모두 한자리에 있었던 것도 아니에요. 실제로는 모두 29명이 모였어요. 지방에서 만세 운동을 주도했거나 태화관에 뒤늦게 도착한 이도 있었어요. 또한 이들 29명은 대부분 천도교, 기독교, 불교 지도자였어요. 여기에 학생들이 함께했고요.

태화관에 민족 대표 33인이 모였을 때 탑골공원에서도 독립선언서가 낭독되었고 곧바로 만세 운동이 시작되었어요. 독립만세운동 계획 시 결정했던 독립운동의 3대 원칙 '대중화할 것', '일원화할 것', '비폭력적으로 할 것'에 따라서요. 그리고 미리 합의한 바에 따라 도쿄에 밀파된 임규 등이 일본 정부와 일본 의회에 독립선언서 등을 우송하였고, 상하이에 밀파된 김지환이 윌슨과 파리강화회의 각 대표에게 독립선언서와 청원서를 송신하였어요. 일본에는 국권 반환을 요구하고, 미국 등지에서는 국제 여론을 조성하여 일본에 압력을 가하기 위해서였어요.

사실, 민족 대표 33인과 학생들은 미국이 발표한 민족자결주의의 의도를 잘못 이해하고 그 원칙에 따라 독립운동을 하였어요. 민족자결주의는 독일과 오스트리아-헝가리 제국, 오스만투르크 제국 등 제1차 세계대전 패전국의 식민지를 대상으로 하는 것이었어요. 즉, 승전국인 일본의 식민지인 대한제국은 그 대상이 아니었어요. 오히려 패전국인 오스트리아-헝가리 제국과 오스만투르크 제국을 작은 국가들로 분리해 그 힘을 축소하고자 민족자결주의를 주창했다고 볼 수 있어요.

하지만 3·1운동의 결과는 매우 큰 의미가 있어요. 미국을 비롯해 외국의 많은 언론이

3·1운동을 보도하였고 외국인들의 반응은 동정적이었어요. 대한제국 이전부터 관계를 맺어 온 국가들은 일제의 야만성을 규탄했어요. 비록 일제의 무력 탄압과 서구 열강의 외면으로 그 목적은 달성하지 못했지만, 이후 우리나라가 독립운동을 하는 데 있어 중요한 변화들이 생기게 됩니다.

3·1운동의 원인, 과정, 결과 🖊

많은 사람들이 3·1운동의 초점을 3월 1일 당일에만 두어서 그 이전이나 이후의 사건들에 대해서는 잘 모릅니다. 하지만 3·1운동은 갑자기 일어난 만세 운동이 아닙니다.

제1차 세계대전이 끝나고 식민지들의 독립이 세계 곳곳에서 시작되었어요. 이에 우리 민족도 독립을 해야 한다는 생각을 점점 더 확고히 했어요. 일본 유학생들이 조선청년독립단을 결성하였고 1919년 2월 8일 오전에 독립선언서 등을 각국 대사와 공사, 일본 정부 요인과 의원, 조선 총독, 신문사, 잡지사, 여러 학자들에게 우송했어요. 그리고 이날 오후 도쿄 YMCA 회관에 모여 독립선언서를 낭독합니다. 이것이 자극이 되어 국내와 연해주, 간도 등지에서 독립선언에 대한 논의가 활발하게 일어납니다.

국내에서는 종교계가 중심이 되어 민족 대표 33인이 독립선언을 준비하였으며, 1919년 3월 1일 오후 서울 탑골공원을 비롯한 곳곳에서 독립선언서가 낭독됩니다. 학생들은 동맹휴학을 하고 전국으로 독립선언서를 전달하면서 3·1운동을 알렸어요. 노동자들도 파업을 하였으며, 시골의 장터는 독립만세운동의 무대가 됐어요. 3월에서 4월까지 전국적인 규모로 발전하였으며 그 양상도 비폭력에서 폭력투쟁으로 바뀌어 갑니다. 일본은 이를 무자비하게 무력으로 진압을 하고요. 독립만세운동이 종식된 뒤에도 일본은 주동자 색출에 혈안이 되어 살상과 방화를 일삼았어요.

3·1운동은 우리나라 역사상 최초로 계층과 직업

구분 없이 모두 하나가 된 독립운동입니다. 그리고 3·1운동 진압 과정에서 일본이 보여준 무자비한 탄압과 폭력은 외신을 통해 세계에 알려졌어요. 이후 일제는 이제까지의 무단통치를 겉으로나마 온건한 통치 방식으로 바꾸고, 우리는 임시정부를 세우고 더 체계적이고 조직적으로 독립운동을 해 나가게 됩니다.

대한민국 최초의 탄핵 대통령은? ✏️

그러면 대한민국 임시정부의 초대 대통령은 누구였을까요? 바로 이승만이에요. 대한민국 정부에서도 초대 대통령을 했고 임시정부에서도 초대 대통령을 합니다. 그리고 국무총리는 이동휘가 맡아요. 재밌는 사실이 있어요. 이승만이 1925년에 임시정부에서 탄핵을 당했다는 사실입니다. 1919년 3·1운동 이후 이승만은 노령임시정부 외무총장, 상하이임시정부 국무총리, 한성임시정부 집정관총재로서 모두에 적을 두고 활동했어요. 6월에는 대한민국 대통령 명의로 각국 지도자들에게 편지를 보내고 외교를 위해 워싱턴에 구미위원부를 설치했어요. 임시정부 규정에 없는 대통령 직함을 사용한 일로 안창호와 갈등을 빚었지만, 그해 9월 임시 대통령으로 추대되었고, 1920년 12월부터 약 6개월 동안 상하이에 머물면서 임시 대통령직을 수행했어요. 이승만 측과 이동휘 측의 갈등 속에 임시정부는 안정되지 못했고, 이승만은 1921년 5월 워싱턴군축회의(1921년 11월~1922년 2월)에 참석하기 위해 다시 미국으로 갔어요. 하지만 한국의 독립 문제를 군축회의 의제로 상정하지 못했고, 이승만은 하와이로 돌아갑니다.

1923년 4월 이승만에 대한 탄핵안이 제출되고, 다음 해 9월 임시정부의 임시의정원이 '임시 대통령이 유고(有故) 상태에 있다'고 결정하고 국무총리 이동녕에게 대통령직을 대리하도록 했어요. 이에 이승만은 크게 반발하며 하와이에서 임시정부에 보내는 독립자금의 송금을 중단하라고 지시하기도 했어요. 곧이어 박은식이 국무총리 겸 대통령 대리로 추대되었고 대통령제가 내각제로 개편되었으며, 구미위원부는 폐지하고 재정 업무를 다른 이에게 넘기고자 했어요. 이승만은 이 명령을 듣지 않았고 1928년까지 구미위원부 등을 통해 외교 활동과 재정 업무를 계속하였어요.

'독립운동가'는 일제에 빼앗긴 나라를 되찾기 위해 여러 가지 민족운동을 한 인물을 지칭하지만, 여기서는 국권 상실 전에 일본에 맞서 싸운 인물들까지도 포함해서 이야기할게요. 독립운동가는 활동 시기와 성격에 따라 유목화를 할 수 있어요. 국권 상실 전에는 항일의병운동과 애국계몽운동으로 나누며, 3·1운동 이후에는 무장독립운동과 민족문화수호운동으로 나눕니다. 하지만 그 내용이 복잡해서 학생들이 많이 어려워합니다.

그래서 독립운동가들에 대하여 탐구해 보는 프로젝트를 준비했어요. 이른바 '독립운동 프로젝트'입니다. 크게 2부로 나누는데, 1부는 독립운동가들의 업적을 조사하여 분류하는 것이고, 2부는 독립운동가 연표를 만들고 한 인물을 선정하여 소개하는 자료를 만드는 것입니다. 1부는 2차시, 2부는 4~6차시 정도가 소요됩니다. 독립운동 프로젝트에 실제 교육과정 내용이 모두 포함되기 때문에 시간이 부족할까 부담을 느끼지 않으셔도 됩니다. 연속적으로 하셔도 되고 1, 2부 따로 하셔도 됩니다. 혹은 1부나 2부 중에서 하나만 하셔도 크게 상관이 없을 것 같습니다.

이번 수업은 1부에 해당하는 독립운동가들의 업적 조사와 분류 수업입니다.

독립운동가 업적 조사와 분류

학생들에게 독립운동가 카드를 나눠 주고 각 인물의 업적을 조사하여 분류해 보라고 했어요. 학생들은 스마트 기기와 교과서를 활용하여 인물의 업적을 조사했어요. 학생들이 인물의 업적을 조사하는 데 걸리는 시간은 30분 내외였어요. 학생들이 조사할 시간을 충분히 주세요. 조사는 정확하게 하는 것이 참 중요합니다.

인물의 업적 조사 후에 분류 활동을 했어요. 독립운동가들의 업적을 살펴보면서 비슷한 점, 특이점 등을 찾아보고 이것을 토대로 분류 항목을 생각해 보라고 했어요. 학생들이 찾은 분류 항목은 다음과 같아요.

서상돈	국채보상운동으로 국권 회복을 꿈꾼 민족운동가 △
김구	한인애국단을 만들어서 일본 주요 인물 제거 90쪽
유관순	3·1운동 참여 △
민긍호	조선 말기 의병장 ○
최익현	항 일의사 운동 앞당 섬△
홍범도	대한독립군 총 사령관. 독립군 부대 어끔 89쪽 ○
신채호	한국의 독립운동가 △
안창호	나라의 독립을 위해 인재를 길러 냄 87쪽
서일	대종교 신자들을 중심으로 중광단 이라는 독립운동 단
이극로	일제강점기에 활동한 한글학자, 정치가 △
김좌진	독립군 부대 이끔 ○
이승훈	정주에 오산학교 세움 87쪽 △
신돌석	평민 출신 의병장 85쪽 ○
윤봉길	도시락 폭탄 던져서 일본 주요 인물 제거 90쪽
이봉창	일본 도쿄에서 열본 국왕 향해 폭탄 던짐 90
한용운	3·1운동 때 민족 33인 중 1명 ○
박은식	역사에 관한 책 써서 우리민족에 독립에 대
이승만	제 2,3대 대통령이자 대한제국 시대 때 독립

모둠별로 인물 업적을 조사한 결과

서 일 **이극로** **윤봉길** **유관순** **김좌진**

- 1모둠: 일본인을 죽임, 단체를 만듦, 교육, 의병
- 2모둠: 학자, 의병, 무엇을 만듦, 일본인을 죽임, 독립운동 참여
- 3모둠: 의사, 열사
- 4모둠: 무력으로 싸운 인물, 글로 싸운 인물

이 중에서 2개 항목을 뽑아 독립운동가를 두 부류로 분류해 보라고 했어요. 3가지 이상의 항목으로 분류하면 수업 시간도 길어지고 수업 내용도 복잡해지기 때문입니다.

독립운동가 분류 결과에 대한 토의

모둠 간에 분류한 결과가 다른 인물에 대해서는 토의를 했어요. 서일, 김구에 대하여 토의한 내용은 다음과 같아요. 참고로, 같은 인물이라도 학급마다 그 합의점은 달라질 수 있어요.

〈서일에 대한 토론〉

학생1: 서일은 군인이니까 힘으로 독립운동을 했어요.

학생2: 서일은 대종교 신자들을 중심으로 독립운동단체를 만들었어요. 그래서 교육이라고 생각합니다.

교사: 서일은 어디에 속할까? (학생들 대답은 반반)

그렇다면 선생님이 찾아볼게요. (교사용 컴퓨터에서 학생들과 함께 검색) 의병을 모았고, 독립군도 만들었고, 종교 활동도 했네요. 책도 만들었고, 김좌진 장군과 함께 전투에도 참가했고요. 어떻게 할까?

학생들: 중간으로 해요.

〈김구에 대한 토론〉

학생1: 김구는 독립운동단체를 만들고 학교도 세웠기 때문에 교육을 통해 독립운동을 했어요.

학생2: 한인애국단을 만들고 일본인들을 제거했다고 책에 나옵니다.

학생1: 김구가 직접 죽인 것이 아니라 윤봉길을 시켜서 죽인 것입니다.

학생3: 김구는 일본인들을 죽이려 했다고 나옵니다. 이것도 싸움을 통해 독립운동을 했다고 생각할 수 있어요.

학생4: 김구는 학교도 만들었어요. 그래서 둘 다 했다고 하면 좋을 것 같습니다.

토론을 마치고 나서 독립운동의 시기와 성격에 따라 독립운동을 4가지로 분류했어요. 그리고 학생들에게 이렇게 물어보았어요.

"선생님이 이렇게 나눈 까닭은 무엇일까?"

그러자 학생들은 곰곰이 생각하더니 시기에 따라 나누었다고 발표했어요.

'항일의병운동'은 국권 침탈 후에는 '무장독립운동'으로 바뀌고, '애국계몽운동'은 1930년대에 일본이 대륙 침략을 본격화하고 전쟁에 몰입하면서 식민지에 대해 문화정책을 펴는데, 이때부터는 '민족

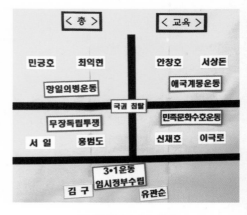

독립운동의 4가지 유형

문화수호운동'으로 성격이 바뀌게 된다고 설명해 주었어요. 유관순이 안 보이는데, 유관순은 3·1운동 때 활동한 또 다른 성격의 독립운동가라고 생각하시면 될 것 같습니다.

➕Tip 수업 성찰

학생들에게 나눠 준 독립운동가 카드는 매년 학급마다 조금씩 다르게 만들었어요. 기본적으로는 교과서에 등장하는 인물을 제공하였는데, 교육과정이 개정되면 조금씩 달라지기도 하고 학생들의 흥미와 그 수준에 따라 인물 수를 늘리기도 하였어요. 매년 공통적으로 들어간 인물은 신돌석, 홍범도, 윤봉길, 안중근, 김좌진, 이봉창, 안창호, 유관순, 김구, 이승만, 한용운, 이승훈, 신채호, 최익현이었습니다. 그리고 이회영, 서상돈, 박은식, 윤동주, 이극로, 서일, 남자현, 이육사, 민긍호 카드는 선택적으로 제공하였어요. 인물을 많이 다루면 좋기는 하지만 시간이 많이 걸리기 때문에 중요한 인물을 추리면 좋을 것 같습니다.

프로젝트 수업

프로젝트 수업의 형태와 프로젝트 수업을 바라보는 관점이 다양하기 때문에 '프로젝트 수업이란 무엇이다'라고 단정적으로 정의하는 것은 상당히 어렵습니다. 여러 학자들이 말하는 프로젝트 수업의 공통점을 추출하면 다음과 같습니다.

- 학습자의 흥미를 고려하여 학생 중심으로 수행
- 학생들 간 협력
- 교사와 학생의 상호 작용을 강조

프로젝트 학습법은 1920~1930년대 미국에서 듀이(Dewey)와 그의 제자인 킬패트릭(Kilpatrick)과 같은 진보주의자들에 의해 제안되었습니다. 교사 주도의 지식 전달식 수업에서 탈피하고 학생들이 능동적으로 수업에 참여하여 우리 주변의 삶과 관련된 주제를 탐구하고 다양한 경험을 할 수 있는 상황을 제공하는 프로젝트 학습을 시도하였습니다. 1980년대 후반 카츠(Katz)와 차드(Chard)는 프로젝트를 '한 명 또는 그 이상의 학생이 특정 주제에 대해 심층적으로 연구하는 것'으로 정의하면서 프로젝트 접근법을 유아교육과 초등학교에 보급하고자 노력하였습니다.

우리나라에는 1950년대에 프로젝트 학습이 소개되었습니다. 하지만 오늘날과 같은 프로젝트 학습은 1990년대 후반에 카츠와 차드의 저서 『프로젝트 접근법(The Project Approach)』이 번역 출간되고 본격적으로 홍보가 되면서부터라고 합니다.

역사 이야기

'이달의 독립운동가'는 누구일까? ✏️

'이달의 독립운동가'는 대한민국 국가보훈처가 선정하여 발표하는 독립운동가 명단입니다. 국가보훈처는 1992년부터 매년 12명 이상의 독립운동가를 월별로 지정하여 발표하고, 이들의 공훈을 선양하기 위해 추모 행사와 전시회 등의 기념사업을 벌이고 있습니다. 특히 2019년에는 '임시정부 100주년'을 기념해 대표 독립운동가를 선정했어요.

〈2019년 이달의 독립운동가〉

1월	2월	3월	4월	5월	6월	7월	8월	9월	10월	11월	12월
유관순	김마리아	손병희	안창호	김규식,김순애	한용운	이동휘	김구	지청천	안중근	박은식	윤봉길

한인애국단과 윤봉길 ✏️

한인애국단은 1931년 대한민국 임시정부 주석 김구가 세운 독립운동 조직으로 일본의 주요 인물 암살을 목적으로 만들어졌습니다. 한인애국단의 대표적인 활동으로는 일본 도쿄에서의 이봉창 의거와 중국 상하이에서의 윤봉길 의거가 있어요.

1932년 1월 이봉창은 일본 왕 히로히토에게 폭탄을 던졌으나 안타깝게도 실패합니다. 같은 해 4월 윤봉길은 상하이 홍커우 공원에서 열린 전승 기념 및 일왕 생일 행사에서 폭탄을 던져 일본인 간부 7명을 제거했어요. 중국 사람들은 이를 보고 "2억 중국인이 하지 못한 일을 한 사람 한국인이 해냈다."고 극찬하였으며, 중국이 대한민국 임시정부의 독립운동을 돕는 계기가 됩니다.

독립운동가 연표 만들기
(독립운동 프로젝트 2)

지난 시간(독립운동가의 업적 조사하고 분류하기)에 이어 독립운동 프로젝트 2부 시간입니다. 독립운동 프로젝트 2부에서는 연표에 시기별로 활약한 독립운동가를 배치하고, 각 인물의 업적을 소개하는 자료를 만들어 친구들에게 공유합니다. 총 4~6시간 정도 걸리며, 시간 확보를 위해 국어 수업과 통합하여 진행해도 좋습니다.

학생들에게 1910년에서 1950년까지 연도가 표시된 연표를 나눠 주고 독립운동의 흐름을 설명해 주면서 연표에 사건을 써 보라고 했어요. 일제강점기 일본의 통치는 시기별로 조금씩 달랐어요. 1910~1919년까지 처음 10년간은 무단 통치 시기로 헌병이 행정까지 담당하면서 우리나라 사람들의 자유를 박탈합니다. 하지만 이에 굴하지 않고 3·1운동을 일으키지요. 그러자 일본은 강압적인 통치 방식을 회유적인 방식으로 바꾸며, 이를 문화 통치라고 합니다. 1919~1931년까지 한국인들의 언론 활동이 허가되고 교육 활동이 확대됐어요. 그런데 1931년 일본은 만주로 쳐들어갔고 1937년에는 중일전쟁을 일으켰어요. 일본은 한반도를 대륙 침략의 전진 기지로 삼고 전쟁에 필요한 물품과 인력을 우리나라에서 징발했어요. 1931년부터 1945년 광복까지 민족 말살 통치가 이루어집니다.

일본의 통치 방식에 따라 독립운동의 형태도 조금씩 달라집니다. 무단 통치기에는 억압을 참아 내면서 국내에서는 3·1운동, 해외에서는 무장독립운동을 했어요. 민족 말살 통치기에는 민족의 문화를 지키기 위한 많은 노력을 하고요.

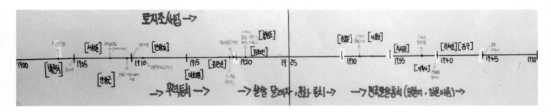

독립운동 연표

연표에 독립운동가 배치하기

독립운동 프로젝트 수업 1부 때 사용했던 독립운동가 카드를 연표에 배치했어요. 카드를 붙이는 연도는 독립운동이 활발하게 일어났던 시기를 기준으로 학생들과 합의하여 붙였어요. 기간은 1900년부터 광복 후까지 약 50년으로 잡았으며 독립운동가는 신돌석부터 김규식까지 총 23명입니다. 연표에 3·1운동, 중일전쟁과 같은 기본적인 사건들은 미리 표시해 주었어요.

독립운동가는 23명을 선정하였으나 너무 많은 느낌도 들었어요. 독립운동가 연표 만들기 활동 시간을 단축하려면 기간을 1910~1945년까지로 좁히고 김원봉, 김규식, 여운형은 생략하여도 될 것 같습니다. 신돌석, 안창호, 최익현, 서상돈, 박은식, 안중근 또한 앞에서 다뤘기 때문에 이번에는 생략하여도 크게 상관은 없을 것 같습니다.

내가 소개할 독립운동가 선정하기

학생들은 각자 독립운동가를 1명씩 선정하여 그 활동을 소개하는 자료를 만들기로 했어요. 각자가 소개하고 싶은 독립운동가를 마음대로 선정하면 특정 인물에게만 집중될 수 있어서 제비뽑기를 통해 선정했어요. 혼자 하거나 2명이 짝을 이루어 같이 소개 자료를 만들어도 된다고 했어요.

교사: 소개할 독립운동가를 선정했으니 이제 어떻게 만들지 말해 볼까요?

학생: UCC, 보고서, PPT요.

교사: UCC로 만드는 것 가능해요?

학생: 동영상 만드는 것 많이 해 봤어요.

교사: 오, 좋아요. 각자 원하는 방법을 고민해 보세요. 선생님이 개요표를 줄 테니, 어떻게 만들지 계획을 세워서 선생님께 확인을 받으세요. 독립운동가를 소개하는 최종 영상을 만들어 선생님께 제출해 주세요.

유관순 소개 자료의 개요

독립운동가 소개 자료 만들기 계획 세우기

독립운동가 소개 자료의 개요를 작성하는 데 시간을 1시간 정도 주었어요. 독립운동가 소개 자료 개요를 빈약하게 작성해서 오는 학생들이 많았어요. 도서관에 있는 참고 자료를 안내해 주거나 독립운동가의 활동에 대해 추가로 알려 주면서 학생들에게 피드백을 주었어요. 1시간 내에 개요를 다 짜지 못한 학생은 과제로 해 오도록 했어요.

독립운동가 소개 자료 만들고 발표하기

지난 시간에 만든 개요를 참고하여 소개 자료를 만들기 시작했어요. 각자 만드는 방법이 달라서 여러 장소에서 동시에 수업이 이루어졌어요. 복도, 교실 등에서 스마트폰으로 촬영을 하거나 PPT를 만들기 위해 컴퓨터실에 갔어요. 아나운서처럼 보도하는 영상을 만들고자 하는 학생들은 소개 자료 내용을 외우고 말하기 연습을 하기도 했어요.

학생들은 완성한 영상 파일을 선생님에게 전송했고 선생님은 그것을 모아서 다 함께 시청했어요. 친구들이 만든 영상을 시청하면서 평가를 하였는데 평가 항목은 '내용의 정확한 전달', '독립운동가의 업적에 대한 정확하고 충실한 조사'였어요.

학생들이 만든 영상은 학생들의 동의하에 유튜브에 올렸어요. 그리고 각 영상의 링크를 QR코드로 만들어 연표에 붙였어요.

김구

유관순

윤동주

서상돈

주시경

독립운동 프로젝트에 대한 소감 나누기

프로젝트에 대한 소감을 간단히 쓰고 공유를 했어요. 재미있었던 점, 아쉬운 점, 전체적인 소감으로 나누어 쓰도록 했어요.

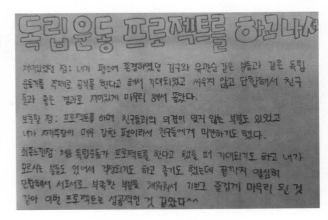

독립운동 프로젝트에 대한 학생 소감

포스트잇을 활용해 독립운동 연표를 만들어 보는 수업을 할 수도 있어요. 붉은 포스트잇에는 교사가 제시한 주요 사건을 조사하여 써 붙이고, 파란 포스트잇에는 그 사건이 일어난 시기에 활동한 독립운동가를 조사하여 써 붙입니다. 이때 주요 사건과 인물은 교과서에 나오는 내용으로 제시해 주세요.

〈연표에 넣을 내용〉

주요 사건	국권 피탈, 헌병경찰제, 토지조사사업, 3·1운동, 대한민국 임시정부 수립, 봉오동 전투, 청산리 대첩, 산미증식계획, 광주학생항일운동, 조선어학회, 민족말살정책, 광복
독립운동가	유관순, 홍범도, 심훈, 김좌진, 이윤재, 최현배, 신채호, 박은식, 김구, 이회영, 이봉창, 윤봉길, 이육사, 윤동주

학생들이 함께 만든 연표

역사 이야기

서대문형무소 생활은 어땠을까? ✏️

서대문형무소는 을사늑약 이후 일제가 만든 감옥이에요. 1908년 경성감옥이란 이름으로 문을 연 이래 1912년 서대문감옥, 1923년 서대문형무소로 이름이 바뀌었어요. 해방 후에도 여러 차례 이름이 바뀌었어요.

일제강점기 때 서대문형무소는 죄인을 가두는 목적으로 만들었으나, 실제로는 독립운동을 한 사람들을 많이 가두었어요. 이곳에 갇혔던 대표적인 인물로는 안창호, 윤봉길, 유관순, 여운형, 박헌영, 김구 등이 있어요. 광복 직후에는 반민족행위자가 수감되었고, 이후 1987년까지 서울교도소, 서울구치소로 이용되면서 민주화운동을 한 사람들이 수감되기도 했어요. 1998년부터는 서대문형무소역사관으로 바뀌어 박물관으로 사용되고 있어요. 일제강점기 당시의 고문 모습이나 형무소 내부의 모습을 볼 수 있으며, 실외에는 독립운동가들을 기념하는 추모비와 사형장 등이 있어요.

『백범일지』에 김구가 서대문형무소에서 복역할 때 기록한 감옥 생활이 자세히 나와 있습니다. 조금 살펴볼까요?

각 수인들은 소위 판결을 받기 전에는 자기의 의복을 입거나 자기 의복이 없으면 청색 옷을 입다가 기결되어 복역하는 시간부터 붉은 옷을 조선 복식으로 만들어 입는다.
입동부터 춘분까지는 면으로 만든 옷을 입고 춘분에서 입동까지는 홑옷을 입히되 병든 수인에게는 흰옷을 입혔다. 식사는 하루 3회로 분배하는데, 그 재료는 조선 각 도에서 각기 그 지방에서 아주 값싼 곡물을 선택하는 까닭에 각 도 감옥의 음식이 동일하지 않다. 당시 서대문감옥은 콩 5할, 좁쌀 3할, 현미 2할로 밥을 지어 최하 8등식에 250문(문: 일본의 무게 단위, 약 3.75g)을 기본으로 하여 2등까지 문수를 증가하였다. 차입되는 사식은 감옥 바깥에 있는 식당 주인이 수인 친족의 부탁을 받아 배식 시간마다 밥과 한두 가지 반찬을 가져오면 간수가 검사하고 분배하는데 사식 먹는 수인들은 한곳에 모아서 먹게 하였다. …(중략)…
숙소는 감방에서 잡거하는데, 다다미 3장 반에 해당하는 방안 면적에 수인 10여 명은 보통이고, 어떤 때에는 20여 명을 몰아넣을 때도 종종 있었다. 앉아 있는 시간에는 수인 번호 차례에 따라 1, 2, 3, 4열을 지어 앉는다. 석식 후 시간은 뜻에 따라 서적도 보게 하고 문맹들은 소곤소곤 이야기도 하게 하지만, 큰 소리로 서적을 소리 내어 읽지 못하게 하고 이야기는 더욱 엄금한다.…(중략)…

옥중의 고통은 여름, 겨울 두 계절에 더욱 심하다. 여름철에는 감방에서 수인들의 호흡과 땀에서 증기가 피어올라 서로 얼굴을 분간할 수 없다. 수인들이 가장 많이 죽기는 여름철이다. 겨울철에는 감방에 20명이 있다면 솜

서대문형무소 내부 모습과 감옥 문

이불 4장을 주는데, 턱 밑에서 겨우 무릎 아래만 가려지므로 버선 없는 발과 무릎은 태반 동상이 나고 발가락, 손가락이 물러터져 불구가 된 수인도 여럿 보았다.

윤봉길의 도시락 폭탄 🖊

윤봉길이 폭탄을 던진 것은 1932년 4월 29일입니다. 윤봉길은 왜 이날 폭탄을 던졌을까요? 이날은 일왕의 생일이자 상하이 사변 전승 기념식이 열린 날입니다. 상하이 사변이란 중국과 일본 간 전투를 말하며, 이날에 양국과 상하이에 이해관계를 가진 서구 열강 대표들이 정전을 조인하기로 예정되어 있었습니다. 그런데 윤봉길이 폭탄을 던짐으로써 상하이 사변을 승리로 이끌던 일본 파견군사령관을 포함해 주요 인사가 중상을 입거나 죽었어요.(이로 인해 중일 정전협정은 5월 5일 성립됨) 윤봉길은 현장에서 체포됐어요.

윤봉길이 체포되었을 때, 윤봉길에게는 도시락 폭탄이 있었다고 해요. 그렇다면 도시락 폭탄이 하나 더 있었던 것일까요? 윤봉길이 투척한 폭탄은 크기가 어른 손바닥만한 물통 모양 폭탄이었어요. 윤봉길은 2개의 폭탄을 소지하고 있었던 것이죠. 그럼, 도시락 폭탄은 뭘까요? 도시락 폭탄은 물통 폭탄의 투척이 실패했을 때를 대비하거나 자결할 때 사용하기 위해 준비한 것이었어요. 실제로 윤봉길은 거사에 성공한 후 자결하기 위해 도시락 폭탄을 터트렸으나 불발되어서 일본군에 체포되었다고 합니다.

일제강점기
경제 수탈

일제의 대표적인 경제 수탈 정책은 토지조사사업과 산미증식계획입니다. 이와 관련된 그래프를 학생들이 직접 그려 봄으로써 우리나라에 어떤 변화가 생기게 되었는지 찾아볼 수 있도록 했어요. 수업 시간이 부족하면 둘 중 하나의 그래프만 그려도 됩니다.

토지조사사업

다음과 같은 표를 주고 학생들에게 질문을 했어요.

연도	소작농(%)	자작농(%)
1916년	37	20
1919년	38	20
1922년	41	20
1926년	43	19
1929년	46	18
1932년	53	16

교사: 무엇에 관련된 표일까요?

학생: 소작농이랑 자작농에 관련된 것입니다.

교사: 소작농과 자작농은 무엇이 다를까요?

학생: 소작농은 남의 땅에서 농사를 짓고 그 대가로 수확량의 일부를 땅 주인에게 주고요, 자작농은 자기 땅에서 농사를 지어요.

교사: 1916년부터 1932년까지 나와 있는데, 이때가 언제일까요?

학생: 일제강점기입니다.

학생들에게 표에 나타난 소작농의 비율을 그래프로 나타내 보라고 했어요. 그리고 왜 이런 변화가 생기게 되었는지 적어 보라고 하니, 다음과 같이 썼어요.

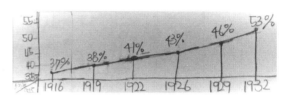
소작농의 변화 그래프

- 일본군들이 와서 땅을 뺏앗았기 때문에
- 글을 모르는 사람들에게 자신의 땅을 유지하고 싶으면 문서를 작성하라고 해서

대부분의 학생들이 일본이 땅을 빼앗았기 때문이라고 적었어요. 그래서 학생들에게 일본인들이 땅을 어떻게 빼앗았는지 물어보니, 대답을 잘 하지 못했어요.

교사: 일본 사람들이 땅을 그냥 막 빼앗아 갔을까요?

학생: 네.

교사: 막 빼앗아 가면 사람들이 가만히 있을까요?

학생: 반발을 할 것 같습니다.

교사: 선생님이 예를 하나 들게요. 만약에 선생님이 오늘부터 한 달 동안 상헌이랑 주영이한테 교실 청소를 하라고 한다면, 두 사람은 어떤 생각이 들까요?

학생: 왜 청소를 해야 하는지 불만이 생길 것입니다.

교사: 그런데 두 사람이 숙제도 안 해 오고 싸움도 했다고 합시다. 그에 대한 벌로 청소를 시키면 두 사람은 그냥 청소를 시킬 때와 비교해서 어떨까요?

학생: 불만 없이 청소를 할 것 같습니다.

교사: 좋아요. 일본도 마찬가지였어요. 이런 방법을 이용했어요. 일단 우리나라 사람들이 잘 못할 수밖에 없는 일을 시켜 놓고 잘 못하면 땅을 빼앗아 갔어요. 어떻게 했는지 한번 볼까요?

학생들에게 다음과 같은 내용을 담은 PPT를 보여 주며 일본의 토지조사사업에 대해 설명해 주었어요.

일제는 우리나라 이곳저곳을 다니면서 땅을 측량했어요. 이게 누구 땅인지, 주인이 있는지 없는지 조사하였습니다. 그리고 나서 본격적으로 땅을 빼앗기 위한 작업을 시작했어요.

조선 사람들에게 찾아가서 이 땅이 네 땅이라는 증거가 있는지 물어봤어요. 하지만 증거를 댈 수 없는 땅이 많았지요. 일제는 조선 사람들에게 문서를 주면서 정해진 날까지 작성해 오면 그 소유를 인정해 준다고 했어요. 대부분의 농민들은 한자를 몰라서 적어 내지 못하거나 관심 없이 버려 두었다가 날짜를 넘겼어요. 그 결과, 신고되지 않은 농민의 토지와 수많은 삼림, 임야, 미간지, 과거에 관습적으로 농민의 소유지가 되었던 토지와 촌락 공유지 등이 일제의 소유가 되었지요.

이렇게 빼앗은 땅은 동양척식주식회사라는 곳에 넘겨졌어요. 동양척식주식회사는 이 땅을 어떻게 했을까요? 일본 사람들에게 싸게 팔았답니다. 땅을 잃은 조선의 농민들은 일본 사람들에게 땅을 빌려서 농사를 지을 수밖에 없었어요.

산미증식계획

　일제의 경제 수탈을 눈으로 확인하기 위해 학생들에게 다음의 표를 보여 주었어요. 표에는 우리나라의 쌀 생산량과 일본으로 가져간 쌀의 양이 나타나 있습니다. 학생들에게 쌀 생산량에서 일본으로 가져간 쌀의 양을 빼 보라고 했어요. 계산 결과는 우리나라에 남은 쌀의 양이 됩니다.

　이러한 활동을 통해 학생들은 쌀 생산량이 늘어났으나, 일본으로 가져간 쌀의 양도 같이 늘었다는 것을 쉽게 알 수 있었어요. 그리고 쌀 생산량과 일본으로 가져간 쌀의 차가 바로 우리나라 사람들이 먹을 쌀이라는 사실을 쉽게 이해했어요.

연도	쌀 생산량 (단위: 천 석)	일본으로 가져간 쌀 (단위: 천 석)	차이
1920년	12,700	1,800	
1922년	14,300	3,300	
1924년	15,200	4,700	
1926년	14,100	5,500	
1928년	17,300	7,400	
1930년	13,500	5,400	

　일제가 우리나라에서 쌀 생산량을 어떻게 늘렸을지 학생들에게 물어보니 다음과 같이 대답을 하였어요.

- 노예처럼 미친 듯이 일을 시켜서
- 기계의 도움을 받아 농사를 지어서
- 조선 사람들에게 저수지 같은 것을 많이 만들게 해서

　수업을 하면서 새로 알게 된 점과 일본에 해 주고 싶은 말을 적어 보라고 하였어요. 그러고 나서 일본으로 쌀을 어떻게 가져갔을지 이야기를 나누면서 수업을 마무리했어요.

교사: 그런데 이 쌀들은 어떻게 일본으로 가지고 갔을까요?

학생1: 조선 사람들을 시켜 지게에 지고 날랐을 것 같아요.

학생2: 배를 통해 일본으로 실어 갔을 겁니다.

교사: 바다에서는 배를 이용해 가져갔을 겁니다. 그런데 배가 있는 곳까지 그 많은 쌀을 지게에 지고 갔을까요?

학생1: 아, 기차를 통해서 옮겼을 것 같습니다.

교사: 맞아요. 그래서 일본이 당시에 철도를 많이 건설했어요. 사회과 부도에서 당시에 만들어진 경부선, 경의선, 경원선, 호남선 등을 찾아보세요.

역사 이야기

토지조사사업 ✏️

일제강점기 시기 일본은 많은 인구에 비해 논의 면적이 작아서 쌀이 부족했습니다. 그런데다 공업화가 일어나면서 농업 종사 인구가 줄어서 자연스레 식량 부족이 예상되었지요. 그래서 일본이 조선을 식민지로 만들고 가장 먼저 한 일이 바로 토지조사사업입니다. 명목상으로는 주인이 불분명한 토지를 조사한다는 것이었지만, 실제로는 조세 수입을 늘리기 위한 목적이 첫 번째였어요. 즉, 조선 왕실의 국유지와 미간지, 농민들의 토지 등을 빼앗아 조선총독부의 재정을 확충하고 일본인 이주자에게 싼값에 팔아넘기거나 빼앗은 땅에서 많은 소작료를 챙겨 쌀을 일본으로 가져가기 위함이었어요.

조선은 조상들로부터 대대로 땅을 물려받거나 황무지를 개간하여 오랫동안 농사를 지어 온 농민들에게는 나라에서 토지 경작권을 인정해 주었어요. 하지만 일본은 토지 경작권을 인정하지 않았고 토지 소유권만을 인정해 주었어요. 농민들은 토지 소유권을 입증하려면 문서를 작성해서 관청에 제출해야만 했어요. 서류 마감도 매우 촉박하였고, 이마저도 관청에서 구체적인 내용을 언급해 주지 않아 그 절차와 중요성을 잘 모르는 농민들이 많았지요. 그 결과, 농민들은 자신이 농사짓던 땅을 눈뜨고 빼앗기게 됩니다. 소작농이 되어 일본인에게 수탈을 당하게 됩니다.

일본이 조선에서 대량의 쌀을 가져감으로써 조선에서는 쌀값이 폭등합니다. 이뿐만이 아닙니다. 일본은 조선을 자신들의 쌀 생산 기지로 만들려고 했기 때문에 조선의 농업 형태를 벼농사 중심으로 두고 쌀 생산에 치중합니다. 흔히 보릿고개라고 하면 6·25 이후를 떠올리지만, 실제로 보릿고개가 연례행사로 자리 잡은 것은 일제강점기라고 합니다. 1910년대에 일제는 토지조사사업을 통해 농민들의 토지를 탈취했어요. 역사적으로 발전되어 온 토지 경작권을 빼앗기면서 농촌의 계층 구조는 지주와 소작농으로 재정립됩니다. 소작농은 5할을 넘는 소작료 외에 각종 세금, 공과금, 수리조합비, 공사 및 수선비 등을 제하고 나면 남는 것이 거의 없었어요. 그런 데다 1920년대에 전개된 산미증식계획과

1930년대에 일어난 농업공황으로 농민의 삶은 더욱 궁핍해지고 빚이 늘어났어요. 일제 강점기 때 우리 농민들은 밥은 죽으로, 쌀은 잡곡으로, 잡곡은 만주의 좁쌀로, 게다가 대부분의 농민은 그마저도 구하지 못하여 싸라기에 산채나 나물을 넣어 끓여 먹었어요. 만주사변과 중일전쟁에 이르는 기간, 우리나라 사람들은 일찍이 겪어 보지 못한 혹독한 보릿고개를 겪어야만 했지요.

산미증식계획 🖉

일본에서는 제1차 세계대전을 계기로 산업화, 도시화가 급격하게 진행됩니다. 반면에 농업 생산력은 가파르게 떨어졌어요. 그 결과, 1918년 일본에서는 대규모 쌀 폭동이 일어날 정도로 식량 문제가 심각해집니다. 이 때문에 일본은 조선에서 쌀 생산량을 늘려서 일본 사람들에게 안정적으로 공급하기 위해 산미증식계획을 실시했어요. 산미증식계획은 1920년부터 총 3차례에 걸쳐 실시됩니다.

그러나 조선에서 늘어난 쌀 생산량보다 일본으로 가져가는 쌀의 양이 더 많아지면서, 우리나라에서는 쌀이 부족하게 되었으며 농민의 생활은 더욱 힘들어지게 됩니다. 농촌만 힘든 것이 아닙니다. 일자리를 구하러 도시로 간 사람들은 일본인이 경영하는 회사에서 하루 12시간 넘게 일하고 적은 임금을 받으며 힘들게 살아갑니다. 일자리를 구하지 못한 사람들은 인력거꾼, 지게꾼으로 일하거나 날품을 팔아 먹고살았고, 주로 시내 변두리나 산비탈에서 토막집을 짓고 살았어요.

21장. 일제강점기 경제 수탈 2

일제가 철도를
건설한 까닭은?

일제강점기 때 경부선을 비롯하여 호남선, 경의선, 경원선, 함경선 등 철도가 건설되었어요. 철도가 건설된 이유는 철저히 일제의 이익을 위해서였어요. 경부선은 서울과 부산을 연결한 철도로 일본에서 가장 가까운 부산으로 물자를 옮기기 위해서였으며, 호남선은 평야가 넓은 전라도 지역의 곡식을 일본으로 반출하기 위해 만들어진 철도입니다. 경원선과 함경선은 북한의 지하자원을 옮기기 위한 것이었으며, 경의선은 중국과의 전쟁을 위해 건설됩니다.

학생들과 함께 지도에서 철도가 지나가는 길을 그려 보고, 왜 일본이 철도를 건설하였는지 예상해 봅니다. 다양한 읽기 자료를 통해 철도의 건설 목적이 자신의 예상과 맞는지 확인합니다.

일제강점기 철도 건설 과정 알기

일제강점기 때 철도 건설 과정을 알아보기 위해 다음과 같이 간단한 설명 후에 질문을 해 보았습니다.

교사: 일제강점기 때 교통시설을 많이 만들었어요. 당시에는 기차가 육상 교통시설로서 아주 유용하다고 판단되었기에 철도를 많이 놓았지요. 1905년에 경부선이 개설되었어요. 경성에서 부산까지 연결된 철도로 경성의 '경', 부산의 '부' 자를 따서 경부선이라고 해요. 그 뒤 경의선, 경원선, 호남선, 함경선을 차례로 만듭니다. 이렇게 좋은 철도를 일본은 우리나라에 왜 만들었을까요?

학생1: 자기네들 나라로 물건을 실어 가려고요.

학생2: 우리나라를 다스리기 쉽게 하려고요.

철도를 지도에 표시하기

학생들은 철도 노선이 그려진 참고 지도를 보면서 철도 노선을 지형도 위에 옮겨 보았어요.

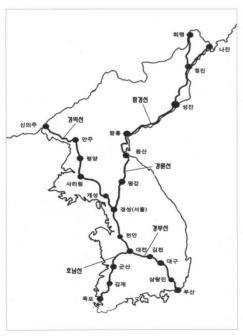

참고 지도

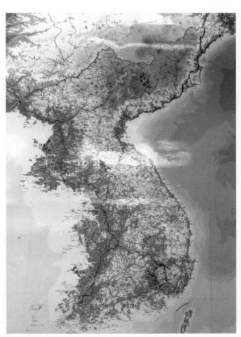

지형도에 철도 노선을 옮겨 그린 결과

철도가 표시된 지도를 보고 추측하기

학생들은 일본이 각 철도를 만든 이유를 추측하여 노란색 포스트잇에 썼어요. 각자가 쓴 포스트잇을 모둠 책상에 모아 놓고 가장 타당해 보이는 의견을 학습지의 표 왼쪽에 붙였어요. 일본이 철도를 놓은 이유를 학생들은 다음과 같이 추측했어요.

철도	일본이 철도를 만든 까닭 추측
경부선	• 부산이나 경상도에 급한 일이 생겼을 때 빨리 가기 위하여 • 일본이 부산에서 기차를 타고 중국으로 가기 위해 • 부산이 일본과 가장 가깝기 때문에
경의선	• 중국으로 가서 무엇을 하는지 살펴보기 위해 • 조선 사람들이 중국으로 도망치는 것을 감시하려고
호남선	• 식량이 많은 곳이기 때문에 식량을 빨리 가져가기 위해
경원선	• 광물이 많은 함경도 쪽에 가기 위하여
함경선	• 서울까지 산이 너무 많아서 철도를 건설함 • 광물이나 나무를 얻을 수 있기 때문

추측한 내용을 검증하기

다양한 참고 자료를 활용하여 철도를 만든 이유를 검증했어요. 그리고 그 내용을 빨간색 포스트잇에 써서 학습지에 붙였어요. 처음에 모둠에서 추측한 내용이 정답이면 표 왼쪽의 노란색 포스트잇을 오른쪽으로 옮겨 붙여도 됩니다.

자료를 검증하는 학생들

학생들이 탐구한 결과

학생들이 자신들의 추측이 맞는지 검증할 수 있도록 선생님이 제공한 자료는 다음과 같습니다. 철도에 따라 검증 자료가 조금 다릅니다.

- 경부선 – 동아시아 지도(사회과 부도), 역사신문(사계절출판사 도서)
- 경의선 – 역사신문, 동아시아 지도, 중일전쟁 관련 자료
- 호남선 – 역사신문, 곡식 생산량 자료
- 경원선 – 역사신문
- 함경선 – 역사신문, 지하자원 지도(사회과 부도)

학생들이 검증한 결과는 다음과 같아요.

철도	일본이 철도를 만든 까닭 검증
경부선	• 유라시아 대륙으로 진출하기 위해 • 경부선을 통해 식량을 쉽게 옮기기 위해
경의선	• 유라시아 대륙으로 진출하기 위해
호남선	• 논이 많은 호남에서 식량을 빼앗으려고
경원선	• 정치와 군사적인 목적으로 • 대륙 진출을 하기 위해
함경선	• 철광석과 흑연 등의 지하자원이 많아서

22장. 일제강점기 사람들의 생활

일제강점기 사람들의
삶은 어땠을까?

일제강점기 때 우리나라의 도시가 발달한 것은 사실이죠. 하지만 도시의 발달이 결국 일본인들을 위한 것이었다는 사실 또한 모두가 알고 있어요. 도시의 발달은 인구의 변화와 밀접한 관련이 있어요. 그래서 도시별 인구 변화 자료를 이용하여 학생들이 일제강점기 때 발달한 도시를 찾도록 했어요.

　도시가 발달한 곳들은 일자리, 군부대, 철도와 관련이 있으며, 도시가 발달했음에도 불구하고 조선 사람들의 생활은 여전히 힘들었음을 통해 도시의 발달은 일본인들을 위한 것이었다는 사실을 깨닫게 하는 수업을 구성했어요.

비조작 자료 만들기

　다음의 표는 학생들에게 제공한 최종 자료입니다. 이 자료는 어떤 과정을 통해 만들게 되었는지 궁금하시죠? 소개해 드릴게요.

〈비조작 자료〉

지역	인구수(단위: 천 명)		몇 배 늘었나?
	1921년	1943년	비율(1943년 수치/1921년 수치)
경성부(서울)	262	1078	4
인천부	40	241	
수원군	142	199	1
군산부	16	58	
익산군	120	190	1
목포부	18	73	4
곡성군	70	75	
대구부	46	212	5
고령군	52	51	1
부산부	72	358	
평양부	79	369	4
신의주부	16	128	
춘천군	72	117	1
인제군	58	74	1
덕천군	50	54	1
삼척군	73	148	
원산부	30	123	
함흥부	40	123	
북청군	120	254	
청진부	14	221	15
성진부	20	77	

통계청의 국가통계포털 사이트에서 '광복이전통계'를 검색해 보세요. '인구' 항목의 '시군도별 호구 및 인구(1911~1943년)' 통계에서 세부 조회를 통해 1911~1943년까지 매해 각 도시의 인구 자료를 찾을 수 있었어요. 다만, 자료가 너무 방대하여 1921년, 1943년

자료만 선택했어요. 어떤 도시를 대표로 삼을지에 대한 고민이 가장 컸어요. 임의로 교통이 편리한 철도 근처의 도시, 공장이 많이 있는 도시, 군부대가 있는 도시, 그리고 항구도시 몇 곳을 선정했어요. 또한

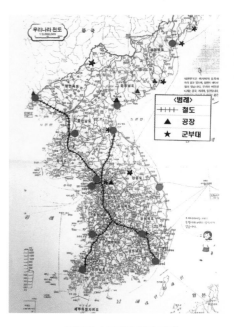

인구 통계 자료

비교를 위해 인구 변화가 별로 없는 도시들도 몇 개 추가했어요. 인구수만 표시하면 선생님 수준에서는 쉽게 비교할 수 있지만, 학생 수준에 맞게 몇 배로 늘었는지 계산을 해 볼 수 있도록 칸을 하나 더 만들었어요. 직접 계산을 해 보면 학생들이 좀 더 명확하게 파악할 것이라고 생각했기 때문이죠. 또한 몇몇 칸은 미리 계산을 해 놓았는데, 예시를 보여줌으로써 시간을 절약하기 위한 장치라 할 수 있어요. 이런 과정을 거쳐 최종 비조작 자료를 완성했어요.

자료 조작하기

학생들은 주어진 표를 보면서 발달했다고 판단되는 도시들을 지도에서 찾아 스티커를 붙였어요. 어떤 팀은 인구가 2배 늘어난 곳을 발달했다고 판단했고, 또 어떤 팀은 인구가 3배 늘어난 곳을 발달했다고 보았어요.

지도에 스티커를 붙인 결과

초등 한국사! 진짜 역사 수업을 말한다 2

자료 해석하기

학생들은 조작 활동을 완료하고 범례를 참고해서 일제강점기에 발달한 도시들은 어떤 특징이 있는지 썼어요. 그 내용은 다음과 같아요.

이름	1921년 (단위 : 천명)	1943년	약 몇 배 늘었는가? 1943년 ÷ 1921년
경성부(서울)	262	1,078	4 ○
인천부	40	241	6 ○
수원군	142	199	1
군산부	16	58	3
익산군	120	190	1
목포부	18	73	4 ○
곡성군	70	75	1
대구부	46	212	5 ○
고령군	52	51	
부산부	72	358	4 ○
평양부	79	369	4 ○
신의주부	16	128	8 ○
춘천군	72	117	1
인제군	58	74	1
덕천군	50	54	1
삼척군	73	148	2
함산부	30	123	4 ○
함흥부	40	123	3
북청군	120	254	2
청진부	14	221	15 ○
성진부	20	77	3

특징	도시
군부대가 있는 곳	청진
철도가 있는 곳 (교통이 편리한 곳)	대구, 부산, 인천, 경성, 평양, 신의주, 원산
공장이 있는 곳	북청
항구도시	목포, 군산, 인천, 원산

정리하기

일제강점기 때 사람들이 어떻게 살았는지 학생들이 알 수 있도록 주요 도시(경성, 군산, 북청, 신의주 등)의 사진을 보여 주었어요. 그리고 모둠별로 도시 발전에 따라 조선 사람들의 생활 모습이 어떻게 변했는지 논의하도록 했어요. 그 내용은 다음과 같아요.

- 조선의 쌀을 일본으로 가져가기 위한 과정에서 항구도시가 발달했고, 이후 조선에서는 먹을 것이 더 부족해졌다.
- 도시로 일자리를 구하러 간 사람들은 임금이 적어서 토막집에 살았다.
- 살 곳이 없어 만주로 갔다.
- 공장에서 하루 종일 일만 했음에도 생활이 힘들었다.

학생들은 "일제강점기에 도시의 수가 늘어나고 생활이 편리해졌지만, 일본인과 일부 사람들에게만 해당되고 대부분의 조선 사람들은 힘든 생활을 하였다."고 결론 지었어요.

역사 이야기

강제 이주와 해외 동포 ✏️

현재 만주에 살거나 일자리를 구하기 위해 국내에 들어온 '조선족'은 일제강점기 때 중국 만주에 간 사람들이거나 그 후손입니다. 일본인에게 핍박받거나 땅을 빼앗긴 농민들이 살기 위해 건너갔거나 독립운동을 위해 간 사람도 많고, 만주사변 이후 일제의 정책이민으로 끌려가다시피한 사람들도 많습니다. 그러나 광복 후 그들은 우리나라에 근거지가 없다는 이유로, 또는 다른 여러 이유로 귀국을 하지 않고 그대로 남아 살게 됩니다. 현재 그 수는 약 200만 명에 달한다고 하는데 중국인화가 많이 되었어요. 게다가 최근에는 보이스피싱과 같은 사건들이 조선족과 많이 연계되어 있어서 경계심이 아주 높아져 있는 상황이라 안타깝습니다.

'고려인'을 혹시 아시는가요? 우크라이나, 카자흐스탄 등 중앙아시아에 살고 있는 우리 교포들을 말하는데, 이들은 스스로를 고려인이라고 해요. 현재 50만 명이나 되는 고려인이 있는데, 왜 이렇게 많은 동포가 그곳에 있을까요? 원래 이들은 일제의 탄압을 피해 연해주 일대에 살고 있었어요. 그런데 스탈린이 당시 17만 명이나 되는 동포들을 중앙아시아로 강제 이주시켜 버립니다. 이주하는 도중에 1만 명이 넘게 죽었다고 하니, 그 과정이 얼마나 힘들었을까요? 중앙아시아 지역으로 강제 이주된 사람들은 끈질긴 생명력으로 황무지를 개척하여 삶의 터전을 만들었어요. 이들도 조선족과 마찬가지로 광복 후에 우리나라로 들어오지 않았습니다.

그 외에 일본에도 60만 명의 교포가 살고 있는데, 이들도 광복 후에 우리나라로 돌아오지 않고 머물게 된 경우예요. 미국의 교포는 일제강점기 때 하와이의 사탕수수 농장 등으로 이민을 간 경우예요. 국가의 알선 하에 하와이로 이주한 조선인은 1903년부터 1905년까지 56회에 걸쳐 7,291명이나 되었고, 1905년 하와이 사탕수수농장 전체 노동자 48,229명 가운데 조선인은 4,683명으로 9.71%를 차지하였다고 합니다.

이러한 이유로 우리나라는 세계에서 4번째로 해외 교포가 많은 나라라고 합니다.

평화의 소녀상 ✏️

평화의 소녀상은 일본군 위안부 피해자들을 잊지 않고 올바른 역사 인식을 확립하기 위해 만든 조형물입니다. 1992년부터 매주 수요일마다 수요집회가 시작되고 20년 뒤인 2011년 12월 14일, 수요집회 1,000회를 맞아 일본군 위안부 문제 해결을 요구하며 서울 주한 일본대사관 앞에 처음으로 '평화비'를 세웠어요. 일본군에 납치된 어린 소녀의 모습을 형상화했기 때문에 '평화의 소녀상'으로 불립니다. 치마저고리를 입고, 손을 움켜쥔 짧은 단발머리 소녀가 의자에 앉아서 일본대사관 쪽을 바라보는 소녀상이에요. 평화의 소녀상 옆에는 빈 의자가 놓여 있어서, 관람자가 옆에 앉아서 소녀와 함께 일본대사관을 바라보며 일본군 위안부 문제를 되새겨 볼 수 있도록 했어요. 표

평화의 소녀상

그림자와 나비

지석에는 위안부 피해자인 길원옥 할머니가 쓴 글이 있습니다. 평화비의 각 부분이 의미하는 바는 다음과 같아요.

- 그림자: 소녀상 바닥에 새겨진 그림자는 소녀에서 할머니가 되기까지 걸어온 긴 시간 동안 겪은 아픔을 의미한다.
- 나비: 그림자의 심장 부분에 새겨진 나비는 사무친 한을 풀지 못한 채 떠난 할머니들이 더 좋은 세상에서 다시 태어나기를 바라는 마음을 담고 있다.
- 땅에 닿지 않은 발: 소녀상의 발뒤꿈치는 살짝 들려 있는데, 긴 세월 아픔으로 편히 쉬지 못하는 위안부 할머니들의 삶을 의미한다.
- 두 주먹: 평화로운 세상을 만들겠다는 다짐을 의미한다.
- 왼쪽 어깨 위의 새: 명예를 회복하지 못하고 앞서 세상을 떠난 할머니들과 지금도 투쟁하고 있는 할머니들을 이어 준다는 의미를 담고 있다. 새는 이승과 저승을 이어 주는 영매이자 자유, 해방, 평화의 상징이기도 하다.

일제강점기 때 사라진 동물들 ✏️

호랑이

일제강점기 때인 1917년 겨울 야마모토 다다사부로라는 돈 많은 일본인이 조선에서 사람을 해치는 맹수를 사냥한다는 명목으로 조선과 일본 최고의 포수를 모집하였습니다. 이렇게 만들어진 호랑이 원정대가 바로 정호군입니다. 정호군은 조선 전역에서 사냥을 하였고, 그 과정을 자세하게 기록한 책이 바로 『정호기』입니다. 이 책에 따르면 일제강점기 당시 조선 땅에는 호랑이, 표범, 곰, 늑대, 멧돼지 등 다양한 맹수가 있었으며, 맹수들에 의한 인명 피해가 상당했다고 합니다. 이에 일제는 맹수를 멸종시키는, 이른바 해수구제(害獸驅除) 정책을 펴는데, 대표적인 해수구제 정책 중 하나가 바로 정호군입니다. 정호군에 의해 조선의 호랑이는 거의 사라지게 됩니다.

호랑이는 오랜 세월 우리 조상과 밀접한 관계를 맺어온 동물입니다. 수많은 전래 동화를 비롯하여 민화까지, 호랑이가 등장하지 않는 곳이 없을 정도입니다. '곶감을 무서워하는 호랑이'나 '떡 하나 주면 안 잡아먹지'와 같은 표현을 보면 호랑이는 두려움의 대상이면서도 한편으로 매우 친밀하고 해학적으로 표현됩니다.

당시 일본이 호랑이 사냥을 한 것은, 제국주의 열강에 편입되기 위해 시베리아 출병을 앞둔 시점에서 조선의 반일과 독립 의지를 꺾고 일본의 위용을 과시하기 위한 정치적 목적이 강했다고 볼 수 있어요. 이제는 동물원이나 그림 속에서만 볼 수 있는 호랑이. 『정호기』 속 이야기를 접하고 나면 분한 마음과 더불어 애처롭고 안쓰럽게 다가오는 것 같습니다.

삽살개

천연기념물로 지정된 삽살개는 우리나라의 동남부 지역에서 서식해 왔다고 합니다. 삽살개에서 '삽'은 쫓아낸다는 뜻이고 '살'은 귀신이라는 뜻으로 귀신이나 액운을 쫓아낸다는 뜻의 순우리말입니다. 그래서 삽살개 있는 곳에는 귀신도 얼씬 못한다는 이야기가 전해지기도 합니다. 삽살개의 생김새를 보면 마치 사자와도 같습니다. 신라시대에 왕실이나 귀족 사회에서 길렀던 토종개로 김유신 장군의 애견이었다는 설화도 있습니다. 통일신라가 망하면서 민가로 나와 서민적인 개가 되었다고 합니다. 삽살개는 조선시대 민화나 『춘향전』, 『열하일기』 등에도 등장합니다.

그런데 일제강점기 때인 1940년부터 조선총독부 산하 조선원피주식회사가 군용 가죽 자원으로 사용하고자 연간 10만~50만 마리의 삽살개를 도살하였고, 이후 6 · 25전쟁을 거치면서 그 수가 급격히 줄어 멸종 단계에 이르게 되었습니다. 다행히 1969년 경북대학교 교수들이 복원 사업을 시작했고, 1985년 경북대학교 하지홍 교수의 체계적인 보존사업을 통해 2007년에는 3,000마리까지 늘어났다고 합니다. 현재는 한국삽살개재단에서 보존 관리를 하고 있습니다.

표범

'표범' 하면 보통 어느 지역이 떠오르나요? 대부분 아프리카의 넓은 초원을 달리는 표범을 떠올리실 것 같습니다. 저 역시도 마찬가지입니다. 하지만 조선시대까지만 해도 우리나라에 엄청나게 많은 표범이 서식했다는 사실을 알고 계실까요? 당시 우리나라에 살던 표범의 이름은 '아무르 표범'으로 황색 털에 검은 점무늬가 있다고 합니다. 한반도를 포함해 러시아 동쪽 끝 지역과 중국 북부 등 동북아시아 전역에 퍼져 있었으나, 현재 남한 내에서는 사라진 것으로 알려져 있습니다.

우리나라에서 표범은 1900년대 초반까지만 해도 한 해 100여 마리가 포획될 정도로 개체 수가 많았습니다. 한마디로 흔히 볼 수 있는 야생동물이었죠. 그런데 왜 지금은 찾아볼 수가 없을까요? 그것은 바로 일본 때문입니다. 일제강점기 때 일본은 해수구제 정책을 펼치며 한반도에서 표범을 무자비하게 포획했습니다. 일본 정부 기록에 따르면, 포획한 표범이 1,000마리가 넘습니다.

우리나라에서 발견된 마지막 표범은 1962년 경남 합천 오도산에서 생포된 뒤 서울대공원으로 옮겨졌는데, 이곳에서 11년을 살다가 죽었습니다. 이후 더는 우리 표범을 볼 수 없게 되었습니다. 멸종한 것이죠. 동물원에 가면 다른 나라에서 온 표범을 볼 수 있는데, 우리 민족의 아픈 역사와 함께 가슴이 짠한 느낌이 들곤 합니다.

해방부터 분단까지의 과정은 매우 복잡해요. 짧은 시간 동안 많은 사건이 일어났고, 관점에 따라 분단의 원인을 조금씩 다르게 볼 수 있어요. 학생들에게 해방부터 남한 단독정부와 북한 단독정부 수립까지의 과정을 담은 읽기 자료를 제공하고, 자료를 선택 및 해석하여 각자의 관점으로 분단의 과정을 서술해 보도록 했어요. 이른바 '역사책 쓰기' 활동입니다. 역사학자처럼 여러 가지 사료를 수집하여 선택, 해석하는 과정을 거쳐 역사를 기록하는 과정을 교실에서 직접 경험해 보는 수업입니다.

분단의 과정에 대한 사전 지식 확인하기

수업을 시작하기 전 학생들에게 우리나라가 남한과 북한으로 나뉜 까닭에 대해 간단히 물어보았어요. 학생들의 대답은 다음과 같습니다.

- 서로 원하는 의견이 맞지 않았기 때문에
- 공산주의(소련)를 지지하는 사람들과 민주주의(미국)를 지지하는 사람들이 서로 마

음이 맞지 않아서

- 김일성이 남쪽으로 내려와 전쟁을 일으켜서
- 이승만이 대통령이 되고 남한만 정부를 따로 만들어서
- 남쪽은 미군이 주둔하고 북쪽은 소련군이 주둔하고 있었는데 1950년 6월 25일에 전쟁이 일어나서
- 남한과 북한이 서로 싸워서
- 일제강점기가 끝나고 북쪽에 소련이 들어왔다. 그래서 미국도 남한으로 들어왔다. 북쪽에서 김일성이 나라를 세웠고 우리도 이승만이 나라를 세웠다.

예상과 달리 학생들이 훨씬 많은 사전 지식을 가지고 있어서 깜짝 놀랐어요. 하지만 분단과 전쟁의 인과관계를 잘못 알고 있는 학생들도 있고, 남한과 북한이 서로 다른 생각으로 갈라졌다고 단순하게 대답하는 학생들도 많았어요. 이를 바탕으로 학생들의 수준을 고려하여 학생들에게 제공할 읽기 자료를 만들었어요.

분단과 관련된 자료 읽고 이해하기

학생들은 분단에 관한 읽기 자료를 20분간 2번씩 정독하였어요. 밑줄을 긋거나 짝끼리 서로 이야기하면서 읽기도 했어요. 읽기 자료는 총 12가지였으며 주제를 살펴보면 다음과 같아요.

연도	내용
1945년	얄타회담, 미국이 그은 38선 지도, 광복 후 미군정, 여운형과 건국준비위원회 활동
1946년	좌우합작위원회, 이승만의 정읍 발언
1947년	미소 냉전시대의 개막, UN의 남북총선거, 강대국의 횡포, 시사만평 그림
1948년	북으로 회담하러 가는 김구와 김규식, 남한 단독정부 수립, 북한 단독정부 수립

〈해방 후 사건과 관련된 읽기 자료(12개 중 일부)〉

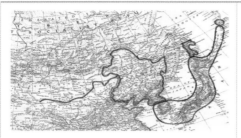

미국이 일본에 원자폭탄을 투하한 후에 소련이 곧장 한반도로 들어올 것에 대비해 1945년 8월 10일 미국이 한반도를 반으로 가른 지도. 파란색이 미국, 빨간색은 소련이 점령한 곳이다.

1946년 6월 3일 정읍에서 이승만이 연설을 했다. 이승만은 남한 단독정부를 수립해야 한다고 말했다.

1947년 신문에 실린 시사만평. 큰 얼음덩어리 위에 앉은 미국과 소련 사이에서 약소 민족들이 오돌오돌 떨고 있는 모습을 풍자적으로 그렸다.

김구와 김규식은 남북한이 함께 선거를 통해 통일정부를 수립해야 한다고 생각했다. 그래서 북한 김일성을 만나 설득하려 하였으나 실패하였다. 김구는 계속 통일정부를 주장하다 1949년 암살당했다.

분단의 과정 재구조화하기

교사: 이제 여러분들이 역사학자라고 상상해 봅시다. 선생님이 역사책 학습지를 나눠 줄 테니, 여기에 분단의 과정을 간단히 서술해 보세요. 하지만 모든 읽기 자료의 내용을 역사책 학습지에 다 넣기는 어려우니, 선택하고 요약해서 압축적으로 써야 합니다. 머릿속으로 잘 구상해 보세요. 역사책에는 분단의 과정과 그 원인이 잘 드러나야 합니다.

학생들에게 역사책 학습지 작성 요령에 대해
설명하고 학습지를 나눠 줬어요. 학생들은 여러
자료 중에서 몇 개를 골라 간단하게 써야 한다는
사실에 생각을 많이 했어요. 학습지 빈칸 크기가
작아서 쉽게 쓸 줄 알았는데, 오히려 잘 써 내려가
지 못하는 모습을 보였어요.

자료를 보면서 역사책 학습지 구성을 궁리하는 학생들

"2차 세계대전이 끝난 후 승전국인 영국,
프랑스, 미국과 소련 등이 패전국을 점령했다.
북한은 소련이, 남한은 미국이 통치하기로 했
다. 1945년 9월 8일 미국이 우리나라에 들어
왔다. 우리는 미국을 환영했지만, 미군은 점령
자의 태도를 취했다. 좌우합작위원회에서 농
민에게 토지를 무상으로 나눠 주고 친일파 처

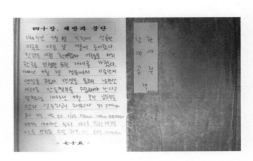

역사책 학습지에 기록한 결과물

리를 위한 조례를 만들자고 주장하였다. 이승만은 남한이라도 단독정부를 수립해
야 한다고 주장하였다. UN 감시하에 총선거를 치르기로 했다. 이에 반대한 김구
와 김규식은 1948년 4월 통일정부 수립을 위해 북한으로 갔으나 실패하고, 1년
뒤 김구는 암살당했다. 1948년 5월 10일에 남한은 단독선거를 실시하고, 1948년
8월 15일 대한민국 정부를 수립하였다." (사건의 흐름을 나열하여 역사책을 쓴 사례)

"1945년 8월 15일 일본이 항복하여 광복이 되었어요. 이승만은 남한의 단독정
부 수립을 주장했어요. 김구는 이에 반대했어요. 김구는 통일정부를 주장하며 북
한의 김일성과 협상하려 했으나 실패했어요. 김구는 살해되었고, 김일성도 이미
1947년부터 단독정부 수립을 준비하고 있었어요. 1948년 8월 15일 이승만은 단
독정부 수립을 선포하고 남북한이 나뉘게 되었어요." (분단의 원인을 이승만과 김일
성으로 보고 역사책을 쓴 사례)

학생들에게 역사책을 서술하면서 가장 많이 선택한 자료는 무엇인지, 그것을 선택한 이유는 무엇인지 써 보라고 했어요. 학생들은 얄타회담의 내용, 38선을 나눈 지도와 설명 등을 많이 꼽았으며, 그 이유는 자신이 생각하기에 남북한이 나뉜 이유가 가장 잘 나타난 자료 같다고 썼어요. 학생들마다 선택한 내용이 조금씩 달랐으며, 각자의 선택에 따라 역사책 서술 내용도 차이가 났어요.

마지막으로 남북한 분단의 원인을 꼽아 보라고 하니 학생들은 미국과 소련을 가장 많이 꼽았으며, 그 다음으로 김일성과 이승만의 욕심 때문이라고 꼽았습니다.

⊕ Tip 수업 성찰

분단과 관련된 자료를 교사가 12개 제공하였으며 그것을 선정한 이유는 다음과 같습니다. 첫 번째로 광복 직전부터 남북한 단독정부가 수립되기까지의 여러 사건을 학생들이 골고루 살피도록 하기 위함이었어요. 두 번째로 미소 강대국이 점령했지만, 우리도 나름대로 자생적인 통일정부를 세우기 위해 노력을 많이 했다는 사실을 전달하고 싶었어요. 그럼에도 불구하고 이승만과 김일성이 각각 단독정부에 대한 욕심으로 분단이 되었다는 사실이 자료에 많이 들어갔어요. 다만, 교사가 자료를 선정하는 순간 이미 교사의 해석과 관점이 수업에 일정 부분 영향을 끼칠 수밖에 없어요. 절대적인 객관성이란 존재하지 않기 때문입니다. 선생님의 자료 선정에 따라 학생들의 서술에도 영향을 미치는 것 같아요. 그리고 자료 정독 시간을 20분 정도로 생각하여 요약된 자료를 주었는데, 한두 시간 충분히 읽을 시간을 확보할 수 있다면 더 많은 자료를 주어도 좋을 것 같습니다.

 역사 탐구 학습에서 선택과 해석

주제가 역사일 뿐, 역사 탐구 역시 타 교과의 학습 과정과 크게 다르지 않습니다. 다만, 일반적인 탐구 학습에서는 탐구 주제가 실생활과 관련된 것이 많아서 학생들이 사전 지식을 어느 정도 갖춘 반면, 역사 탐구에서는 학생들 간에 사전 지식의 수준 차이가 심하여 학습 과정에서 많은 어려움이 있습니다. 학생들의 사전 지식은 평소 독서량의 영향을 많이 받습니다.

자료 수집 단계에서도 주로 교과서를 활용합니다. 교사들은 교과서나 지도서를 바탕으로 가공한 자료를 학생들에게 제공합니다. 하지만 교과서의 텍스트는 간략하고 생략된 내용이 많아서 맥락을 파악하기 어렵고, 인터넷에 있는 자료 역시 학생들이 이해하기 어려운 수준의 내용이 많아서 탐구 학습에서 어려움을 겪습니다.

역사학자는 역사책을 쓰면서 자기가 찾아낸 수많은 자료를 모두 사용할 수는 없습니다. 자기가 발견한 자료에서 가장 타당하고 신뢰할 만하다고 생각되는 것들을 골라야 합니다. 기록을 할 때 자료 선택은 역사가들의 개인적 편견, 기술 목적, 그리고 자기가 살고 있는 사회의 영향을 받습니다. 역사는 역사가가 가진 편견의 영향을 많이 받기 때문에 학생들이 역사를 총명하게 받아들일 수 있도록 역사적 탐구 역량을 개발하는 것이 아주 중요합니다.

그래서 초등학생들은 '어린 역사학자'가 되어 역사학자와 같이 자료를 수집하고 해석해야 하며 역사학습에서 탐구 학습은 가설 설정과 검증을 통한 지식을 생성하기보다는 역사 학습의 특성상 사료의 선택과 해석에 중점을 두어야 합니다. 역사라는 특성에 맞는 역사 탐구 학습의 방법을 취하여 자료의 수집, 선택, 해석 중심으로 진행할 필요가 있습니다.

남북 분단과 단독정부 수립 ✏️

광복 이후 우리나라가 새로운 정부를 수립하는 일은 순조롭게 이뤄지지 못했어요. 정부를 수립하는 데 있어 다양한 생각을 가진 사람들의 의견을 하나로 모으지 못하였고, 38도선을 경계로 남쪽에는 미군이, 북쪽에는 소련군이 주둔하여 우리나라는 둘로 나누어졌기 때문입니다.

1945년 12월 미국, 영국, 소련 등 세 나라 대표는 모스크바에서 전후 문제 처리를 논의했어요. 한국 문제도 협의했어요. 회의 결과 임시정부를 먼저 수립하고 미국, 소련, 영국, 중국 등 4개국이 임시정부와 협의한 다음 신탁통치를 하기로 결정하였습니다. 이 결정으로 우리나라의 자주적인 정부 수립이 늦어질 것으로 판단한 이승만, 김구와 다수의 국민들은 반대 운동을 전개하고 박헌영 등은 찬탁을 하면서 '우익반탁 좌익찬탁'의 좌우 대립 구도가 만들어집니다. 혼란스러운 정국이 계속되는 가운데 미국과 소련은 모스크바 3상회의에서 결정한 내용을 바탕으로 미소공동위원회(이하, 미소공위)를 조직하여 우리나라의 정부 수립을 논의하였어요. 논의는 결렬되었어요. 이후 이승만은 미소공위의 신탁을 반대하면서 남한만의 단독정부 수립을 주장하고 여운형은 미소공위의 협상과 남북합작에 의한 통일임시정부 수립을 주장합니다.

제2차 미소공위도 결렬되고 결국 UN이 나서서 남북한 총선거를 실시하여 통일정부를 수립하도록 결정했어요. 이에 따라 유엔한국임시위원단이 우리나라에 파견되었으나 북한은 이 결정을 거부했어요. 남쪽 지도자들은 이승만을 중심으로 선거가 가능한 남한만이라도 총선거를 실시해야 한다고 주장하는 사람들과 김구, 김규식을 중심으로 김일성과 계속적인 협상을 통해서 통일정부를 수립해야 한다는 사람들로 나뉘었어요. 참고로 신탁통치에 찬성했던 박헌영은 북으로 갔고 여운형은 암살당한 뒤였습니다. 양측의 입장이 아주 달라 의견 일치를 이루지 못하자 UN은 선거가 가능한 남한에서 총선거를 실시하기로 결의합니다. UN의 결정에 반대한 김구는 북한으로 가서 김일성을 만나고 통일정부의 수립을 위해 노력하였으나 끝내 목적을 이루지 못하였어요.

남한에서는 1948년 5월 10일, 우리나라 역사상 최초로 민주적인 절차에 의해 제헌 국회의원이 선출됩니다. 그리고 7월 17일에 제헌 국회가 헌법을 공포합니다. 헌법이 정한 절차에 따라 이승만이 대통령으로 당선되었고 8월 15일에 대한민국 정부가 수립되었어요. 곧이어 북한에서도 김일성을 내각수상으로 하는 조선민주주의인민공화국이 수립되어 우리나라는 남과 북으로 나뉘게 됩니다.

해방 이후 두 명의 지도자 ✏️

우리나라 역사에서 해방 이후에도 중요한 역할을 한 2명의 인물을 소개하려고 합니다.

첫 번째 인물은 독립운동가입니다. 해방 직후 민족 대단결을 통한 민족국가 건설을 주장했어요. 민족국가 건설을 위해서는 어떤 세력과도 통합할 것이지만 우리 민족에게 씻을 수 없는 반역죄와 죄악을 저지른 소수 친일파는 절대 제외한다고 했어요. 또한 "우리가 통일국가를 수립하기 위해서는 미국도 소련도 방해를 하지 않는 경우에만 가능한 것이고, 그러기 위해서는 친소반미도 친미반소도 해서는 안 된다."고 했어요.

두 번째 인물도 독립운동가입니다. 독실한 기독교인입니다. 조선 후기 과거에 응시했지만 낙방을 했어요. 해방 후에는 우익 세력인 한민당을 받아들였습니다. 남북 통일정부 수립을 주장했습니다. 이를 위해 북한에 방문하여 김일성을 만났습니다. 자신의 정통성을 고집하였으며 공산당과 좌익 세력은 배척했습니다. 미국에 우호적이었으며 미국 또한 이 인물에게 우호적이었습니다.

누군지 아시겠습니까? 첫 번째는 김구, 두 번째는 이승만이라고 생각하신 분 많으시죠? 틀렸습니다. 첫 번째는 여운형, 두 번째는 김구입니다. 두 인물의 극단적인 장단점만 골라서 소개하긴 했지만, 우리는 때때로 역사 인물을 객관적인 자료를 바탕으로 판단하기보다는 어디선가 보고 들은 이야기나 영상을 통해 주관적 이미지로 인식합니다. 따라서 다양한 관점의 신뢰성 있는 여러 자료를 살펴보고 섣불리 판단하지 않아야 합니다.

해방 이후 최고의 인기 지도자는? ✏️

1945년 선구회라는 단체에서 해방 후 서울에서 첫 여론조사를 실시했어요. 조사 항목은 '조선을 이끌어 갈 양심적 지도자', '내각이 조성될 경우 적당한 인물과 직책' 등이었습니다. 그럼, 조선을 이끌어 갈 양심적 지도자 1위부터 6위까지 한번 알아볼까요? 1위는 누구일까요? 1위는 바로 여운형입니다. 2위는 이승만, 3위는 김구입니다. 4위 박헌영, 5위 이관술, 그리고 김일성과 김규식 순서로 나왔습니다.

내각이 만들어질 경우에 대통령으로 마땅한 인물은 누가 나왔을까요? 이번에는 이승만이 1위로 나왔습니다. 김구는 내무부장, 여운형은 외무부장, 김일성은 군무부장, 조만식은 재무부장에 적당한 인물이라고 나왔어요.

김구

김구는 가난한 집 아들로 태어나 어릴 때부터 친구 없이 홀로 지내는 일이 많았습니다. 이때부터 과묵한 성격을 가지게 되었다고 합니다. 과거에 응시하였지만 뜻을 이루지 못하였고 이후 동학운동을 시작해요. 황해도 해주에서 동학군을 지휘하며 탐관오리를 처단하였지만 이일로 정부군에게 쫓기는 신세가 되어 만주로 넘어갔다가 을미사변으로 명성황후가 죽었다는 소식을 듣고 분개하여 귀국합니다. 그런데 황해도 안악 치하포에서 '국모의 원수에 대한 복수'를 하고 나라의 수치를 조금이나마 씻고자 일본인을 죽이게 됩니다. 이후 체포되어 사형이 확정되었으나 고종의 뜻으로 집

김구

행이 정지되었고 이듬해 김구는 탈옥을 합니다. 김구는 일본의 눈을 피해 다니면서도 학교를 설립하는 등 계몽운동을 하고, 을사조약이 체결되자, 조약의 철회를 주장하는 상소를 하고 가두 연설을 하는 등 일제에 맞서 싸웁니다. 감옥에 갇히기도 하고 감옥에서 나오면 다시 일본에 맞서 싸웠어요.

3·1운동 후 김구는 상하이로 망명하여 대한민국 임시정부의 초대 경무국장이 되었고

1926년에는 국무령에 취임합니다. 임시정부를 이끌고 한인애국단을 조직하여 이봉창, 윤봉길 의사의 의거를 지휘했어요. 1940년 대한민국 임시정부 주석에 선출된 뒤에는 광복군을 조직하고 1941년 대한민국 임시정부의 이름으로 일본에 선전포고를 하였어요. 그런데 1945년 8월 6일과 9일 미국이 일본에 원자폭탄을 투하하자 15일 일본 왕이 방송을 통해 항복을 공식 선언합니다. 김구는 11월에 가서야 임시정부 국무위원과 함께 귀국했어요. 이미 미군이 점령하고 있는 상태였고, 김구의 임시정부는 정부로서의 정통성을 인정받지 못했어요. 이후 김구는 통일정부 수립을 위해 남북을 오가며 노력하였으나 뜻을 이루지 못한 채 1949년 서울에서 육군장교 안두희에게 암살을 당합니다.

여운형

해방 직후 혼란스러운 정국 안정을 위해 발 빠르게 나선 인물은 여운형이었습니다. 1944년 비밀리에 조선건국동맹을 조직하여 전국 단위로 확대해 온 여운형은 8월 15일 아침 조선총독부 정무총감을 만났어요. 일본 측이 요구한 자주적 국내 치안 유지와 일본인들의 안전한 귀환을 보장하고, 정치 · 경제범 석방, 3개월간의 식량 보급, 치안 유지와 건국사업에 대한 간섭 배제, 학생훈련과 청년조직에 대한 간섭 배제, 노동자와 농민을 건국사업에 조직, 동원하는 것에 대한 간섭 배제를 조건

여운형

으로 협상을 타결했어요. 곧바로 여운형은 조선건국준비위원회(이하, 건준)를 발족하고 전국에 140여 개의 지부를 조직했어요. 9월 6일에는 조선공산당 중심으로 조선인민공화국 수립을 발표했는데, 곧이어 미국이 조선인민공화국을 부인하고 미군정을 포고합니다. 이후 여운형은 미소공위의 협상과 좌우합작에 따른 민족통일을 위해 불철주야 노력하였으나 1947년 극우파 청년에게 암살당합니다.

반민특위와 친일파 ✏️

1948년 제헌국회는 정부 수립을 앞두고 '단기 4278년 8월 15일 이전의 악질적인 반민족 행위를 처벌하는 특별법을 제정할 수 있다(헌법 101조)'는 소급 조항을 헌법에 두었습니다. 이에 따라 국회는 반민족행위처벌법을 제정하고 반민족행위특별조사위원회(약칭, 반민특위)를 설치했어요.

반민특위는 1949년 1월부터 본격적인 활동을 시작했어요. 7,000여 명의 반민족행위자 일람표를 작성하고 반민족행위자 체포에 주력했어요. 그런데 당시 이승만 정권은 반민족행위자 처벌에 부정적이었고, 심지어 반민특위를 무력화하는 반민족행위처벌법 개정안을 국회에 제출하는 등 반민특위의 활동을 방해했어요. 이에 힘입어 친일 세력은 반민특위의 활동을 좌절시키기 위해 활동에 나섰어요. 친일 경찰과 친일 세력은 국회와 반민특위 사무실 앞에서 시위를 했고, 반민특위는 이들의 배후로 지목된 서울시경찰국 사찰과장을 체포했어요. 그러자 경찰은 반민특위 사무실을 습격하고 특경대 대원을 체포했어요. 강원도와 충남과 충북에서도 그와 같은 일이 여기저기 벌어졌어요. 국회에서는 반민족행위자 처벌에 적극적이었던 10여 명의 의원들이 국회 프락치 사건으로 체포되었어요.

이러한 분위기 속에서 반민특위의 활동이 사회 불안과 불안감을 조성한다는 이유로 공소시효를 1949년 8월 말로 단축한다는 내용의 반민족행위처벌법 개정안이 국회에서 통과됩니다. 반민특위 조사위원은 "그렇게 짧은 기간에 다 마칠 수 없다."며 모두 사퇴했어요. 새로 구성된 반민특위는 남은 기간 동안 총 682건을 대법원, 대검찰청으로 이관하였고, 이 중 221건이 기소되었는데 재판부의 판결을 받은 것은 겨우 40건이 다였습니다.

반민특위는 그해 10월에 해체되었고, 1951년 2월 반민족행위처벌법이 폐지되면서 반민족행위자를 처벌할 수 있는 법적 장치는 완전히 사라졌어요.

해방 후 국가의 첫 번째 과제는 자주적인 통일정부 수립이었으나, 이를 위한 바탕으로 반민족행위자 청산은 친일 세력과 이승만 정부, 한국민주당 국회의 비협조와 적극적인 방해로 성과를 거두지 못한 채 6·25전쟁의 발발로 또 다른 국면을 맞게 됩니다.

24장. 6·25전쟁 1

6·25전쟁
과정의 이해

6·25전쟁의 과정을 학생들과 함께 살펴보고 전쟁의 참상을 느껴 보는 수업을 준비했어요. 먼저, 6·25전쟁의 주요 사건을 8개로 정리하여 알려 주고 시간 순서대로 배열하도록 합니다. 6·25전쟁에 대해 기본 지식을 가지고 있는 학생들이 많아서 쉽게 배열했어요. 다음으로, 6·25전쟁의 주요 사건 흐름을 지도와 함께 정리했어요. 그리고 학도병 이우근이 〈어머니께 보내는 편지〉를 영상화한 자료(지식채널e의 '어머니께 보내는 편지')를 찾아 보여 줬어요. 학생들은 10대에 전쟁에 끌려간 학도병의 심정을 느껴 보면서 전쟁의 비극을 간접 체험했어요. 끝으로, 과제를 주었는데 전쟁 관련 영화 몇 가지를 알려 주고 그중 하나를 감상한 후 학습지를 작성해 오도록 했어요.

6·25전쟁의 흐름 파악하기

   1. 북한이 6월 25일 새벽 38도선을 넘어 기습적으로 남한을 침공함

   2. 3일 만에 서울을 빼앗기고 낙동강 방어선까지 물러남

   3. UN이 남한을 도와 참전하기로 결정함

4. 인천상륙작전으로 서울을 되찾음

5. 38도선을 넘어 압록강까지 진출하여 통일이 눈앞에 보임

6. 중국군의 인해전술로 흥남철수작전 및 1·4후퇴를 하고 서울을 다시 빼앗김

7. 서울을 되찾고 38도선 부근에서 치열한 고지전 전투를 벌임

8. 1953년 7월 27일, 대한민국 정부의 반대에도 불구하고 휴전협정을 맺음

위 사건을 학생들(2인 1팀)에게 알려 주고 시간 순으로 배열해 보게 했어요. 대부분의 학생들이 그 흐름을 잘 찾아냈습니다. 대표로 한 팀을 지목해서 사건들을 순서대로 정렬하고 설명을 해 보게 했어요. 그리고 추가할 내용이나 궁금한 점이 있으면 이야기해 보라고 했어요.

교사: 순서대로 정렬을 잘했어요. 선생님이 살펴보니, 학생들이 모두 배열을 잘했더군요. 혹시 추가로 더 설명할 사람?

학생1: 38선을 다시 넘을 때, 10월 1일 '국군의 날'이 생겼어요.

교사: 맞습니다. 국군의 날이 10월 1일인데, 그날은 인천상륙작전 이후 다시 38선을 넘는 날이었어요. 그날을 기념하기 위해 국군의 날로 지정했어요.

학생2: 장사상륙작전이 있었어요. 인천상륙작전을 하기 전 동해안에 상륙하여 북한군과 전투를 했었대요.

교사: 아, 그래. 그런 사건도 있었구나.

학생3: 압록강까지 간 것은 아니고 압록강 근처까지 갔었어요.

교사: 와, 자세하게 알고 있는 사람이 많네요. 또 추가로 설명할 사람?

학생4: 흥남철수작전을 할 때, 미군이 자기 배에 있는 물건을 다 버리고 사람들을 태워 갔대요.

북한이 6월 25일 새벽 38도선을 넘어 기습적으로 남한을 침공함
3일 만에 서울을 빼앗기고 낙동강 방어선까지 물러남
UN이 남한을 도와 참전하기로 결정
인천상륙작전으로 서울을 되찾음
38도선을 넘어 압록강까지 진출하여 통일이 눈앞에 보임
중국군의 인해전술로 1·4후퇴 및 흥남철수작전으로 서울을 다시 빼앗김
서울을 빼앗고 38도선 부근에서 치열한 고지전 전투를 벌임
1953년 7월 27일, 대한민국 정부의 반대에도 불구하고 휴전협정을 맺음

6·25전쟁의 주요 사건 배열

생각보다 추가 설명을 한 학생들이 많았어요. 학생들의 발표와 교사의 마무리 설명으로 6·25 전쟁의 전체적인 흐름을 알아본 뒤 학습지를 통해 6·25전쟁의 과정을 지도와 함께 정리해 보도록 했어요.

6·25전쟁의 참상 느끼기

6·25전쟁의 흐름만 파악하면 역사의 한 면만 이해한 것입니다. 6·25전쟁은 우리들의 가족, 친척과 관련이 있는 전쟁이었으며 우리 민족끼리의 아픈 역사입니다. 직접 전투에 참가한 남한, 북한 군인들은 얼마 전까지 동료였으며 평범한 우리 이웃이었어요. 이러한 실상을 학생들이 느껴 보는 것이 참 중요하다고 생각을 했어요. 그래야 통일에 대한 필요성도 체감할 수 있을 것 같았어요.

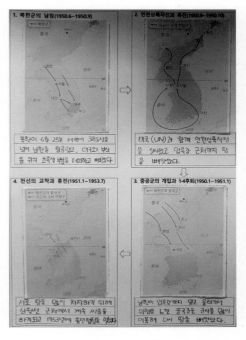

6·25전쟁 과정을 파악하는 학습지 작성 결과

어머니께 보내는 편지

어머님! 나는 사람을 죽였습니다. 그것도 돌담 하나를 사이에 두고, 10여 명은 될 것입니다. 저는 2명의 특공대원과 함께 수류탄이라는 무서운 폭발 무기를 던져 일순간에 죽이고 말았습니다. 수류탄의 폭음은 저의 고막을 찢어 놓고 말았습니다. 지금 이 글을 쓰고 있는 순간에도 제 귓속은 무서운 굉음으로 가득 차 있습니다.

어머님! 괴뢰군의 다리가 떨어져 나가고, 팔이 떨어져 나갔습니다. 너무나 가혹한 죽음이었습니다. 아무리 적이지만 그들도 사람이라고 생각하니 더욱이 같은 언어와 같은 피를 나눈 동족이라고 생각하니 가슴이 답답하고 무겁습니다.

어머님! 전쟁은 왜 해야 하나요. 이 복잡하고 괴로운 심정을 어머님께 알려드려야 내 마음이 가라앉을 것 같습니다. 저는 무서운 생각이 듭니다. 지금 저 옆에는 수많은 학우들이 죽음을 기다리고 있는 듯, 적이 덤벼들 것을 기다리며 뜨거운 햇볕 아래 엎디어 있습니다.

저도 그렇게 엎디어 이 글을 씁니다. 괴뢰군은 지금 침묵을 지키고 있습니다. 언제 다시 덤벼들지 모릅니다. 저희들 앞에 도사리고 있는 괴뢰군 수는 너무나 많습니다. 저희들은 겨우 71명뿐입니다. 이제 어떻게 될 것인가를 생각하면 무섭습니다. 어머님과 대화를 나누고 있으니까 조금은 마음이 진정되는 것 같습니다.

어머님! 어서 전쟁이 끝나고 '어머니이!' 하고 부르며 어머님 품에 덜썩 안기고 싶습니다. 어제 저는 내복을 제 손으로 빨아 입었습니다. 비눗내 나는 청결한 내복을 입으면서 저는 한 가지 생각을 했던 것입니다. 어머님이 빨아 주시던 백옥 같은 내복과 제가 빨아 입은 그다지 청결하지 못한 내복의 의미를 말입니다. 그런데 어머님, 저는 그 내복을 갈아입으면서 왜 수의를 문득 생각했는지 모릅니다.

어머님! 어쩌면 제가 오늘 죽을지도 모릅니다. 저 많은 적들이 저희들을 살려 두고 그냥은 물러갈 것 같지가 않으니까 말입니다. 어머님, 죽음이 무서운 것은 결코 아닙니다. 어머니랑 형제들도 다시 한 번 못 만나고 죽을 생각하니, 죽음이 약간 두렵다는 말입니다. 허지만 저는 살아가겠습니다. 꼭 살아서 돌아가겠습니다. 왜 제가 죽습니까. 제가 아니고 제 좌우에 엎디어 있는 학우가 제 대신 죽고 저만 살아가겠다는 것은 절대로 아닙니다. 천주님은 저희 어린 학도들을 불쌍히 여기실 것입니다.

어머님, 이제 겨우 마음이 안정이 되군요. 어머니, 저는 꼭 살아서 다시 어머님 곁으로 달려가겠습니다. 웬일인지 문득 상추쌈을 재검스럽게 먹고 싶습니다. 그리고 옹달샘의 이가 시리도록 차가운 냉수를 벌컥벌컥 한없이 들이키고 싶습니다.

어머님! 놈들이 다시 다가오는 것 같습니다. 다시 또 쓰겠습니다. 어머니 안녕! 안녕! 아뿔싸 안녕이 아닙니다. 다시 쓸 테니까요. 그럼 이따가 또…….

1950년 8월 10일 아들 이우근

6 · 25전쟁을 소재로 한 영화 감상하기

6 · 25전쟁 수업을 한 다음 관련 영화를 감상하는 것도 좋은 방법입니다. 6 · 25와 관련된 영화는 〈고지전〉, 〈인천상륙작전〉 등 여럿이지만, 개인적으로 〈태극기 휘날리며〉가 6 · 25전쟁의 시작과 휴전까지의 전 과정을 골고루 보여 주기 때문에 수업에 활용하기에

가장 나은 것 같습니다. 잔인한 장면과 욕설이 좀 나오지만 "실제 전쟁은 이 영화의 몇 배나 더 잔인하기 때문에 전쟁은 절대 있어서는 안 된다."라고 학생들에게 이야기해 주고 보여 주거나 가정에서 부모님과 함께 감상하도록 과제로 내주어도 좋습니다. 학습지를 만들어서 미리 나눠 주고, 전쟁의 과정이 영화에서 어떻게 표현되는지 찾아보게 하면 더욱 좋습니다.

강제규	장동건	원빈	이은주	공형진
감독	주연	이진태 역	주연	이진석 역	주연	영신 역	조연	영만 역

6·25전쟁의 과정을 영화 속에서 찾아봅시다.

전쟁의 과정	영화 속 장면이나 대사	확인
북한군의 남침	"형! 전쟁이 일어났어!" "어제 막 국숫집 자리 잡고 있고, 산에 심은 감자도 있는데" "괜찮아! 다 그대로 있을거야!"	✓
낙동강 방어선 전투	"형이 벼 터지고 다리 잘려서 저렇게 누워있다고 생각해봐! 형 다시는 그러지 않겠다고 나랑 약속해!" "총을 겨루면 혹시 형제들끼리 죽이나?"	✓
인천상륙작전	"야! 무슨 일이 있어도 여기는 지켜!(명령)" "오늘 새벽, UN 해군이 인천상륙작전에 성공했다!" "이 태극기를 백두산 정상에 꽂아주길 바라!"	✓
서울을 되찾고 평양까지 진출	"형!!!" "어서 따라와!" "이 새X 빨갱이" "아! 이 새X(개새X) 야!" "빨갱이!" "아! 괜찮아!" "우리 이 평양을 떠나 더 위쪽으로 간다!" "(총소리)"	✓
중국군의 개입으로 1·4후퇴	"형! ㅁ어ㄹ그" "이진태! 위는 본 전염에서 큰 성과를 거두었으므로 훈장으로 임명합니다." "진석이! 우리 진석이 살아 있었어!" "진석씨 그냥 어서 가요!" "이 어쩌가 빨갱이냐고ㅠ"	✓

6·25전쟁 영화 학습지 작성 결과

➕ Tip

수업 성찰

수업을 마칠 즈음 한 학생이 자기 할머니가 6·25전쟁을 직접 겪으셨다고 말했어요. 북한군이 내려오는 것도 목격했고 피난도 갔다고 했어요. 또 어떤 학생은 자기 할아버지가 6·25전쟁에 참전하여 훈장을 받았다고 했어요. 저는 깜짝 놀라 "훈장을 직접 봤어?"라고 물어보니 자기 집에 있다고 하면서 다음 날 가져와서 보여 주었어요. 6·25는 우리의 가족들과 많은 연관이 있는 것 같습니다.

역사 이야기

거제도 포로수용소 ✏

6·25전쟁 중에 전쟁 포로의 수가 점점 늘어나자 UN군은 이들을 수용하고 관리하기가 힘들어졌어요. UN군 사령부는 포로를 최대한 분산시키기 위해 전선에서 멀리 떨어진 거제도로 포로들을 옮기기로 했어요.

옛 포로수용소의 모습

1951년 6월 말까지 인민군 포로 15만 명, 중공군 포로 2만 명 등 17만 3,000명의 포로를 거제도에 수용하였으며, 그중에는 300여 명의 여자 포로도 있었어요. 반공산주의 포로와 공산주의 포로 간에 다툼과 살상이 자주 발생하였고, 수용소 사령관 돗드 준장이 포로들에게 납치되는 사건이 생기기도 했어요. 냉전시대 이념 갈등의 축소판과 같은 모습이었어요.

포로수용소유적공원의 막사

지금은 포로수용소 건물 일부만 남아 있으며, 당시 포로들의 생활상, 막사, 의복 등 생생한 자료와 사진, 기록물들을 모아서 거제포로수용소유적공원으로 조성하였어요.

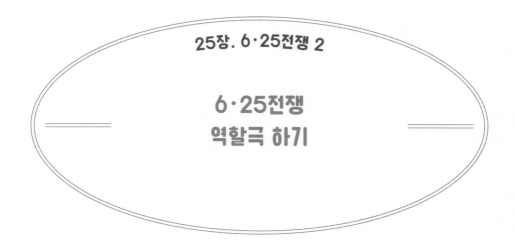

25장. 6·25전쟁 2

6·25전쟁
역할극 하기

6·25전쟁의 과정을 역할극으로 만들어 발표를 하였어요. 먼저 역할극을 할 만한 사건을 팀별로 하나씩 선정하여 역할극 대본을 만들었습니다. 대본에 따라 연극, 영상 등 다양한 방법으로 발표를 하고 친구들과 공유했습니다.

역할극을 위한 사건 선정하기

학생들과 회의를 통해 6·25전쟁의 주요 사건 중에서 역할극으로 만들어 볼 만한 사건을 선정하였어요. 처음에는 9개의 사건으로 나눴으나 너무 많다는 의견이 있었습니다. 그래서 6개의 사건으로 축약하였으며 6개 팀이 한 사건씩 골라서 역할극 대본을 쓰기로 했어요.

> 1. 전쟁의 시작
> 2. 인천상륙작전
> 3. 중공군 개입
> 4. 흥남철수
> 5. 1·4후퇴
> 6. 휴전협정

학생들이 선정한 6개의 사건

역할극 대본 만들기

지난 시간에 배운 6·25전쟁 내용과 인터넷 자료를 활용하여 팀별로 대본을 만들었어요. 가족 중에 6·25전쟁을 경험한 분이 있을 경우에는 그 이야기를 더해 대본을 쓰기도 했어요. 팀별로 만든 대본은 한글 파일 형태로 제출하였으며, 선생님은 그것을 모두 모아 하나의 연극 대본집을 완성했어요. 그리고 여러 권을 제작하여 모든 학생들에게 나눠 주었어요.

역할극 하기

사건의 순서대로 역할극을 하였어요. 학생들은 리허설도 하고 연극 소품까지 꼼꼼히 준비하는 모습을 보여 주었어요. 칠판 앞에 나와서 역할극을 한 팀도 있고, 다른 친구를 앞에서 연극을 하는 것이 부끄럽다는 팀은 미리 역할극 영상을 만들어서 반 친구들에게 보여 주었어요.

학생들이 만든 연극 대본

+ Tip 수업 성찰

국어 과목과 사회 과목을 연계하여 연극의 기본적인 요소를 먼저 공부하고 대본을 만들었는데, 모두 3~4시간 정도 걸렸습니다. 사실, 팀별로 연극을 하다 보면 학생들 간에 다투는 경우가 참 많습니다. 연극 대본을 만들어서 공연을 해 보기 어려울 경우에는 6·25전쟁의 각 사건을 스톱모션 제작 활동으로 대체해도 좋을 것 같습니다.

학생의 수업 일기

초등 한국사! 진짜 역사 수업을 말한다 2

26장. 민주화운동 1

대통령 임기가
다른 까닭은?

우리나라의 대표적인 민주화운동으로 4·19혁명, 5·18민주화운동, 6월 민주항쟁 등 3가지가 있습니다. 이 사건들은 모두 우리나라 역대 대통령과 연관이 있습니다. 4·19혁명으로 이승만 정권이 막을 내렸으며, 6월 민주항쟁으로 대통령 임기가 5년 단임제로 바뀌게 됩니다. 우리나라 역대 대통령에 대한 기본 지식과 그 흐름을 알고 있어야 민주화운동을 맥락적으로 파악할 수 있어요. 그래서 민주화운동에 대한 수업을 하기에 앞서 우리나라 역대 대통령의 임기를 알아보고, 어떤 사건과 변화가 있었는지 살펴보는 것으로 수업을 준비했어요.

대통령 연표 색칠하기

현대사에서 대통령이 차지하는 비중은 상당히 높습니다. 그럼에도 불구하고 학생들은 역대 대통령이 누구인지, 순서는 어떻게 되는지 잘 모릅니다. 그래서 학습지를 통해 역대 대통령들을 알아보았어요. 대통령의 이름과 재임 기간을 확인한 다음, 빈 그래프에 각 대통령의 재임 기간을 색칠하여 연표를 완성했어요.

대한민국 대통령과 연표

대통령 연표를 보고 알게 된 점

대한민국 대통령의 재임 기간에 대한 연표를 보고 선생님이 제시한 질문과 이에 대한 학생들의 답변은 다음과 같아요.

질문 1. 그래프에 색칠 활동을 한 뒤, 알게 된 사실을 모두 적어 봅시다.

- 이승만과 박정희가 재임 기간이 길다.
- 이승만부터 전두환까지는 재임 기간이 불규칙하다.
- 노태우부터 이명박까지 각 5년으로 일정하다.
- 1948년부터 대통령이 있었다.
- 최규하의 재임 기간이 가장 짧다.

질문 2. 재임 기간이 가장 긴 사람 2명은 누구인가요? 그 이유는 무엇일까요?

- 박정희, 이승만

－투표할 때마다 뽑혀서

－인기가 많았기 때문에

－힘이 세고 군대를 가지고 있어서

－대통령을 할 만한 다른 사람이 없어서

－불법으로 당선이 되어서

질문 3. 재임 기간이 가장 짧은 사람 2명은 누구인가요? 그 이유는 무엇일까요?

• 최규하, 윤보선

－일찍 죽어서

－대통령을 하다가 쫓겨나서

－정치를 못해서 국민들이 쫓아냈기 때문에

질문 4. 노태우 대통령 재임 기간부터 어떤 특징이 있나요? 그 이유는?

• 재임 기간이 5년으로 일정하다.

• 임기를 5년으로 약속을 했기 때문이다.

민주화운동 알아보기

대통령의 재임 기간과 관련하여 학생들이 다양한 답변을 했지만 실제로 맞는지 아닌지는 다음 시간에 확인을 해 보자고 말씀해 주세요. 그리고 다음과 같은 설명으로 수업 내용을 정리해 주세요.

교사: 대통령직을 길게 수행하다가 어느 순간 그만두게 되었다는 것은 어떤 의미일까요?

학생: ….

교사: 아마도 그때 우리나라에 어떤 사건이 있었을 거예요. 마찬가지로 재임 기간이 아주 짧은 경우에도 어떤 이유가 있었겠지요?

학생: 네, 어떤 사건이 발생했을 것입니다.

교사: 이승만 대통령이 대통령을 오래 하다가 1960년에 갑자기 그만두게 되네요. 그렇다면 그 당시에 어떤 사건이 발생했을 것입니다. 박정희 대통령도 마찬가지입니다. 과연 어떤 일들이 벌어졌을까요? 윤보선 대통령과 최규하 대통령은 재임 기간이 짧지요? 이때 어떤 사건이 있었는지도 살펴봐야겠어요.

(연표에서 1960년을 짚으며) 다음 시간에 이승만 대통령이 대통령을 하다가 물러났을 때 어떤 일이 있었는지 살펴봅시다. (4·19혁명)

(연표에서 1980년을 짚으며) 박정희 대통령도 길게 대통령을 하다가 그만둔 이유와 그 뒤를 이은 최규하 대통령 역시 금방 그만두면서 전두환 대통령으로 바뀌는 과정을 살펴봅시다. (5·18민주화운동)

교사: 노태우 대통령부터는 5년씩 똑같이 하게 됩니다. 5년씩 똑같이 하게 된 이유가 아마 있을 것입니다. 이것도 한번 살펴봅시다.

(연표에서 1987년을 짚으며) 마지막으로 왜 이때부터 5년씩 대통령을 하게 되었는지를 살펴봅시다. (6월 민주항쟁)

➕ Tip 수업 성찰

학생들이 그래프에 쉽게 색칠을 할 수 있도록 몇몇 대통령의 임기를 약간씩 수정하여 제공했어요. 예를 들어 문재인 대통령의 임기는 2017년 5월부터이지만, 한 해에 두 명의 대통령 임기가 겹치지 않도록 하기 위해 2017년 처음부터 색칠하도록 하였어요. 그래서 실제 대통령 재임 기간과 학습지에서 제공한 재임 기간은 몇 달씩 차이가 납니다.

역사 이야기

초대 대통령 이승만 ✏️

다음에서 이야기하는 사람은 누구일까요?

> "이 사람의 초상화가 학교에 걸렸습니다. 이 사람의 생일에는 집집마다 국기를 걸어야 했습니다. 6·25전쟁 이후에는 동상이 세워지기도 했습니다. 우상화 정책을 실시했던 겁니다."

누구인지 아시겠나요? 김일성이라고요? 맞습니다. 그런데 김일성 말고 1명 더 있습니다. 바로 이승만입니다. 이승만은 대한민국 임시정부 초대 대통령이었으며, 해방 후 민중들에게도 대통령 후보 1순위였습니다. 그만큼 이승만의 정치적 역량은 대단했어요. 또한 일찍부터 해외에서 독립운동을 하면서 쌓은 경험으로 국제 외교, 경제, 교육, 국방에 특히 힘을 기울였어요. 그러나 대통령을 재선, 3선 계속하면서 그 직을 유지하고자 계엄을 선포하고 헌법을 바꿉니다. 우상화 정책도 이 과정에서 심화됩니다. 1949년 이승만의 생일 기념식을 성대하게 열고 집집마다 태극기를 걸었어요. 서울 남산공원, 탑골공원에 거대한 이승만 동상을 세웠어요. 이승만의 얼굴을 새겨 넣은 100환 동전 등의 화폐를 발행했어요. 또 이승만 관련 여러 건물이 건축되었어요.

이승만은 외교적으로 일본에 대마도와 반출 문화재 반환, 배상 요구 등 반일 노선을 취하고 한일회담에 내내 강경한 태도를 유지했지만, 국내 친일파 청산에는 소극적인 모습을 보이면서 민심을 잃었어요. 강경한 반소, 반공 정책을 폈는데, 이를 위해 토지 및 농지개혁, 한미상호방위조약을 성공적으로 이루어 냈어요. 그러나 제주 4·3사건, 여순 사건 진압 과정에서 대규모 민간인 피해, 6·25전쟁 중에 일어났던 거창 양민 학살 사건, 국민방위군 사건 등으로 국민들에게 지탄을 받았어요. 이승만은 장기 집권을 이어 가다가 1960년 3·15부정선거에 맞선 4·19혁명 후 4월 27일 국회에 대통령직 사임서를 제출하고 하야했습니다. 이후 하와이로 망명을 갔고 그곳에서 죽음을 맞습니다.

이승만과 제1~제4대 대통령 ✏️

1948년 7월 24일 이승만이 대한민국 초대 대통령으로 취임합니다. 제2대 대통령 선거는 6·25전쟁 중인 1952년 부산에서 이뤄졌어요. 야당과 무소속 국회의원이 많아서 국회 내 지지 기반이 약했던 이승만은 대통령 선거를 간선제에서 직선제로 바꿔서 제2대 대통령이 됩니다.

제3대 대통령 선거는 1956년에 있었어요. 헌법에 따르면 대통령은 1번만 중임이 가능했기 때문에 이승만은 대통령이 될 수 없었어요. 그래서 또 헌법을 바꿉니다. 초대 대통령은 연임할 수 있다는 내용입니다. 개헌은 국회의원 3분의 2 이상의 찬성이 있어야 통과가 가능했어요. 하지만 정말 신기하게도 1표 차이로 3분의 2가 되지 못했어요. 그러자 여기에 사사오입(반올림)을 적용시켜서 통과시켜 버립니다. 그 유명한 사사오입 개헌입니다. 이렇게 해서 이승만은 제3대 대통령이 됩니다.

1960년 제4대 대통령 선거는 이승만의 당선이 유력한 가운데 부통령 후보인 이기붕과 장면이 각축전을 벌였어요. 이때는 대통령 선거보다 부통령 선거가 더 중요했어요. 이승만이 나이가 많아서 만약 갑자기 사망하면 부통령이 대통령의 권한을 이어받기 때문이에요. 이 선거에서 입후보자 등록 방해, 유령 유권자 조작, 4할 사전투표, 유권자 협박, 투표권 강탈, 3인조 또는 5인조 공개투표, 야당 참관인 축출, 부정 개표 등 각종 부정선거를 통해 이승만과 이기붕이 당선됐어요. 이것이 바로 3·15부정선거입니다. 그 결과 마산에서 선거 당일 부정선거에 항의하는 대규모 시위가 일어났고, 이를 진압하고자 경찰이 쏜 총에 시민들이 죽거나 부상을 입었어요. 국민들은 분노했으며, 이는 4·19혁명으로 이어져 이승만은 대통령직에서 내려옵니다.

박정희와 제5~제10대 대통령 ✏️

4·19혁명 이후 대통령제에서 내각책임제로 개헌을 합니다. 곧 이어진 총선에서 민주당이 압승하였으며 제4대 대통령은 윤보선, 총리는 장면이 당선됐어요. 제2공화국의 시작입니다. 하지만 1962년 5월 16일 박정희가 쿠데타를 일으키면서 제2공화국은 9개월 만

에 중단되고 맙니다. 박정희는 정당을 해산하고 중앙정보부를 만들었으며 2년 뒤에 나라가 안정되면 정권을 민간에 이양하겠다고 했어요. 하지만 이 약속을 어기고, 대통령제로 개헌을 한 후 선거에 나와 제5대 대통령이 됩니다.(제3공화국)

이후 박정희는 이승만과 똑같은 일을 자행했어요. 재임까지는 비교적 무난하게 대통령이 되었지만 장기 집권을 위해 3선 개헌을 했어요. 이승만이 벌인 행위와 매우 흡사하죠? 그렇게 제7대 대통령이 되었는데, 그 1년 뒤에 유신헌법으로 대통령 임기를 '연임 제한 없이' 6년으로 바꾸고 제8대 대통령이 됩니다. 유신헌법으로 종신 집권을 노린 것이죠.(제4공화국) 박정희는 계속된 독재로 인한 국민의 민주화 요구, 미국과의 갈등 속에서도 부정선거를 통해 1978년 제9대 대통령이 됩니다. 그 결과, 부산과 마산을 중심으로 유신헌법에 항거하는 시민항쟁이 들불처럼 전국에 번져 나갑니다. 그러던 1979년 10월 박정희가 피살당하고, 국무총리였던 최규하가 권한 대행으로 제10대 대통령이 됩니다.

전두환과 제11~제20대 대통령 ✏️

1979년 12월 12일 전두환이 군사 쿠데타를 일으켜 정권을 잡습니다. 이에 전두환의 신군부 퇴진을 외치는 민주화운동이 전국적으로 일어나는데, 그중 1980년 광주에서 일어난 5·18민주화운동에 군대를 투입해 민간인을 참혹하게 진압했어요. 그 뒤 전두환은 최규하 대통령을 사임시키고 선거인단에 의한 간접선거로 제11대 대통령이 되었어요. 전두환은 곧바로 헌법을 개정하여 대통령 선거를 간접선거, 임기 7년으로 정한 뒤 1981년 제12대 대통령으로 취임했어요.(제5공화국)

전두환 정권 시기 민주항쟁 시위는 꾸준히 일어났고 정부는 이를 탄압하였는데 그 과정에서 고문을 받다 죽은 박종철 학생의 일이 알려지면서 수많은 사람들이 거리로 나와 '독재정권 타도'와 '직선제 개헌', '민주화'를 외쳤습니다. 이것이 바로 6월 민주항쟁이에요. 이 요구가 받아들여져 1987년 제13대 노태우 대통령부터는 직선제와 임기 5년이 적용되었으며 현재까지 이어지고 있어요. 이후 김영삼, 김대중, 노무현, 이명박, 박근혜, 문재인이 순서대로 대통령이 되었고 현재는 제20대 윤석열 대통령입니다.

4·19혁명, 5·18민주화운동, 6월 민주항쟁에 대하여 총 4시간 동안 수업을 하였어요. 먼저 민주화운동의 과정을 정리한 스토리텔링 PPT를 보여 주면서 각 민주화운동의 원인, 과정, 결과를 간단히 정리해 주었어요. 민주화운동을 과정을 설명하다 보면 학생들 수준에서는 조금 어려울 수도 있는 헌법, 개헌, 국회, 대통령, 시민들의 이야기가 대거 나옵니다. 그렇다 보니 많은 시간을 할애하였습니다. 그리고 마지막 시간에는 모둠별로 민주화운동에 대한 학습지를 제공하여 기억을 상기하고 함께 정리하는 시간을 가졌어요.

민주화운동 스토리텔링

4·19혁명, 5·18민주화운동, 6월 민주항쟁 등 민주화운동 스토리텔링 PPT를 보여 주면서 설명을 했어요. 3가지 민주화운동에 대해 각각 1시간씩 할애하여 수업을 하였으며, 각각의 원인, 과정, 결과를 학생들이 직접 정리해 보도록 했어요. 학생들이 정리한 내용은 다음과 같아요.

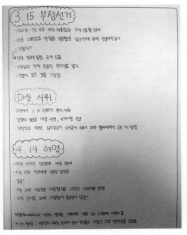
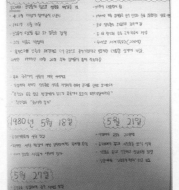

| 4·19의 원인, 결과를 기록한 결과 | 5·18의 원인, 결과를 기록한 결과 | 6월 민주항쟁의 원인, 결과를 기록한 결과 |

민주화운동의 원인, 결과, 주장 찾기

모둠별로 학습지를 나눠 주고 학생들 스스로 민주화운동의 원인, 결과, 주장을 찾아서 쓰도록 했어요. 사건들의 원인과 과정이 복잡하고 관련 내용이 많아서 학생들이 잘못 쓴 부분도 있었지만, 배운 내용을 바탕으로 비교적 잘 썼어요. 학생들의 발표 내용을 취합하여 칠판에 쓰면서 함께 정리했어요.

	4·19 혁명	5·18 광주민주화운동	6월 민주화운동
원인	마산을 시작으로 전국적으로 시위가 확대되면서 4월 17일 날에 전국적으로 시위가 나타났었다.	시위를 하고있었던 학생들 공수 부대원 들의 습격으로 진압하였다.	박정희가 죽고난후 1980년 1월 경찰이 잡혀갔고, 6개의 강렬한 "서울을 타오는 석의를 폭발시키다 병들되지만 공무의 음천민은 부활고, 이어 전두환이 돼 둘러 시체순으로 전환된 당선이 됬다
결과	그렇게 결국 4월21일 이승만은 하고 물러 더 대통령자를 관두겠다 하여도 명령되었다. 신해 선거를 가게 했다	하지만 시위하던 학생만 공격안하고 아니라 다른 민간인에게거도 무차별 적으로 폭행을 하였고, 시민들이 분노하였다.	그렇게 1987년 4월9일 방호를 통해 대대통령을 자선의 친구인 노태우라고 해었다.
주장	그렇게 홍보에서 당선 되었다 사람들은 이승만 올려나오 부정선거 하지말라 부쳤다.	시민과 학생은 시위를 하였다.	노태우가 된다와서 사람들은 시위를 했다.

학생들이 정리한 각 민주화운동의 원인, 결과, 주장

민주화운동의 공통점 찾기

학생들이 발표한 내용을 바탕으로 각 민주화운동의 공통점을 찾아보도록 합니다. 그 내용을 포스트잇에 써서 학습지에 붙이도록 했어요.

조선 후기에서 현대까지

- 대통령이 독재를 하려고 함
- 군인이나 경찰이 무력으로 진압함
- 대통령은 물러나라고 시위를 함
- 사람들의 희생이 있음
- 국민들이 직접 투표하고 싶어 함

학생들이 쓴 민주화운동의 공통점

민주화운동 학습을 통해 느낀 점 쓰기

민주화운동의 과정을 학습하며 느낀 점을 포스트잇에 써서 학습지에 붙이고 시민들의 행동을 본받을 수 있도록 했어요. 학생들은 다음과 같이 썼습니다.

- 대통령 독재를 막은 시민들에게 고맙고 멋지다고 생각한다.
- 사람들이 투표, 대통령 때문에 죽는 것은 좀 아니라고 생각한다.
- 시민들이 시위를 해서 힘들게 우리가 직접 투표를 하게 되었다. 고맙다고 느꼈다.
- 직접 투표를 위해 많은 희생을 한 게 놀랍다. 희생한 사람들에게 정말 고마운 마음이 든다. 나도 커서 투표의 소중함을 알며 꼭 투표할 것이다.

➕Tip 수업 성찰

학습지에 포스트잇을 붙이지 않고, 개별적으로 학습지를 나눠 주고 작성하도록 하는 방법으로 수업을 해도 좋습니다. 학생들과 함께 민주화운동을 소재로 한 영화를 감상하고 수업을 진행해도 좋습니다. 영화 〈1987〉을 추천합니다. 〈1987〉은 6월 민주화운동을 잘 표현한 영화입니다. 국어 과목과 연계하여 영화를 감상한 다음 학생들에게 학습지를 주고 해결해 보도록 했어요. 국어과 8단원 '인물이 추구하는 가치를 자신의 삶과 관련 짓기'와 연계하여 영화 속 인물의 말과 행동을 통해 그 인물이 추구하는 가치를 파악하고 나라면 어땠을지 글을 써 보는 활동이었어요. 교육과정에 따라 국어과의 다양한 성취기준과 사회과의 '민주화운동'을 통합해 보세요.

역사 이야기

3·15부정선거와 4·19혁명 ✏️

1960년 3월 15일은 제4대 대통령과 제5대 부통령 선거가 있는 날이었습니다. 그런데 이승만 정부는 모든 권력을 동원하여 부정선거를 치릅니다. 4할 사전투표, 3인조 공개투표, 유권자 위협, 야당 참관인 축출, 유령 유권자 조작, 기권 강요 및 대리 투표, 내통식 기표소, 투표함 바꿔치기, 개표 조작, 득표수 조작 등의 부정행위가 이루어졌어요. 이러한 부정선거에 힘입어 이승만과 이기붕이 당선되자 시민들은 분노가 폭발했어요.

가장 먼저 마산에서 시위가 시작되었는데 이승만 정부는 경찰을 동원하여 무력으로 진압했어요. 그리고 한 달여 뒤 마산 앞바다에서 고등학생 시신이 발견되었어요. 사람들은 경악을 금치 못했고 시위는 전국으로 펴져 나갑니다. 학생과 시민 모두가 참여한 시위는 1960년 4월 19일 절정에 달합니다. 시위대는 부정선거 규탄을 넘어 이제 이승만의 하야를 요구했어요. 4월 27일 이승만은 대통령직에서 물러나 이화장에서 잠시 머물다 하와이로 망명을 가고 이기붕은 사퇴 후 가족과 함께 경무대 관사에 피신해 있던 중 그 아들의 총격으로 집단 자살을 하면서 이승만 정권의 장기 집권은 끝을 맺습니다.

5·18민주화운동 ✏️

5·18 당시 시신을 덮었던 태극기

1979년 박정희가 사망하고, 전두환이 12·12쿠데타를 일으켜 정권을 장악합니다. 그러자 1980년 봄부터 전두환의 퇴진을 요구하는 학생 시위가 전국적으로 일어났어요. 전두환은 비상계엄을 선포했으며 재야 인사를 감금하고 국회를 봉쇄했어요. 이에 전국적으로 크고 작은 시위가 끊임없이 일어났어요. 5월 18일 광주에서 학생들이 계엄령 철폐와 전두환 퇴진 등을 요구하면서 대대적인 시위를 했어요. 그러자 전두환은 광주에 군대를 투입하여 학생과 시민들을 진압하고 무자비하게 폭행했어요. 분노한 광주 시민들은 남녀노소 가리지 않고 거리로 나와 무장항쟁을 시작했어요. 5월 21일 전남도청 앞에서 시위대는 경찰 및 계엄군과 충돌하게 됩니다. 계엄군의 무차별 발포에 무고한 사람들이 죽었고, 전남도청을 점령한 시위대는 계엄군과 대치 상태에 들어갔어요. 하지만 5월 27일 계엄군은 탱크를 앞세워 시민들을 무력 진압합니

5·18기념공원 내 동상

다. 이때 죽은 사람이 200여 명, 부상자가 900여 명이고 피해자는 수천 명입니다.

광주의 5·18민주화운동 관련 기록물은 2011년 유네스코 세계기록유산에 등재되었습니다.

6월 민주항쟁 🖋

'호헌 철폐 독재 타도', 이 구호가 무슨 의미인지 아시나요? 기존의 헌법을 철폐하고 독재를 타도하자는 뜻입니다. 헌법에 반대한다니 이해가 잘 가지 않지요?

전두환은 1987년 4월에 호헌 조치를 발표하는데, '국회에서 논의 중인 대통령 직선제를 하지 않고 기존 헌법대로 대통령 간선제를 유지하겠다'는 내용입니다. 당시 대통령이었던 전두환이 자신의 동료인 노태우를 다음 대통령으로 만들기 위해 간접선거 방식을 유지하고자 한 거죠. 그러자 시민들은 이에 반대하며 시위를 시작했어요.

1987년 6월 '호헌 철폐 독재 타도' 시위는 전국적으로 동시에 일어났어요. 정부는 경찰과 군대를 동원하고 최루탄을 쏘아 댔어요. 이한열 학생이 시위 중에 최루탄을 맞고 의식을 잃었어요. 그 장면이 적나라하게 사진으로 찍혀서 배포되었고 국내는 물론 국제적으로 엄청난 이슈가 되었어요. 국민들은 분노했고, 결국 당시 민주정의당 대표였던 노태우가 '민주화'와 '직선제' 개헌 요구를 받아들이겠다고 발표하면서 6월 민주항쟁은 마무리가 됩니다.

4·19혁명과 6월 민주항쟁의 공통점 🖉

4·19혁명이나 5·18민주화운동에 대해서는 잘 알고 있는데, 6월 민주항쟁에 대해서는 잘 모르시는 분들이 많습니다. 6월 민주항쟁은 1987년 6월 10일부터 대통령 직선제를 공언한 6·29선언이 있을 때까지 벌어진 민주화운동을 말합니다. 군사 독재의 막을 내리게 하고 국민들이 지금과 같이 직접 대통령 선거를 할 수 있도록 한 아주 중요한 항쟁이지요. 하지만 민주 진영의 분열로 다음 대통령은 노태우가 되었어요.

4·19혁명과 6월 민주항쟁은 비슷한 점이 많습니다. 우선 4·19혁명은 이승만 독재에 맞선 것이고 6월 민주항쟁은 전두환 독재에 맞선 것입니다. 4·19혁명의 시작은 3·15부정선거에서부터 시작되고 6월 항쟁은 4·13호헌조치에서 시작되는데, 둘 다 자신들이 권력을 계속 유지하고자 취한 행동이라는 것이 골자입니다. 또 한 가지 공통점은 시위하는 시민들에게 최루탄을 발사했다는 것입니다. 그 결과 4·19혁명 때는 김주열 학생이 최루탄에 맞아 숨지고 6월 민주항쟁에서는 이한열 학생이 최루탄에 맞아 의식을 잃었다가 결국 죽음을 맞이해요.

이렇게 보면 역사는 반복된다는 것을 알 수 있어요. 역사가 보여 준 인과를 살펴 과오를 반복하지 않는 것이 중요하다고 생각합니다.

28장. 경제성장 1

가족사 프로젝트 1
(가족 인터뷰)

우리나라의 경제성장 과정은 조부모, 부모의 실제 삶과 많은 연관이 있어요. 그래서 조부모와 부모의 면담을 바탕으로 경제발전 과정을 탐구하는 프로젝트 수업을 준비했어요. 이를 통해 학생들은 가족들의 생활 모습의 변화가 역사의 한 부분이라는 것, 나와 역사의 관련성을 이해하게 됩니다. 가족과 면담하고 가족 이야기를 글로 쓰는 활동이 많기 때문에 국어 수업과 연계하여 진행하면 더 좋습니다.

가족사 프로젝트 도입하기

요즘 학생들은 가족과 대화를 거의 안 하거나 단편적인 대화만 나눠요. 가족과 어떤 이야기를 하는지 설문조사를 해 보았어요. '내가 부모님께 가장 많이 하는 말'과 '부모님이 나에게 가장 많이 하시는 말씀'을 알아봤는데 결과는 다음과 같았어요.

- 내가 가장 많이 하는 말
  1. 배고파, 밥 줘   2. 오늘 학교에서 ~했어   3. 잘 자(안녕히 주무세요)

- 부모님이 가장 많이 하시는 말씀
  1. 숙제해라, 숙제 다 했어?   2. 공부해라, 밥 먹자, 밥 먹어라   3. 사랑해, 폰 그만 봐라, 학교(학원)는 어땠니?

다음과 같은 대화로 가족사 프로젝트를 시작하였어요.

교사: 부모님과 나의 대화를 살펴보니 어떤 것 같아요?

학생: 단순한 대화가 많은 것 같아요.

교사: 주로 숙제하는 것과 학원 이야기, 공부 이야기, 그리고 식사와 관련된 대화를 많이 하는 것 같아요. 선생님도 집에서 하는 말들을 돌아보니, 이와 비슷한 내용의 말을 많이 하고 있었어요. 그래서 이번 시간에는 가족과의 대화를 통해 가족에 대해 좀 더 깊이 알아보는 '가족의 역사 이야기' 프로젝트를 하려고 해요.

가족과 나눈 이야기를 바탕으로 가족 이야기 책을 써서 전시회를 여는 프로젝트 흐름을 논의했어요.

면담 준비 → 면담하기 → 가족 이야기 쓰기 → 중간 발표 → 가족 이야기 정리하기 → 책 만들기 → 발표회

프로젝트의 기본 과정에 다른 아이디어 있으면 좋을 것 같아서 학생들과 함께 논의하였어요.

교사: 발표회는 우리가 만든 책을 후배들 앞에서 간단히 설명하는 방식으로 진행하고자 합니다.

학생1: 발표회를 그냥 하지 말고, 그…, 뭐지요? 아, 큐레이터처럼 하면 어떨까요?

교사: 박물관에서 유물을 자세히 설명해 주는 큐레이터처럼 말이죠? 아주 좋은 생각

이네요. 나중에 좀 더 구체적으로 이야기해 봐요.

학생2: 책은 어떻게 만들죠?

교사: 가족 면담 내용을 정리하고, 관련 사진도 넣어서 만드는 거예요. 책 양식은 간단
한 북아트로 제공해 줄게요.

학생3: 할머니, 할아버지, 부모님 모두를 면담해야 하나요?

교사: 아뇨. 부모님 중 한 분을 면담하고 조부모님은 외가 쪽, 친가 쪽 하면 모두 네 분
인데 한 분만 해도 충분할 것 같아요.

토의를 통해 프로젝트의 최종 주제망은 다음과 같이 합의했어요.

학생이 그린 가족사 프로젝트 주제망

가족 면담하기

주말을 이용해 조부모를 만나는 학생도 있으니 수업 1~2주 전에 미리 면담 자료(질문
지)를 나눠 주는 것이 좋습니다. 면담 시 주의할 점을 미리 알려 주고, 면담 내용을 녹음
하면 가족사를 글로 옮길 때 용이하다는 사실을 학생들에게 설명해 주세요. 면담 내용은
가족의 생애 전부를 대상으로 하지 말고 경제발전과 연관될 수 있는 '가족의 의식주'를 중
심으로 가족의 경제적 변화에 대해 이야기 나누도록 합니다.

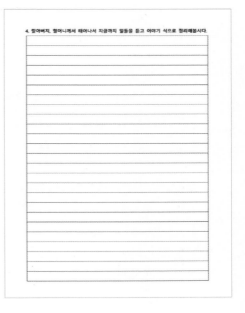

가족 면담 자료(질문지)

가족사 프로젝트를 시작하기 전에 교사가 먼저 자신의 가족 면담을 해서 학생들에게 들려주면 더욱 좋습니다. 제 가족 이야기는 다음과 같습니다.

선생님의 할아버지 이야기를 해 드릴게요.

일제강점기 때, 선생님의 증조할아버지와 증조할머니는 안동에서 농사를 지으며 살았습니다. 하루하루 먹고살기가 많이 힘들었어요. 당시 일본은 중국과 태평양의 여러 섬까지 자기 영토로 만들기 위해 전쟁을 일으킨 상황이어서 우리나라의 자원을 마구 약탈해 갔어요. 태평양에 있는 섬으로 일하러 가면 돈도 많이 벌 수 있고 땅도 나눠 준다는 말로 조선 사람들을 유혹하여 섬으로 이주시켜 일을 시켰어요. 선생님의 증조할아버지와 증조할머니는 할아버지를 포함한 자식 5명을 데리고 1938년에 남양군도(지금의 사이판섬)로 떠났어요.

그때 할아버지는 할머니와 결혼을 한 상태였어요. 하지만 할머니를 두고 할아버지만 떠나게 되어서 두 사람은 잠시 헤어지게 되었대요. 증조할아버지와 가족은 사이판섬에서 열심히 일을 했어요. 하지만 일본 사람들이 말한 것과는 영 딴판이었어요. 돈을 많이 벌 수 있는 것도 아니었고, 종일 사탕수수 농사일을 하거나 비행기장을 만드는 일에 동원되었어요.

1941년 일본이 미국의 진주만을 공격하면서 태평양전쟁이 시작되었어요. 미국이랑 위치상 가까운 사이판섬은 미국의 공격 대상이 되었어요. 하늘에서 폭탄이 떨어지기도 했어요. 그럴 때마다 할아버지는 가족을 데리고 동굴로 피신했어요. 그러던 어느 날 미처 피하지 못한 할아버지의 남동생이 그만 사망했어요. 주변에 죽은 사람들이 엄청 많았다고 해요.

그렇게 시간이 지나, 1945년 8월 일본이 항복함으로써 해방이 되었어요. 하지만 사이판섬에서 해방은 먼 나라 이야기였어요. 왜냐하면 이곳은 일본과 미국의 싸움터였거든요. 할아버지와 식구들은 모두 미군의 포로가 되었어요. 미군은 조선 사람들을 풀어 주면서 사이판섬에 남을지, 고향으로 돌아갈지 결정하라고 했어요. 어떤 사람들은 사이판섬에 남기로 결정했지만 할아버지 가족은 고향으로 돌아오기로 했어요.

할아버지 가족은 미군의 배를 타고 며칠이 걸려 우리나라에 도착했어요. 이때가 1946년 1월이었어요. 고향에 돌아온 할아버지는 할머니부터 먼저 찾았어요. 7년이라는 긴 세월이 지났지만, 다행히 할머니도 건강하게 잘 살아 있었어요. 그렇게 두 사람은 다시 만나 1949년에 아기를 낳았는데, 그 아기가 바로 선생님의 아버지예요.

어때요? 일제강점기를 힘들게 살아온 조선 사람들, 일본과 미국의 태평양전쟁, 그리고 해방까지 교과서에서 다 배운 내용이에요. 하지만 제 할아버지가 실제로 겪은 이야기를 직접 들어 보니, 너무나 생생하고 재밌었어요. 멀게만 느껴졌던 교과서 내용, 나와는 별 상관없다고 생각했던 일들이 우리 할아버지가 직접 경험한 것들이라니 말입니다.

여러분도 마찬가지예요. 역사책 속 일들이 나와 상관없다고 생각하지 마세요. 역사책은 우리와 아버지, 할아버지가 실제로 겪은 일들 중에서 의미 있는 일들을 모아 놓은 것이니까요.

※ 이 이야기는 필자의 왕고모(면담 당시 90세)가 들려준 것이다. 직접 면담 후에 전화로 추가 인터뷰를 진행하였다.

가족 이야기 쓰기

학생들에게 면담 내용을 잘 정리해서 가족 이야기를 쓰도록 했어요. 그리고 반 친구들과 가족 이야기를 공유하도록 했어요.

조부모 이야기

할아버지가 저희 나이였을 때는 1954년입니다. 그때는 한복을 입고 버선과 짚신을 신었고, 6·25전쟁 후부터 고무신을 신었습니다. 그때 할아버지는 콩잎죽이란 걸 드셨다고 합니다. 인터뷰를 하고 나서 저는 콩잎죽이 어떤 맛일지 궁금했습니다.

할아버지 때 집은 초가집, 기와집 등이었다고 합니다. 학교에서는 한글, 덧셈, 뺄셈을 배우셨다고 했습니다. 그리고 여자아이들은 공기놀이를 했고, 남자아이들은 오늘날의 레슬링과 같은 고상박기 놀이를 했다고 합니다. 할아버지가 고상박기 놀이 방법을 가르쳐 주셨는데 그냥 치고 박고 밟고, 뭐 그런 것을 하는 것이었습니다. 또 지금과 달리 쉽게 이용할 수 있는 교통수단이 없어서 할아버지는 거의 지게 지고 걷기만 하셨다고 합니다.

부모 이야기

어머니가 저희 나이였을 때는 1986년입니다. 어머니의 어릴 적 사진을 봤는데, 어머니는 청바지, 티셔츠 등 현재와 비슷한 옷차림을 하고 있었습니다. 음식으로는 패스트푸드는 거의 먹지 않았고 야채, 과일 등을 먹었습니다. 간식은 과자(새우깡, 자갈치, 감자깡, 맛동산)를 먹었습니다. 집은 기와집, 벽돌집 등이었습니다.

그리고 학교에서는 국어, 산수, 사회, 과학 등을 배웠습니다. 국어는 우리처럼 듣기, 말하기, 쓰기, 읽기로 나뉘어 있지 않고, 산수도 수학 익힘책이 없었습니다. 놀이는 비석치기, 공기놀이, 고무줄놀이, 술래잡기 등 우리가 잘 아는 전래놀이를 많이 하였습니다. 교통수단으로는 승용차가 지금처럼 많지 않아서 자주 걸어 다녔고 먼 거리는 버스 등을 탔습니다.

가족들과 면담을 한 느낌이 어땠는지 물어보았어요. 학생들은 프로젝트를 하면서 가족과 이야기를 많이 나눌 수 있어서 좋았다고 했어요.

29장. 경제성장 2

가족사 프로젝트 2
(연표를 통한 탐구 활동)

지난 시간에 이어 두 번째 가족사 프로젝트 시간입니다. 이번 시간에는 가족 면담 자료에서 의, 식, 주 등의 항목에 해당하는 내용을 모두 모아 봤어요. 그리고 이를 키워드로 정리하여 포스트잇에 써서 연표에 붙여 보면 조부모 세대와 부모 세대의 공통적인 생활 모습을 찾을 수 있어요. 또한 어떤 부분이 특히 많이 변화되었는지도 알 수 있어요.

연표를 통해 변화 과정 분석하기

칠판 가득 전지를 이어 붙여 연표를 만들었습니다. 연표의 왼쪽에는 의, 식, 주, 학교 등의 항목을 표시하였어요. 그리고 학생들 각자가 가족 면담한 내용을 포스트잇에 적어서 항목별, 연도별로 붙이도록 했어요. 연도의 기준은 부모님, 조부모님의 초등학교 고학년 생일로 정했어요.

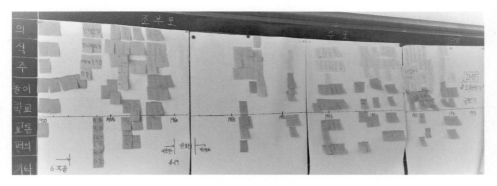

학생들이 항목별, 연도별로 생활 모습을 붙인 결과

변화된 점과 그 이유 탐구하기

조부모에서 부모로 넘어가면서 바뀐 생활 모습을 찾아보고, 그 이유를 예상해 봤어요.

세대 변화	변화 없는 것	변화된 것	변화된 이유 예상
조부모 세대 (1950년대) → 부모 세대 (1980년대)	• 놀이	• 한복이 거의 사라짐 • 대부분 죽이 아닌 밥을 먹음 • 초가집이 다 사라짐 • 대부분 학교에 다님 • 대부분 걸어 다니다 자동차, 버스, 택시를 탐	• 새마을운동 때문이다. • 경제개발 5개년 때문이다. • 경부고속도로 때문이다. • 수출 100억 달러 달성 때문이다.

한 사람이 한 가지씩 세부 항목을 정해서 검증 자료를 찾아보았습니다.

새마을운동에 대한 자료 검증 결과

1950년대에는 쌀을 거의 먹지 못했다. 대신에 죽, 고구마, 감자 등을 먹었다. 하지만 1970년에 새마을운동으로 쌀 생산량이 많이 늘었고, 1980년쯤에는 쌀밥을 많이 먹었다. 이것으로 보아 새마을운동으로 쌀 생산량이 늘어서 1980년에 쌀밥을 먹을 수 있게 된 것은 맞다.

1950년에는 집이 대부분 초가집이었지만 1970년에 새마을운동으로 지붕을 초가지붕에서 기와지붕으로 바꾸었고, 1980년쯤에는 대부분이 기와집에서 살았다. 이것으로 보아 새마을운동으로 초가집이 기와집으로 바뀐 것은 맞다.

제2차 경제개발 5개년계획에서 농지개량사업을 하여 식량 자급이 늘어났기 때문에 1950년대에는 죽, 고구마만 먹던 사람들이 1980년대에는 밥을 먹었다.

1960년대 경제개발 5개년계획으로 수출액이 0.3억 달러에서 1980년대에는 175억 달러로 늘었다. 그 덕에 학교도 대부분 다닐 수 있게 되었고, 교통시설과 편의시설이 늘어났다.

가족사 학습

역사는 과거만을 의미하는 것이 아니라 지금도 진행되는 '현재진행형'이라고 할 수 있습니다. 오늘이 내일의 과거가 되고, 시간이 지나면 더 오래된 과거가 됩니다. 하지만 학생들은 지금을 역사의 한 부분이라고 파악하지 못합니다. 그 흐름이 눈에 보이지도 않을뿐더러 대부분 매우 사소한 것이라고 여기기 때문입니다. 그래서 역사를 자신과 상관없는 과거의 특별한 사건이라고 생각합니다. 이 때문에 학생들은 역사에 대한 흥미를 느끼지 못합니다.

학생들에게 역사는 현재의 '나'와 관련되어 있으며, 지금 나의 모든 것들이 역사의 한 부분이 될 수 있다는 점을 인식시켜 줄 필요가 있습니다. 이것을 '동일시 관점'이라고 합니다. 이러한 역사적 관점을 바탕으로 수업에서 가족이라는 매개체를 사용하면 매우 효과적입니다.

역사 이야기

새마을운동 ✏️

새마을운동에 대해서는 논쟁의 여지가 많지만 새마을운동에 대한 기록이 세계기록유산으로 등재되었다는 것을 봤을 때, 의미가 있다고 봅니다.

새마을운동은 1970년 지방관 회의에서 박정희 대통령이 '새마을 가꾸기 사업'을 제안한 데서 시작되었어요. 다음 해인 1971년 전국 3만여 개의 농촌 마을에 시멘트를 공짜로 나눠 주면서 하고 싶은 사업을 자율적으로 하도록 했는데, 이것이 큰 효과를 거두면서 새마을운동은 전국적으로 확대되어 지역 상황에 맞추어 실시됐어요. 정부 주도의 국민적 근대화운동이었지요. 1980년부터 국가 주도가 아닌 민간 주도로 새마을운동을 시도하나, 실제로는 반관반민 형태로 운영되면서 방만하고 정치권력적인 모습을 띠게 되었어요. 그러다 1990년대에 부정적인 이미지를 정비하고 민간단체운동으로 전환되었어요. 2000년에는 새마을운동중앙회가 UN의 비정부기구로서 저개발국가에 새마을운동을 보급하였고, 2013년에 새마을운동 기록물이 유네스코 세계기록유산으로 등재됩니다.

경제개발 5개년계획 ✏️

우리나라 경제발전의 역사에 있어서 가장 중요한 정책을 꼽으라면 경제개발 5개년계획을 들 수 있습니다. 박정희 정권의 국가재건최고회의는 이전에 정부가 마련한 경제계획안을 바탕으로 1962년 제1차 경제개발 5개년계획을 발표했어요. 1962년부터 1997년까지 총 7차례 경제개발 5개년계획을 단행했지요.

제1차 경제개발 5개년계획(1962~1966)의 선도산업은 섬유, 식료품, 의료 등의 수입 대체 상품입니다. 그와 함께 화학비료 공업이 확충되었고 대규모 시멘트 공장이 들어섰어요. 연평균 7.8%의 높은 경제성장률을 기록하며 미국, 일본, 서독 등에서 차관(자금을 빌려 옴)을 본격적으로 도입했지요.

제2차 경제개발 5개년계획(1967~1971)은 섬유, 합판, 가발, 신발 등의 경공업 중심으로 진행되었습니다. 베트남 파병을 통한 외화 수입, 한일국교 정상화를 통한 청구권 자금과 대규모 차관이 도입되어 자금력이 높아졌어요. 그 덕에 경부고속도로가 개통되었고 연평균 9.7%의 경제성장을 이룹니다. 제3차 경제개발 5개년계획(1972~1976)은 지역발전의 균형, 산업구조의 고도화, 식량 자급을 목표로 추진되었습니다. 제철, 전자, 기계, 조선 등 중화학공업 중심으로 산업 구조의 고도화를 추진하였어요. 제4차 경제개발 5개년계획(1977~1981) 시기에는 경이적인 고속성장이 계속되었어요. 하지만 경기 과열로 수요 인플레이션, 부동산 투기가 극성을 부리는 사태도 직면하였습니다.

1982년부터는 그 명칭이 '경제사회발전 5개년계획'으로 바뀝니다. 제5차는 1982~1986년, 제6차는 1987~1991년, 그리고 1992~1996년의 제7차를 끝으로 종료됩니다.

경제성장의 그림자와 전태일 ✏️

전태일은 16살부터 평화시장의 노동자로 일했습니다. 전태일이 노동자로 일하던 1960년대 당시 근무 여건은 상당히 열악했습니다. 하루 평균 14~15시간, 한 달에 28일을 근무하던 공장 노동자들은 만성 질병에 시달렸어요. 이에 전태일은 노동자의 권리를 보호하기 위해 노동자들의 실태를 언론에 호소하고, 직접 근로기준법을 공부하고, 평화시장 재단사 모임인 '바보회'를 조직하여 근로기준법 준수 투쟁을 벌입니다. 하지만 제대로 실현되지 않자 전태일은 죽음으로써 항거했어요.

1970년 11월 13일, 전태일은 몸에 휘발유를 끼얹고 성냥불을 켰습니다. 그의 몸은 삽시간에 불길에 휩싸였어요. 그는 불길에 휩싸인 채 "근로기준법을 준수하라!", "일요일은 쉬게 하라!"고 죽을힘을 다해 외치다 쓰러집니다. 그의 나이 불과 22살 때 일입니다.

병원에 실려 간 전태일은 울먹이는 어머니의 손을 꼭 잡고 "어머니, 담대해지세요. … 내가 못다 이룬 일 어머니가 꼭 이루어 주세요."라고 유언을 남겼다고 합니다. 이후 많은 사람들이 노동문제에 관심을 갖게 되었고, 인권변호사로 잘 알려진 조영래가『전태일 평전』을 씁니다. 이 책은 1983년에 정식 출간되었으며 많은 사람들에게 널리 읽혔습니다.

가족사 프로젝트 3
(가족 이야기 쓰기)

가족 이야기 쓰기

조부모님, 부모님과 면담한 내용과 지난 시간에 학생들이 조사한 내용을 바탕으로 생활 모습의 변화를 조부모 또는 부모 입장이 되어 글로 써 보도록 했어요. 학생들이 쓴 가족 이야기에 역사적 사건을 추가하여 피드백을 준 뒤, 한 번 더 쓰라고 했어요. 관련 사진이 있으면 사진을 붙여도 된다고 했어요. 참고로 피드백은 다음과 같이 해 주었어요.

현우의 할머니 이야기

나는 1941년 대구 성당동에서 태어났단다. 난 6·25전쟁 때문에 살기가 너무 힘들
1950년 내가 10살 때 6·25 전쟁이 일어났어. (6·25전쟁에 대한 설명 넣기)
었어. 10살 때쯤 다른 집 아기를 돌봐주는 일을 했어. 그런데 6·25전쟁 중이었기 때문에 우리나라에 돈이 없어서 돈도 많이 못 받았어. 지금 돈으로 치면 1000원 정도밖
조부모님이 우리 나이 때 의, 식, 주, 편의시설 등의 생활 모습 넣기
에 못 받았어.

전쟁이 끝나고, 1960년 경제개발 5개년계획이라는 것이 시작되었지. 그때 나는 미

_{20살 때,}

경제가 발전하면서 다양한 일자리가 생겼어.
(경제개발 5개년계획에 대한 간단한 설명 추가)

용사를 하고 꽃집 차리고 식당도 했어.

(미용사, 꽃집, 어떤 식당 일 하면서 있었던 일 자세히 쓰기)

그리고 너희 아빠가 고등학교 2학년 때, 나는 남편과 떨어져서 살았지. 혼자 애들

갑자기 자녀 이야기가 나오니, 그 사이 내용 추가 필요함. (몇 년도, 몇 살?)   (왜?)

키우느라 힘들었지. 그리고 새마을운동이라는 게 있었단다. 당시 농촌이 도시에 비해

너무 못살았어. 박정희 정부가 농촌을 발전시켜서 그 덕분에 나도 잘 살게 되었어.

1997년 IMF, 이건 나와는 별로 상관이 없었단다. 왜냐하면 난 그냥 하던 일 계속 하

고, 애들이 돈을 벌어 와서 나에게 용돈을 주었단다. 그래서 별 피해가 없었지. 그리

고 2002년 월드컵, 너희 형이 태어난 해야. 그때가 월드컵 4강 진출보다 더 기뻤단다.

1988년 88올림픽이 서울에서 열린다고 하니까 놀랐어. 우리나라가 돈도 별로 없

시간 순서가 안 맞음 (88올림픽은 IMF보다 앞선 사건임)

는데 서울에서 열린다고 하니 '우리나라가 참 발전했구나.'라고 생각했어. 우리나라가

4등이나 하고 대박이라고 느꼈지. 지금도 잘 살고 있으니까, 할머니가 앞으로 계속

행복하게 살게.

중간 발표 때 선생님의 피드백, 그리고 친구들의 피드백을 반영하여 가족 이야기를 수정하는 시간을 가졌습니다. 그렇게 최종 결과물이 나온 후에는 발표회를 열었어요.

가족사 프로젝트 발표회 하기

후배들을 초대하여 가족 이야기 프로젝트 발표회를 열었어요. 학생들은 각자 자신의 가족 이야기를 역사적 사건과 융합하

현우의 할머니 이야기

저희 할머니께서는 1941년 대구성당동에서 태어나셨다. 할머니가 10살이 되던 1950년 6.25전쟁이 발생했다. 소련에서 무기를 받은 북한의 김일성이 갑자기 남한을 쳐들어 온 것이다. 낙동강까지 밀린 남한군은 인천상륙작전 덕분에 다시 서울을 빼앗고 통일을 할 수 있었지만 중공군의 인해전술로 다시 밀렸다. 1953년 7월, 할머니께서 13살이 되던 해에 휴전을 하였다.

전쟁이 끝나고 우리나라는 너무 살기 어려웠다. 할머니 또한 아무것도 없고 당장 먹고 살 것이 없었기 때문에 다른 집 애기를 돌봐(6.25가 끝나고 살기 어려운 모습 사진)주는 일을 하셨다. 하루 종일 힘들게 애기를 돌봐 주셨지만 월급으로 지금 돈으로 1000원 정도를 받으셨다고 한다. 할머니께서 어렸을 때는 한복을 입고, 죽이나 보리밥 된장 같은 것을 많이 드셨다고 한다. 쌀은 귀해서 거의 드시지 못하셨다. (한복 사진)

박정희 대통령이 당선되고 1960년부터 경제개발5개년 이라는 것이 시작되었다. 당시 할머니께서는 20살이었다. 경제개발 5개년은 우리나라도 잘 살아 보겠다고 5년마다 경제발전 계획을 세워 공장도 짓고 수출도 하는 것을 말한다. 경제가 발전하면서 많은 직장이 생기게 되었다고 한다. 그래서 할머니께서는 미용사도 하셨고, 꽃집이랑 식당도 하셨다. 미용사는..........식당을 하셨는데, 어쩌고 저쩌고... 식당관련 이야기를 좀 더 자세히 쓰기. (관련 사진)

할머니께서 ○○ 살에 ○○년에 지금의 할아버지를 만나 결혼을 하셨다. 결혼생활 관련 이야기 좀 자세히 쓰기. 애기 낳고, 이사가고, 등등. 아빠가 고등학교 2학년 때, 그때가 1990년이었는데. 할머니와 할아버지가 떨어져서 살았다. 할아버지께서 직장 때문에 멀리 가셨기 때문이었다. 그래서 할머니께서는 혼자 애기를 키운다고 많이 힘드셨다고 하셨다.

1997년 IMF 사건이 발생했다. 우리나라에 달러가 별로 없어서 대기업이 망하고 실업자가 많이 생긴 사건이었다. 경제적으로 우리나라가 많이 어려웠다. 하지만 할머니

피드백을 바탕으로 수정 집필 중인 가족 이야기

초등 한국사! 진짜 역사 수업을 말한다 2

여 후배들에게 이야기해 주었어요. 또한 과거에 가족들이 사용한 물건과 프로젝트 과정이 담긴 자료를 복도에 전시해 두고 감상할 수 있도록 하였어요.

가족이 사용하던 옛 물건들

가족사 프로젝트 자료 전시

+ Tip 수업 성찰

가족사 프로젝트를 통해 학생들은 나, 가족, 조상들의 일상이 모여 역사가 된다는 것을 배웠습니다. 그와 궤를 같이하여 모든 사람이 자신만의 역사를 가지고 있으며, 이 일련의 흐름은 단절되지 않고 연속성을 가진다고 인식하게 되었어요. 즉, '나 ≠ 역사 = 과거 = 특별함'이라는 인식의 틀을 깨고 나와 역사를 동일선상에 두고 인식하게 되었으며, 그러한 역사는 현재도 진행 중이라는 사실을 인식하게 되었어요.

또한 가족사 프로젝트를 통해 역사의 개별성과 보편성을 이해할 수 있었습니다. 개별

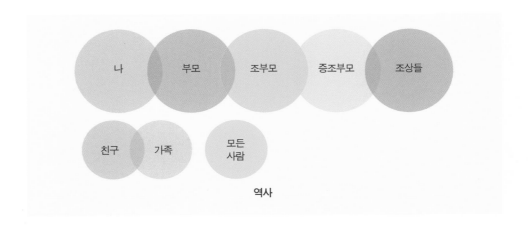

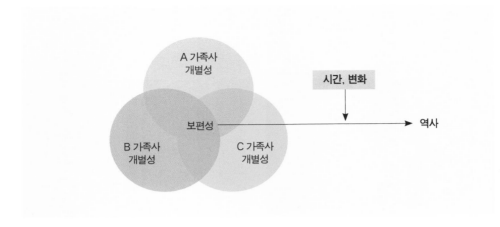

성은 우리 가족만의 특수한 현상이고, 보편성은 각 가족사마다 나타난 공통적인 현상입니다. '보편성'에 '시간'이라는 요소가 더해져 나타나는 것이 바로 '역사'라고 할 수 있습니다. 누구나 자신의 삶이 역사를 구성하는 보편성의 한 부분이 될 수 있습니다. 지금 이 순간 자신도 모르는 사이에 보편성에 편승하여 서서히 변해 가면서, 역사를 만들고 있는 중이라고 볼 수 있습니다.

역사 유적지 및 박물관

학생들과 탐방하기 좋은 역사 유적지 및 박물관을 '시대별 역사 유적지 및 박물관', '지역별 역사 유적지 및 박물관'으로 분류했습니다. 그리고 '초등 저학년'을 역사 유적지 및 박물관과 '초등 고학년'을 위한 역사 유적지 및 박물관을 구분하여 제시했습니다. 참고하여 가족 단위 또는 학급, 학교급 단위로 계획을 세워 탐방하기를 추천합니다.

1. 시대별 역사 유적지 및 박물관

시대		장소	(초등 고학년 중심) 유적지 및 박물관	(초등 저학년 중심) 유적지 및 박물관
선사 시대		서울		암사동유적
		울산	반구대암각화, 암각화박물관	
		경기 강화	고인돌유적	
		경기 시흥		오이도선사유적공원
		경기 연천		전곡선사박물관
		충남 공주		석장리박물관
		전북 고창	고인돌유적, 고인돌박물관	
		전남 화순	고인돌유적	
		경남 진주	청동기문화박물관	
삼 국 시 대	고구려	충북 충추	중원고구려비	
	백제	서울	석촌동고분군, 한성백제박물관, 풍납토성, 몽촌토성	
		충북 청주	백제유물전시관	
		충남 공주	공산성, 무령왕릉, 국립공주박물관	국립공주어린이박물관
		충남 논산	백제군사박물관	
		충남 서산	서산마애삼존불	
		충남 부여	능산리고분군, 궁남지, 정림사지, 국립부 여박물관, 부소산성	국립부여어린이박물관, 백제문 화단지
		전북 익산	미륵사지석탑, 왕궁리유적지	
	신라	강원 삼척		이사부사자공원
		경북 경주	대릉원, 천마총, 첨성대, 국립경주박물관, 신라역사과학관, 포석정	국립경주어린이박물관, 신라밀 레니엄테마파크, 경주세계문화 엑스포공원
		경북 청도		신화랑풍류마을
	가야	경북 고령	대가야박물관, 대가야왕릉전시관, 지산동 고분군, 우륵박물관	대가야역사테마파크
		경남 김해	수로왕릉, 봉황동유적, 대성동고분박물관, 구지봉, 국립김해박물관	가야테마파크, 국립김해어린이 박물관
남북국		강원 속초	발해역사관	
		경북 경주	안압지, 불국사, 석굴암	
		전남 완도	청해진, 장보고기념관	

고려	서울	간송미술관, 리움미술관	
	경기 강화	고려궁지	
	경기 파주	용미리마애이불입상, 윤관장군묘	
	충북 청주	고인쇄박물관, 흥덕사	
	충남 논산	관촉사미륵보살, 개태사	
	전북 부안	청자박물관	
	전남 강진	고려청자박물관	
	경북 영천		최무선과학관
	경남 합천	해인사	대장경테마파크
조선 전기	서울	경복궁, 창덕궁, 창경궁, 경희궁, 종묘, 사직단, 국립고궁박물관, 한양도성박물관	국립한글박물관
	부산	장영실동산	
	대구	육신사	
	경기 여주	세종대왕릉, 세종대왕역사문화관	
	강원 강릉	오죽헌, 허균허난설헌기념관	
	강원 영월	단종역사관, 장릉, 청령포, 관풍헌	
	전북 전주	전주경기전	
조선 중기 (임진왜란, 병자호란)	서울	광화문박물관, 허준박물관	
	부산	동래읍성	
	경기 고양	행주산성	
	경기 광주	남한산성	
	충북 충주	탄금대	
	충남 금산	칠백의총	
	충남 아산	현충사	
	충북 장수	논개사당, 논개생가	
	전북 남원	만인의총	
	전남 해남	우수영명량대첩지	
	경남 고성	당항포유적지	
	경남 의령	곽재우생가, 충익사, 의병박물관	
	경남 진주	진주성, 국립진주박물관	국립진주어린이박물관
	경남 통영	한산도제승당, 통영세병관, 충렬사	

조선 후기	경기 남양주	실학박물관	
	경기 수원	수원역사박물관, 수원화성박물관, 수원화성	
	강원 강릉	선교장, 강릉향교	
	강원 영월	조선민화박물관	
	전남 강진	다산초당	
	경북 안동	하회마을	유교랜드, 하회마을탈놀이
	제주		김만덕기념관
근대	서울	독립문, 국립고궁박물관, 탑골공원, 안중 근의사기념관, 식민지역사박물관, 백범김 구기념관, 매헌윤봉길기념관, 덕수궁	서대문형무소
	부산	부산근대역사관, 국립일제강제동원역사관	
	대구	국채보상운동기념관, 근대역사관	
	인천	개항장거리, 인천근대박물관	
	경기 강화	강화역사박물관, 광성보, 초지진, 덕진진, 정족산성	
	경기 파주	한국근대사박물관	
	강원 춘천	의암류인석유적지	
	충남 보령	김좌진장군 묘	
	충남 천안	독립기념관, 유관순열사사적지	
	전북 고창	전봉준 생가터, 동학농민혁명 기포지, 무 장현 관아	
	전북 정읍	황토현전적지, 전봉준장군고택, 만석보 유지비	동학농민혁명기념관
	전남 목포	근대역사관	
	경북 안동	경상북도독립운동기념관	
현대	서울	서울역사박물관, 전쟁기념관, 한국은행화 폐박물관	전쟁기념관어린이박물관
	부산	전쟁기념관,	
	광주	5·18기념공원, 5·18자유공원, 5·18민 주광장, 5·18민주화운동기록관	
	강원 고성	통일전망대, 6·25전쟁체험전시관	
	강원 태백	탄광역사촌	석탄박물관, 태백체험공원
	경북 청도	새마을운동발상지기념관	
	경북 칠곡	다부동전적기념관, 왜관지구전적기념관	
	경남 거제	거제포로수용소	
	제주	제주4·3기념관	제주4·3어린이체험관

2. 지역별 역사 유적지 및 박물관

지역	(초등 고학년 중심) 유적지 및 박물관	(초등 저학년 중심) 유적지 및 박물관
서울	경복궁, 창덕궁, 덕수궁, 창경궁, 경희궁, 종묘, 독립문, 서대문형무소, 국립고궁박물관, 서울역사박물관, 국립중앙박물관, 낙성대, 사직단, 탑골공원, 한성백제박물관, 석촌동고분군, 풍납토성, 몽촌토성, 롯데월드민속박물관, 안중근의사기념관, 식민지역사박물관, 광화문박물관, 백범김구기념관, 전쟁기념관, 대한민국역사박물관, 허준박물관, 서울생활사박물관, 매헌윤봉길기념관, 리움미술관, 간송미술관, 한국은행화폐박물관, 한양도성박물관	국립중앙어린이박물관, 국립민속어린이박물관, 전쟁기념관어린이박물관, 국립한글박물관, 서울생활사박물관
인천	개항장거리, 인천근대박물관	인천어린이박물관
경기 강화	고려궁지, 강화역사박물관, 광성보, 초지진, 덕진진, 정족산성, 강화고인돌, 마니산참성단	
경기 고양	행주산성, 북한산성, 공양왕릉	
경기 광주	남한산성	
경기 남양주	실학박물관	
경기 수원	수원역사박물관, 수원화성박물관, 수원화성, 화성홍보관	
경기 시흥		오이도선사유적공원
경기 안성	안성맞춤박물관	안성맞춤랜드
경기 여주	세종대왕릉, 세종대왕역사문화관, 여주박물관	
경기 연천	전곡선사박물관	
경기 용인	경기도박물관, 정몽주묘, 용인시립박물관	경기도어린이박물관, 한국민속촌
경기 파주	용미리마애이불입상, 윤관장군묘, 장릉, 파주한국근대사박물관	
경기 평택	삼봉기념관, 대동법시행기념비	
강원 강릉	오죽헌, 허균허난설헌기념관, 강릉향교, 선교장, 김시습기념관	
강원 고성	통일전망대, 6·25전쟁체험전시관	
강원 삼척	삼척시립박물관, 공양왕릉	이사부사자공원
강원 속초	아바이마을, 발해역사관, 속초시립박물관, 실향민문화촌	
강원 양양	오산리선사유적박물관	

강원 영월	장릉, 청령포, 단종역사관, 관풍헌, 조선민화박물관, 김삿갓문학관, 근현대생활사박물관, 묵산미술박물관	
강원 원주	원주역사박물관, 한지테마파크, 강원감영	
강원 춘천	국립춘천박물관, 의암류인석유적지	
강원 태백	탄광역사촌	석탄박물관, 태백체험공원
충북 단양	온달관광지, 단양적성비, 온달산성	
충북 청주	고인쇄박물관, 흥덕사, 국립청주박물관, 청남대, 백제유물전시관, 의암손병희선생유허지, 단재신채호사당	국립청주어린이박물관
충북 충주	중원고구려비, 중앙탑, 탄금대, 충주박물관, 고구려천문과학관	
충남 공주	공산성, 무령왕릉, 국립공주박물관, 송산리고분군, 웅진백제역사관	국립공주어린이박물관, 석장리박물관
충남 금산	칠백의총	
충남 논산	관촉사미륵보살, 백제군사박물관, 개태사	
충남 보령	김좌진장군묘	
충남 부여	능산리고분군, 궁남지, 정림사, 국립부여박물관, 부소산성	국립부여어린이박물관, 백제문화단지
충남 서산	마애삼존불, 안견기념관, 해미읍성	
충남 아산	현충사, 온양민속박물관, 외암민속마을	
충남 예산	윤봉길의사기념관, 추사고택	
충남 천안	독립기념관, 유관순열사사적지, 천안박물관	홍대용과학관
충남 홍성	한용운생가, 김좌진장군생가, 성삼문유허지	
전북 고창	고인돌박물관, 전봉준생가터, 동학농민혁명기포지, 고창읍성, 무장현관아	
전북 군산	군산근대역사박물관, 군산근대거리	
전북 김제	금산사, 벽골제	
전북 남원	만인의총, 광한루, 황산대첩비지	춘향테마파크
전북 부안	청자박물관, 새만금방조제	
전북 익산	미륵사지석탑, 왕궁리유적지, 마한박물관, 서동공원, 익산쌍릉	
전북 장수	논개생가, 논개사당	
전북 전주	한옥마을, 경기전, 풍남문, 전주객사, 한지박물관, 국립전주박물관, 전주역사박물관, 동학혁명기념관, 전동성당	국립전주어린이박물관

전북 정읍	황토현전적지, 전봉준장군고택, 만석보유지비	동학농민혁명기념관
광주	5·18기념공원, 5·18자유공원, 5·18민주광장, 5·18민주화운동기록관, 국립광주박물관, 광주학생독립운동기념관	국립광주어린이박물관
전남 강진	다산초당, 고려청자박물관	
전남 나주	완사천, 나주읍성, 국립나주박물관	국립나주어린이박물관
전남 목포	해양유물전시관, 근대역사관, 목포자연사박물관	
전남 보성	서재필기념공원, 태백산맥문학관	
전남 순천	낙안읍성, 순천왜성, 송광사	
전남 완도	청해진, 장보고기념관	
전남 해남	윤선도유적지, 우수영명량대첩지	
전남 화순	고인돌유적	
대구	근대역사관, 이상화·서상돈고택, 국채보상운동기념관, 국립대구박물관, 2·28민주기념관, 육신사	국립대구어린이박물관
경북 경산	경산시립박물관, 영남대학교박물관	삼성현역사문화공원
경북 경주	대릉원, 천마총, 첨성대, 안압지, 국립경주박물관, 불국사, 석굴암, 신라역사과학관, 포석정, 감은사지, 양동마을	국립경주어린이박물관, 신라밀레니엄테마파크, 경주세계문화엑스포공원
경북 고령	대가야박물관, 대가야왕릉전시관, 지산동고분군, 우륵박물관	대가야역사테마파크
경북 군위	일연공원	삼국유사테마파크
경북 문경	옛길박물관, 문경새재	석탄박물관
경북 안동	하회마을, 병산서원, 도산서원, 탈박물관, 민속박물관, 경상북도독립운동기념관	유교랜드, 하회마을탈놀이, 전통문화콘텐츠박물관
경북 영덕	신돌석기념관	
경북 영주	소수서원, 소수박물관, 선비촌, 부석사	
경북 영천		최무선과학관
경북 울릉	독도박물관	
경북 의성	조문국박물관	
경북 청도	새마을운동발상지기념관, 청도읍성, 석빙고	신화랑풍류마을
경북 칠곡	다부동전적기념관, 왜관지구전적기념관	
경북 포항	포스코역사관, 구룡포근대역사관	국립등대박물관

부산	동래읍성, 장영실동산, 부산근대역사관, 부산박물관, 국립일제강제동원역사관, 전쟁기념관	
울산	반구대암각화, 암각화박물관, 천전리각석, 울산대곡박물관, 울산박물관	울산어린이박물관
경남 거제	거제 포로수용소, 해양과학관, 옥포대첩기념공원	
경남 고성	당항포유적지	탈박물관
경남 김해	수로왕릉, 봉황동유적, 대성동고분박물관, 구지봉, 국립김해박물관, 분청도자박물관	가야테마파크, 국립김해어린이박물관
경남 의령	곽재우생가, 충익사, 의병박물관	
경남 진주	진주성, 국립진주박물관, 청동기문화박물관	국립진주어린이박물관, 진주어린이박물관
경남 통영	통영세병관, 한산도제승당, 충렬사	
경남 함안	함안박물관	
경남 합천	해인사, 합천박물관	대장경테마파크
제주(도) 제주	국립제주박물관, 삼성혈, 항파두리항몽유적지, 제주4·3기념관, 제주해양박물관	김만덕기념관, 제주4·3어린이체험관
제주 서귀포	제주민속촌, 김정희유배지	

역사 유적지 답사 코스

주요 역사 유적지 답사 코스는 다음과 같습니다. 실제 답사 코스 및 최소 관람 시간을 병기하였습니다. 참고하여 답사 계획을 세우시기를 바랍니다.

김해 구지봉, 김해박물관, 대성동고분, 수로왕릉, 봉황동유적, 분산성, 가야테마파크

고령 지산동고분군, 대가야박물관, 왕릉전시관, 대가야역사테마파크, 우륵박물관

공주 공주박물관, 송산리고분군, 공산성, 웅진백제역사관, 석장리박물관, 우금치전적비

부여 부여나성, 능산리고분군, 부여박물관, 정림사지, 관북리유적, 궁남지, 부소산성

경주 국립경주박물관, 분황사, 동궁과 월지, 첨성대, 대릉원, 포석정, 불국사, 석굴암

청주 청주백제유물전시관, 고인쇄박물관, 흥덕사지, 용두사지철당간, 국립청주박물관

전주 전주한지박물관, 전주한옥마을, 전주사고, 경기전, 전주객사, 국립전주박물관

영월 영월장릉, 단종역사관, 청령포, 관풍헌, 조선민화박물관, 난고김삿갓유적지

강화 강화고려궁지, 강화역사박물관, 강화산성, 광성보, 덕진진, 초지진, 정족산성

대구 국채보상운동기념공원, 대구근대역사관, 약령시한의약박물관, 이상화, 서상돈 고택, 2·28민주운동기념관, 국립대구박물관, 신숭겸 장군 유적

부산 임시수도기념관, 부산근현대역사관, 민주공원, 일제강제동원역사관, 동래읍성

제주 김만덕기념관, 국립제주박물관, 제주4·3평화기념관, 성읍민속마을, 제주민속촌

김해 : 구지봉, 김해박물관, 대성동고분, 수로왕릉, 봉황동유적, 분산성, 가야테마파크

김해는 가야의 초기 중심지인 금관가야의 터전입니다. 가야 건국 설화의 장소인 구지봉을 비롯하여 국립김해박물관, 가야테마공원, 김수로왕릉까지 가야 답사의 종합 선물 세트라고 할 수 있어요. 가야의 시작과 찬란한 문화를 느낄 수 있는 김해로 가 볼까요?

수로왕비릉 (관람 20분)

구지봉 옆에 수로왕비릉이 있어요. 능 입구에는 파사석탑이 있고요. 『삼국유사』에 따르면 수로왕비 허황옥이 아유타국에서 바다를 건너올 때 파도의 신의 노여움을 잠재우기 위해 이 탑을 싣고 왔다고 합니다.

구지봉공원 (관람 30분)

『삼국유사』에 따르면 구지봉을 포함해 이 지역을 다스렸던 구간과 백성들이 구지봉에 모여 구지가를 부르며 춤을 추자, 하늘에서 보라색 줄에 매달린 황금 상자가 내려왔다고 합니다. 이 상자에 6개의 황금알이 있었고, 그 알을 깨고 나온 이가 바로 6가야를 세운 여섯 왕입니다.

국립김해박물관 (관람 2시간)

가야와 관련된 많은 문화재를 전시하고 있습니다. 다양한 철기 문화재를 볼 수 있으며, 특히 수레바퀴장식토기는 가야의 대표 문화재입니다.

초등 한국사! 진짜 역사 수업을 말한다 2

도착

김해가야
테마파크

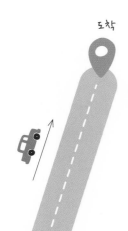

분산성

🗿 봉황동유적 (관람 1시간)

가야의 대표적인 조개무덤으로 1907년 우리나라 최초로 고고학 조사가 이루어졌던 회현리 패총과 금관가야 최대의 생활 유적지인 봉황대를 합쳐 봉황동유적이라고 합니다.

🗿 대성동고분 (관람 30분)

수로왕릉 옆에 대성동고분군이 있어요. 밭을 갈다가 우연히 발견했다고 합니다. 지금은 발굴이 끝나 덮어 놓았으며, 고분군 아래쪽에 박물관을 만들어 발굴 유물을 전시해 놓았어요. 북방민족이 사용하는 청동솥이 이곳에서 발견되었는데, 이를 통해 가야와 북방민족이 교류했다고 추정됩니다.

🗿 수로왕릉 (관람 20분)

김수로, 즉 수로왕이 서기 42년에 가락국을 세웠으며 199년 세상을 떠나 이곳에 묻혔다고 해요. 그가 죽었을 때 나이가 자그마치 158세였다고 『삼국유사』에 적혀 있어요. 수로왕릉은 조선 인조와 고종 때, 묘를 새로 하면서 지금과 같은 모습을 갖추었어요. 수로왕릉 앞 정문 이름이 '납릉정문'인데 물고기 2마리가 그려져 있어요. 수로왕은 인도 아유타국의 공주를 왕비로 맞이했는데, 이 물고기는 아유타국의 용왕을 상징한다고 합니다.

🗿 분산성 (관람 2시간)

낙동강 하류의 평야를 한눈에 볼 수 있는 분성산에 둘레 900미터에 걸쳐 만든 산성입니다. 삼국시대에 쌓았을 것이라 추정되며, 임진왜란 때 무너진 것을 고종 때 다시 쌓았다고 해요. 여기서 바라보는 김해의 모습은 그야말로 장관입니다.

🗿 김해가야테마파크 (관람 3시간 이상)

가야의 역사를 놀이, 체험, 전시를 통해 경험할 수 있는 테마파크입니다. 가야왕궁에서 수로왕과 허황후의 이야기를 볼 수 있고, 각종 공연도 합니다.

고령 : 지산동고분군, 대가야박물관, 왕릉전시관, 대가야역사테마파크, 우륵박물관

고령은 후기 가야의 맹주인 대가야의 중심지입니다. 초기 가야 연맹의 중심지는 금관가야였으나 532년 신라에 편입됩니다. 이후 대가야가 가야의 새로운 맹주로 떠오르게 됩니다. 대가야 왕족의 무덤으로 알려진 지산동고분군 아래에 대가야박물관이 있어요. 또한 우륵이 가야금을 제작한 곳이 바로 고령입니다. 가야의 재도약과 멸망이라는 아픔을 간직한 고령으로 가 봅시다.

지산동고분군 (관람 30분)

대가야박물관 뒤쪽에 있는 무덤들입니다. 크고 작은 200여 기의 고분이 분포하고 있으며 대체로 5~6세기에 만들어진 것으로 추정됩니다. 대가야 양식의  토기, 철기, 금관, 장신구 등의 유물이 출토되었습니다.

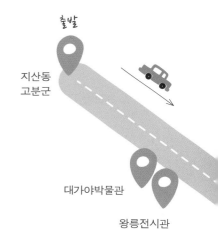

출발

지산동
고분군

대가야박물관

왕릉전시관

대가야박물관 (관람 1시간 30분)

대가야의 역사를 중심으로 고령의 역사를 한눈에 볼 수 있는 박물관입니다. 대가야의 성립과 발전, 멸망까지의 모습을 다양한 유물을 통해 관람할 수 있어요. 어린이박물관에서는 다양한 체험도 가능합니다.

왕릉전시관 (관람 30분)

대가야 박물관 옆에 왕릉전시관이 있습니다. 지산동고분군 44호분에서 약 40명을 순장한 흔적이 발견되었어요. 우리나라 최대 규모의 순장묘이며, 그 모습을 직접 볼 수 있도록 실제 무덤을 전시관으로 만들어 놓았습니다.

초등 한국사! 진짜 역사 수업을 말한다 2

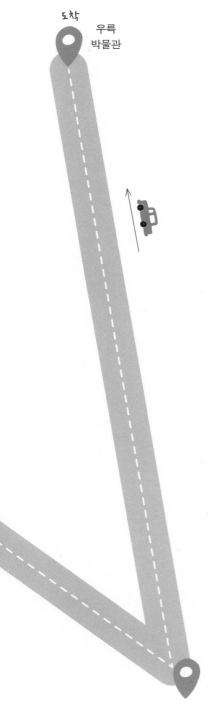

도착
우륵
박물관

ㅍ 대가야역사테마관광지 (관람 3시간 이상)

대가야 건국 이야기를 반영한 조형물과 대가야 사람들의
생활 모습을 볼 수 있는 관광지입니다. 다양한 놀이시설
과 체험시설을 갖추고 있으며 여름에는 물놀이를 할 수
있는 수영장을 개장합니다. 펜션에서 숙박도 가능해요.
매년 4월에 이곳에서 대가야축제가 열려요. 각종 공연과
뮤지컬을 관람할 수 있으니 꼭 한번 관람해 보세요.

ㅍ 우륵박물관 (관람 20분)

우륵과 관련된 자료를 전시하고 있습니다. 우륵은 박물
관이 있는 이곳 정정골에서 가야금을 연주했다고 합니
다. 『삼국사기』에 따르면 "가야국 가실왕이 12현금(가야
금)을 만들어 열두 달의 음률을 나타냈으며 우륵으로 하
여금 곡을 만들도록 명했다."고 합니다. 우륵은 가실왕의
명에 따라 가야금 연주곡으로 각 지역의 음악을 담은 12
곡을 만들었어요. 하지만 현재 악보가 전해지지 않아 음
악은 들을 수 없어요.

대가야역사테마관광지

공주 : 공주박물관, 송산리고분군, 공산성, 웅진백제역사관, 석장리박물관, 우금치전적비

공주는 백제의 두 번째 도읍지로 무령왕릉이 발견된 곳입니다. 원래 백제의 도읍지였던 위례성을 고구려에 빼앗기고 개로왕도 죽임을 당합니다. 이후 급하게 옮긴 도읍지가 바로 공주입니다. 당시 이름은 웅진이며 우리말로 곰나루라고 해요. 짧은 기간 도읍지였으나, 무령왕릉의 발굴로 백제의 문화재가 많이 나오게 됩니다. 무령왕릉의 꿈이 담긴 도시 공주로 떠나 볼까요?

국립공주박물관 (관람 2시간)

송산리고분군에서 발굴된 무령왕릉의 유물과 대전, 충남 지역에서 출토된 다양한 문화재가 있습니다.

웅진백제역사관 (관람 30분)

웅진백제역사관에는 64년 동안 5명의 왕이 머물렀던 웅진시대의 다양한 자료가 있어요. 이곳을 먼저 보고 송산리고분군에 있는 무령왕릉전시관으로 가면 좋습니다.

송산리고분군 (관람 1시간)

송산리고분군은 공산성과 더불어 세계문화유산입니다. 7호분이 무령왕릉으로 밝혀졌으며 송산리고분군 모형 전시관에 실제 모습 그대로 만들어 놓았어요.

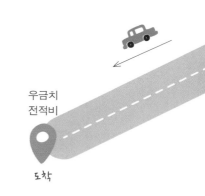

⊐ 공산성 (관람 1시간 30분)

백제 문주왕 때 웅진으로 천도하여 성왕이 도읍지를 부여로 옮기기까지 64년 동안 백제의 중심지였어요. 북쪽에는 금강이 흐르고 산으로 둘러싸여서 천연의 요새와 같아요. 원래는 흙으로 쌓은 토성이었으나 조선시대에 석성으로 개축했어요.

⊐ 석장리박물관 (관람 2시간 이상)

석장리에서 우리나라 최초의 구석기 유물이 발굴되었어요. 우리나라는 석장리 유적 발굴을 통해 공식적으로 구석기 시대를 인정받게 됩니다. 이를 기념하기 위해 만든 구석기 전문 박물관입니다.

⊐ 우금치전적비 (관람 10분)

우금치는 1894년 동학농민군이 관군과 일본군을 상대로 최후의 격전을 벌인 곳입니다. 하지만 일본군의 우세한 화력에 밀려 이후 내리막을 걷게 됩니다. 우금치전투는 동학농민운동 가운데 가장 큰 전투였어요. 이를 기념하기 위해 기념비를 세워 놓았어요.

석장리
박물관

부여 : 부여나성, 능산리고분군, 부여박물관, 정림사지, 관북리유적, 궁남지, 부소산성

부여는 백제의 3번째 도읍지입니다. 옛 이름은 사비라고 하며 538년 성왕 때 도읍지를 이곳으로 옮겼어요. 백제의 2번째 도읍지였던 공주와는 다르게 부여는 철저하게 준비된 계획도시였어요. 신라의 경주처럼 넓은 터에 바둑판 식으로 집을 지었다고 하는데, 지금은 그 흔적을 볼 수 없어서 안타깝네요. 무령왕릉과 더불어 백제 문화재의 꽃이라 할 수 있는 금동대향로가 숨 쉬는 부여로 떠나 봅시다.

ᆿ 부여나성 (관람 10분)

나성이란 성 외곽을 둘러싼 성을 말해요. 부여나성은 백제의 수도 사비를 보호하기 위해 흙으로 만든 성으로 둘레가 8킬로미터나 됐는데, 지금은 약간의 흔적만 남아  있어요. 바깥 벽은 급한 경사이고 안쪽은 완만하며 성 위는 말이 달릴 수 있을 만큼 길이 넓고 평평했다고 해요.

ᆿ 능산리고분군 (관람 30분)

나성 동쪽 바깥에 위치하고 있으며 고분의 개수는 총 20개입니다. 가운데 8기, 동쪽 5기, 서쪽 7기로 나뉘어 있으며 가운데 위치한 무  덤들이 크기나 위치로 보아 사비시대 왕릉으로 추정된다고 해요. 나성과 능산리고분군 사이 절터에서 금동대향로가 출토되었다고 해요.

ᆿ 국립부여박물관 (관람 2시간)

백제 문화의 정수인 백제금동대향로 등 다양한 문화재를 볼 수 있고, 어린이박물관 시설이 매우 잘 되어 있어요.

도착
백제문화단지

부소산성

관북리유적
(궁남지)

정림사지

국립부여박물관

🎏 정림사지 (관람 40분)

익산의 미륵사지석탑과 더불어 우리나라 최초의 석탑 중 하나인 정림사지오층석탑이 있는 절터입니다. 정림사지박물관에 가면 탑과 관련한 다양한 정보를 볼 수 있어요.

🎏 관북리유적 (관람 20분)

부소산의 남쪽과 서쪽 기슭에 위치하며 백제의 왕궁터로 추정되는 곳입니다. 발굴 조사를 통해 백제시대의 대형 건물 터, 연못, 목곽저장고, 석곽저장고, 공방시설, 도로 등의 유적이 확인되었어요.

🎏 궁남지 (관람 30분)

이름 그대로 궁의 남쪽 연못입니다. 『삼국사기』를 보면 무왕 35년에 궁의 남쪽에 못을 파고 가운데에는 섬을 만들었다는 기록이 있어요. 우리나라 최초의 인공 정원이라고 할 수 있지요.

🎏 부소산성 (관람 1시간 30분)

백제의 수도 방어를 위해 쌓은 성곽이자 산성입니다. 북쪽에 백마강이 있고 남쪽에 부소산이 있습니다. 부소산에는 삼천궁녀 설화로 유명한 낙화암이 있고 백제의 마지막 충신인 성충, 흥수, 계백의 충절을 기리기 위한 사당인 삼충사가 있습니다.

🎏 백제문화단지 (관람 3시간 이상)

백제테마파크로 사비시대 궁궐, 성왕의 능에 세워졌던 능사, 위례성, 마을 등이 재현되어 있어요. 백제역사문화관에 가면 백제와 관련된 다양한 정보도 볼 수 있어요.

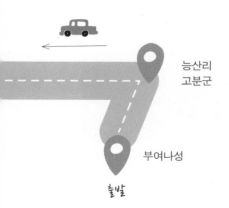

능산리 고분군

부여나성

출발

경주 : 국립경주박물관, 분황사, 동궁과 월지, 첨성대, 대릉원, 포석정, 불국사, 석굴암

천년 고도 경주는 신라 그 자체이자 도시 그대로 국립공원입니다. 누구나 한번은 방문한 적이 있을 겁니다. 신라의 건국부터 멸망까지의 모든 역사가 살아 숨 쉬는 경주로 떠나 볼까요?

⊐ 국립경주박물관 (관람 3시간 이상)

박물관 입구에 들어서면 에밀레종으로 더 잘 알려진 성덕대왕신종이 있어요. 신라 경덕왕이 아버지인 성덕왕의 명복을 빌기 위해 만들기 시작해 그 아들인 혜공왕 때 완성한 종입니다. 신라역사관에서 신라 금관, 이차돈 순교비 등 중요한 문화재를 볼 수 있어요.

대릉원 · 동궁과 월지 · 분황사 · 첨성대 · 출발 · 국립경주박물관 · 포석정

⊐ 분황사 (관람 30분)

분황사는 선덕여왕 때 건립되었으며 위대한 고승인 원효대사와 자장스님이 계셨던 절입니다. 분황사 안에 들어가면 신라시대 최초의 석탑인 분황사모전석탑이 있습니다.

⊐ 첨성대 (관람 20분)

선덕여왕 때 만들어진 천문 관측대입니다. 신라인들의 과학 정신을 반영한 건축물로 돌 하나하나에 상징적인 의미가 담겨 있으며 아주 우아한 곡선을 이루고 있어요. 둥근 하늘을 상징하는 원형과 네모는 땅을 상징하는 사각형을 고루 사용했다고 합니다.

⊐ 동궁과 월지 (관람 1시간 30분)

신라 왕궁의 별궁 터인 동궁과 월지입니다. 월지는 안압지로 더 잘 알려져 있습니다. 조선시대 때 이곳에 오리와 기러기가 많다 하여 '오리 압', '기러기 안'자를 써서 안압지라 불렸어요. "궁 안에 연못을 파고 산을 만들어 화초를 심고 진기한 새와 짐승을 길렀다."는 기록이 『삼국사기』에 있어요.

ㅗ 대릉원 (관람 1시간 30분)

대릉원은 이름 그대로 거대한 무덤들이 마치 공원처럼 이어져 있는 곳입니다. 『삼국사기』의 "미추왕을 대릉에 장사 지냈다."는 기록에서 '대릉원'이라는 이름이 유래했어요. 미추왕릉, 황남대총, 천마총 등 23여 기의 능이 밀집해 있으며, 특히 능 내부를 구경할 수 있는 천마총이 가장 유명합니다.

ㅗ 포석정 (관람 30분)

포석정은 돌에 홈을 파서 물이 흐르게 한 뒤, 물 위에 술잔을 띄워 놓고 놀던 곳이라고 합니다. 『삼국사기』를 보면 견훤이 경주를 공격하였을 때 백제 왕이 포석정에서 놀고 있었다는 기록이 나옵니다. 놀았다기보다는 나라의 안녕을 기리는 제를 올리고 있지 않았을까요?

ㅗ 불국사 (관람 2시간)

불국사에 들어서면 오른쪽에 청운교, 백운교가 보이고 왼쪽에 연화교, 칠보교가 보입니다. 불국사 내부로 들어서면 석가탑과 다보탑이 있습니다. 1966년 석가탑의 해체 복원 과정에서 저 유명한 무구정광대다라니경이 발견되었는데, 세계에서 가장 오래된 목판 인쇄본입니다.

도착

석굴암

불국사

(출처: 문화재청)

ㅗ 석굴암 (관람 2시간)

자연석을 다듬어 쌓은 돔 위에 흙을 덮어 굴처럼 보이는 석굴사원입니다. 『삼국유사』에 따르면 불국사는 김대성의 현생의 부모를 위해, 석굴암은 전생의 부모를 위해 창건되었다고 하는데, 이는 개인적인 발원이 아닌 거족적인 민족의 발원이라는 관점으로 이해되어야 한다고 합니다. 통일신라 불교미술의 백미로 꼽습니다.

청주 : 청주백제유물전시관, 청주고인쇄박물관, 흥덕사지, 국립청주박물관

청주는 금속활자와 인연이 깊은 곳입니다. 현존하는 가장 오래된 금속활자 인쇄물인 『직지심체요절』을 청주 흥덕사에서 찍어냈기 때문이에요. 하지만 『직지심체요절』은 청주에 있지 않고 프랑스 국립도서관에 보관 중입니다.

☞ 청주백제유물전시관 (관람 30분)

청주 신봉동고분군을 발굴한 결과 백제시대 고분군 중 하나로 밝혀졌어요. 이곳에서 출토된 유물과 관련 유적을 전시하기 위해 만든 박물관이 바로 청주백제유물전시관입니다.

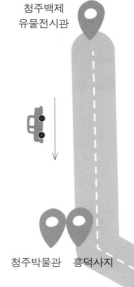

☞ 청주고인쇄박물관 (관람 1시간)

목판인쇄에서 금속활자에 이르기까지 인쇄 발달 과정을 자세히 알 수 있는 곳입니다. 인쇄 기구는 물론이고 흥덕사지 출토 유물까지 2,600여 점의 유물을 소장하고 있어요. 특히, 금속활자 만드는 과정을 자세히 설명해 주어 이해하기 쉽습니다. 금속활자를 옛 방식으로 복원한 후에 이것을 가지고 『직지』 복원품을 만들어 전시하고 있어요. 『직지』는 원래 상, 하 두 권인데, 상권은 전해지지 않으며 하권은 프랑스에 있습니다.

🜨 흥덕사지 (관람 10분)

『직지』는 흥덕사에서 1377년에 간행하였다는 기록만 있을 뿐 흥덕사의 위치나 존재를 알 수 없었다고 해요. 그런데 1985년 발굴 조사가 시작된 이름 없는 절터에서 '흥덕사'라고 새겨진 유물이 나와서 이곳이 흥덕사였음을 알게 되었다고 합니다.

🜨 청주용두사지철당간 (관람 10분)

청주 시내 중심에 용두사지철당간이 있습니다. 당간은 절 입구에 세우고 깃발을 달아서 그곳이 절이라는 것을 알렸던 기둥입니다. 그리고 당간이 기울어지지 않도록 당간 양쪽에 낮은 기둥을 세웠는데 이것을 당간지주라고 해요. 용두사지철당간은 국보입니다. 당간 자체도 귀하지만 당간에 '준풍'이라고 새겨진 글자 때문이죠. 이것은 고려시대 광종이 사용하였던 연호입니다. 용두사지철당간은 고려가 연호를 사용한 황제국임을 알 수 있는 역사 자료이지요.

🜨 국립청주박물관 (관람 1시간 30분)

충북 지역의 다양한 역사와 문화를 살펴볼 수 있는 박물관입니다. 선사시대부터 초기 철기시대의 고고 자료와 통일신라 시기의 집터, 무덤, 성곽 등에서 출토된 유물을 전시하고 있어요. 또 삼국시대 불상과 금속 공예 등을 전시하고 있으며, 고려시대 불교문화 자료, 충청 출신의 조선시대 학자 신숙주, 권상하, 최석정에 관한 자료 등을 전시하고 있어요.

도착

국립청주
박물관

청주용두사지철당간

전주 : 전주한지박물관, 전주한옥마을, 전주사고, 경기전, 전주객사, 국립전주박물관

전주는 조선의 뿌리가 있는 곳입니다. 전주한옥마을과 전주비빔밥으로 유명하지만, 이것 말고도 조선을 건국한 이성계와 관계가 깊은 도시입니다. 이성계가 바로 전주 이씨이며 이성계의 고조부는 전주에서 관리를 했어요. 역사, 문화와 음식이 어우러진 전주로 가 볼까요?

⊐ 전주한지박물관 (관람 1시간)

국내 유일의 한지 전문 박물관입니다. 종이와 한지의 역사를 한눈에 볼 수 있고 한지 만들기 체험도 할 수 있습니다.

전주한지
박물관

출발

⊐ 전주한옥마을과 동학혁명기념관 (관람 3시간 이상)

을사조약 이후, 전주에 들어온 일본인들은 서문 밖에 거주했어요. 하지만 성벽이 허물어지고 일본인들이 성 안으로 들어오면서 일본 상인들이 전주 최대의 상권을 차지합니다. 1930년 전후 일본인들의 세력 확장에 대한 반발로 한국인들은 교동과 풍남동 일대에 한옥촌을 형성하기 시작했어요. 이곳이 바로 전주한옥마을입니다. 현재는 다양한 축제, 체험, 먹을거리가 있는 관광지예요. 이곳에 동학혁명 100주년을 기념하여 세워진 동학혁명기념관이 있어요.

⊐ 전주사고 (관람 10분)

『조선왕조실록』은 춘추관 외에 충주사고에 봉안되었습니다. 충주사고는 주거밀집 지역에 있어서 화재와 분실의 염려가 컸어요. 그래서 전주와 성주에 사고를 설치하고 실록을 더 만들어서 춘추관사고 및 충주사고, 전주사고, 성주사고에 각 1부씩 봉안했어요. 그런데 임진왜란 때 춘추관과 충주, 성주의 실록이 모두 소실됩니다. 다행히 전주사고의 실록은 화를 면할 수 있었어요. 임진왜란 때는 어진과 함께 내장산 은봉암 등으로, 다시 정읍을 거쳐 해주로 옮겨졌다가 정유재란 때 묘향산 보현사에 숨겼다고 해요. 이러한 노력들이 없었다면 선조 이전의 실록들을 지금처럼 볼 수 없었겠지요.

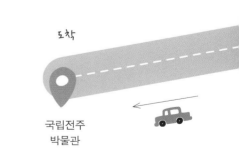

도착

국립전주
박물관

🏛 경기전 (관람 40분)

경기전은 조선을 건국한 태조 이성계의 어진을 보관하기 위해 세운 곳이에요. '어진'이란 왕의 초상화를 일컫는 말입니다. 기록상으로는 태조 어진이 26개나 제작되었다는데 현재 남아 있는 것은 1872년에 그린 경기전의 어진이 유일합니다. 이 어진은 2010년에 국보로 지정되었어요. 경기전은 원래 전주부성 동남쪽 넓은 땅에 많은 부속 건물과 함께 크게 지어졌으나, 일제강점기 때 일본이 소학교를 세운다며 경기전 서쪽 부지를 빼앗고 부속 건물을 철거했어요. 그리고 1980년대 말 복원사업을 통해 옛 모습을 어느 정도 되찾았어요.

🏛 풍남문과 전주객사 (관람 각 20분)

경기전에서 남서쪽으로 조금 내려오면 전주읍성의 일부인 풍남문이 남아 있습니다. 풍남문의 '풍'은 중국 한나라 고조의 고향 '풍패'에서 왔다고 해요. 지금은 없지만 전주읍성 서쪽에는 풍패의 '패'를 딴 패서문이 있었다고 해요. 그리고 경기전 위쪽에는 전주객사가 있습니다. 전주객사는 각종 의례를 행하던 숙소로 정청에 '풍패지관'이라는 편액이 걸려 있어요. 모두 조선 왕조의 발원지라는 뜻을 담고 있지요.

동학혁명
기념관

전주
경기전

전주
한옥마을

전주사고

전주객사
(풍남문)

전동성당

🏛 전동성당 (관람 10분)

1791년 정조 시기 최초의 순교자인 윤지충(바오로)과 권상연(야고보), 순조 때는 첫 사도 유항검(아우구스티노)과 윤지헌(프란치스코) 등이 이곳에서 박해를 받고 처형되었어요. 이들을 기리고자 세운 성당입니다.

🏛 국립전주박물관 (관람 1시간)

국립전주박물관은 전북 지역의 다양한 문화재를 보관 및 전시하고 있습니다. 특히 2018년부터 '조선 선비문화'를 중심으로 박물관을 특성화시키고 있어요.

영월 : 영월장릉, 단종역사관, 청령포, 관풍헌, 조선민화박물관, 난고김삿갓유적지

영월은 단종의 아픔을 간직한 곳입니다. 어린 나이에 임금이 된 단종을 숙부인 수양대군이 몰아내고 왕위에 오릅니다. 단종은 상왕으로 물러나고요. 그러자 성삼문, 박팽년, 하위지 등의 신하가 단종 복위를 모의했는데 세조에게 들켜 처형되거나 스스로 목숨을 끊습니다. 이후 단종은 노산군으로 강봉되어 이곳 영월로 유배됩니다. 단종은 영월에서 눈을 감습니다. 단종의 한이 맺혀 있는 영월로 떠나 봅시다.

🪦 영월장릉 (관람 30분)

단종이 묻힌 능입니다. 파주에 있는 인조의 능도 장릉이라고 부르기 때문에 구별하여 영월장릉이라고 불러요. 조선시대 왕릉은 능침, 제향, 진입 공간 이렇게 3부분  으로 되어 있어요. 능침 공간은 무덤 부분으로 죽은 자의 공간이라 할 수 있어요. 제향 공간은 제사를 지내는 곳으로 죽은 자와 산 자가 함께 있는 공간입니다. 홍살문부터를 제향 공간이라 할 수 있어요. 진입 공간은 왕릉의 관리와 제례 준비를 하는 곳입니다.

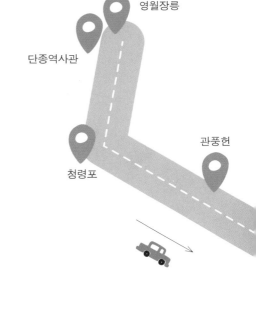

🪦 단종역사관 (관람 20분)

영월장릉에 있는 단종역사관에는 단종의 탄생과 유배, 죽음과 복권에 이르는 여러 자료가 전시되어 있어요.

🪦 청령포 (관람 1시간)

영월 청령포는 단종의 유배지입니다. 숙부인 수양대군에게 왕위를 빼앗기고 상왕으로 있다가 다음 해 단종 복위 운동이 실패하면서 노산군으로 강봉되어 이곳에 오게 되죠. 삼면이 물로 둘러싸여 있고 서쪽은 험한 산이 있어서 나룻배를 이용하지 않고는 밖으로 출입할 수 없는 천혜의 감옥이라 할 수 있어요. 이곳에 단종이 거처하던 어소가 있었으나 불타 없어진 것을 복원했어요.

관풍헌 (관람 10분)

청령포에서 생활하던 단종은 얼마 지나지 않아 홍수 때문에 이곳 관풍헌으로 옮기게 됩니다. 그리고 이곳에서 죽음을 맞이하게 되죠. 관풍헌은 영월 객사의 동헌으로 1997~1998년에 전면 보수공사를 했습니다.

조선민화박물관 (관람 20분)

국내 최초로 만들어진 민화박물관으로 가장 많은 민화를 볼 수 있는 곳입니다. 조선시대 민화 3,000여 점을 소장하고 있으며 다양한 체험 활동도 가능해요. 민화라고 하면 이름 없는 화가가 그린 서민들 작품이라고 생각하기 쉽지만, 사실 왕실부터 사대부, 일반 백성까지 두루 그리던 우리의 전통 그림이라고 해요.

난고김삿갓유적지 (관람 20분)

삿갓을 쓰고 평생 방랑한 방랑 시인 김삿갓의 업적을 기리는 문학관입니다. 김삿갓의 원래 이름은 김병연이며 조부가 홍경래의 난을 평정하지 못하고 투항해서 집안이 몰락했어요. 그래서 김병연은 평생 시만 쓰고 살았다고 해요. 영월은 김삿갓이 태어나서 자란 곳이라고 합니다. 김삿갓은 전국 각지를 방랑하면서 서민들의 애환과 양반들의 잘못된 생활상을 시로 옮겼습니다.

조선민화
박물관

도착   난고김삿갓
문학관

강화 : 강화고려궁지, 강화역사박물관, 강화산성, 광성보, 덕진진, 초지진, 정족산성

강화도는 근대 외세 침략이 시작되는 첫 번째 관문입니다. 일찍부터 국가가 위급할 때 왕실과 조정이 피난하여 전란을 극복하는 장소였으며 한양으로 물자가 드나드는 중요한 길목이었어요. 그렇다 보니 우리 역사에서 자주 등장하는 곳이며 문화재가 많아요. 세계문화유산인 고인돌이 있고 몽골의 침입 당시 도읍지였던 고려궁지가 있어요. 조선 후기에는 병인양요와 신미양요를 겪었고, 우리나라 최초의 불평등조약인 강화도조약이 이뤄진 곳이기도 해요. 고대부터 근현대까지 다양한 역사가 살아 숨 쉬는 강화도로 떠나 봅시다.

강화역사박물관 (관람 1시간)

강화역사박물관은 강화 고인돌 공원 안에 있는데, 박물관 바로 앞에 그 유명한 강화 지석묘가 엄청난 크기를 자랑하면서 떡하니 서 있습니다. 박물관 안에는 선사

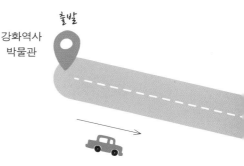

시대부터 근대까지 강화도의 역사를 담은 다양한 자료와 모형을 전시하고 있어요.

강화고려궁지 (관람 40분)

고려는 1232년 고종 때 몽골의 침략에 대항하기 위하여 최우의 권유로 도읍을 강화도로 옮겼어요. 이때 옮긴 도읍 터가 바로 고려궁지로 원종 때 개경으로 환도할 때까지 39년간 사용되었습니다. 규모는 크지 않지만 개경의 궁궐과 비슷하게 만들었고, 궁궐 뒷산 이름도 송악이라 하였다고 합니다. 그 후 조선시대에 왕이 행차 시 머무르

는 행궁과 외규장각 등을 건립하였는데, 병자호란과 병인양요를 겪으면서 거의 소실되고 지금은 건물 몇 개만 남아 있어요.

강화산성 (관람 10분)

고려가 대몽항쟁을 위해 도읍을 강화로 옮기고 궁궐을 지을 때 함께 쌓은 산성입니다. 개성의 성곽과 비슷하게 내성, 중성, 외성으로 쌓았어요. 이 중 내성에 해당하는 것이 강화산성입니다. 원래는 흙으로 쌓았으나 조선 숙종 때 현재처럼 돌로 쌓았어요.

ㅛ 연무당 옛터 (관람 5분)

연무당은 1876년에 일본과 강화도조약을 체결한 곳입니다. 지금은 이렇게 터만 남아 있고 비석이 세워져 있습니다.

ㅛ 광성보와 광성돈대 (관람 30분)

광성보는 신미양요 때 가장 격렬했던 격전지로 지휘관인 어재연 장군 등이 용감하게 싸우다 순국한 곳입니다. 돈대란 성벽으로 빙 둘러싼 요새 같은 작은 성을 말하는

데, 성곽에 총구를 설치하고 대포를 두어 적을 공격할 수 있도록 되어 있습니다. 강화도는 중요한 군사 요충지라서 이러한 돈대가 섬을 빙 둘러 가며 50개 정도가 있다고 합니다.

ㅛ 덕진진 (관람 30분)

병인양요 때 양헌수 장군이 이끄는 군대가 이곳 덕진진을 거쳐 정족산성으로 들어가 프랑스 군대를 격파했다고 해요. 신미양요 때는 미국 함대와 치열한 포격전을 벌였던 곳이기도 합니다.

ㅛ 초지진 (관람 20분)

원래 초지진은 해상으로 침입하는 외적을 막기 위해 효종 때 구축한 요새입니다. 이곳에서 일본의 운요호와 치열한 격전을 벌이기도 했지요. 초지진 곳곳에서 당시

의 치열했던 전투의 흔적을 발견할 수 있어요.

ㅛ 정족산성(삼랑성) (관람 50분)

단군이 세 아들에게 성을 쌓게 하여 이름을 삼랑성으로 지었다는 기록이 『고려사』에 나와요. 병인양요 때 양헌수 장군이 프랑스군을 물리치고 이곳에 보관된 『조선왕조실록』을 지킬 수 있었다고 해요.

강화
고려궁지

강화산성

연무당
옛터

강화
광성보

강화
덕진진

도착

정족산성

강화초지진

대구 : 국채보상운동기념공원, 대구근대역사관, 약령시한의약박물관, 이상화, 서상돈 고택, 2·28민주운동기념관, 국립대구박물관, 신숭겸 장군 유적

대구는 근대화 시기에 국채보상운동이 일어난 곳입니다. 대구에는 근대 우리 역사의 흔적이 많이 남아 있습니다. '빼앗긴 들에도 봄은 오는가'라는 시로 유명한 이상화의 고택을 비롯하여 다양한 근대 건축물들이 있습니다. 4·19혁명의 기폭제가 된 2·28민주운동이 대구에서 일어 났다는 사실, 알고 계셨나요? 근현대의 숨결을 느낄 수 있는 대구 투어를 떠나 봅시다.

국채보상운동기념공원 (관람 40분)

국채보상운동을 기념하기 위해 조성된 공원입니다. 달구 벌 대종을 비롯하여 향토 서예가들이 쓴 이육사, 박목월, 조지훈, 이호우, 윤동주의 시비와 대형 영상시설, 명언비 가 있는 오솔길, 광장이 잘 정돈되어 있어요. 공원 안에 있는 국채보상기념관에서는 국채보상운동에 대한 많은 자료를 볼 수 있습니다. 국채보상운동은 일본에서 도입 한 차관 1,300만 원을 갚기 위한 운동입니다. 서상돈이 "국채 1,300만 원을 갚지 못하면 장차 토지라도 주어야 하므로, 우리 2천만 동포가 담배를 석 달만 끊고 그 대금 으로 국채를 보상하자."면서 자신부터 800원을 냈습니 다. 하지만 일본은 이를 방해하기 위해 국채보상기성회 총무인 양기탁에게 국채보상의연금 횡령이라는 누명을 씌워 구속했다가 무죄로 풀어 줍니다. 이후 국채보상운 동은 점점 퇴조합니다.

대구근대역사관

국채보상운동
기념공원

약령시
한의약
박물관

출발

대구근대역사관 (관람 30분)

대구근대역사관은 옛 조선 식산은행 대구지점을 개조 하여 대구의 근대사를 한눈 에 볼 수 있도록 시대별, 주 제별로 유물과 자료를 전시 하고 있습니다. 대구의 옛 모습을 살펴볼 수 있어요.

이상화 고택,
서상돈 고택

2·28민주
운동기념관

약령시한의약박물관 (관람 40분)

대구 약령시는 조선시대부터 이어져 온 전국 3대 한약재 전문 시장입니다. 이를 보존하고 발전시키기 위해 대구 약전 골목에 한의약박물관을 건립했어요.

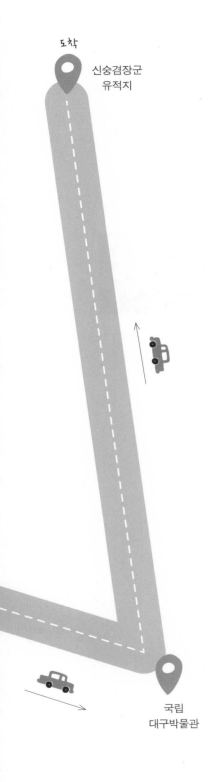

도착

신숭겸장군
유적지

국립
대구박물관

 이상화, 서상돈 고택 (관람 20분)

일제강점기 때 민족의 광복을 위해 저항 정신의 횃불을 밝힌 시인 이상화의 시향이 남아 있는 곳입니다. 이상화 시인은 1939년부터 임종 때까지 약 4년 동안 이곳에 거주하면서 시 쓰기에 몰두했다고 합니다. 이상화 고택 옆에 서상돈 고택도 복원되어 있는데, 서상돈은 국채 보상운동에 앞장선 인물입니다.

 2·28민주운동기념관 (관람 20분)

1960년 2월 28일 민주당 부통령 후보인 장면의 유세가 대구 수성천에서 열리기로 되어 있었어요. 하지만 학생들이 이 유세에 오지 못하도록 일요임에도 8개 공립고등학교에 등교 지시를 내렸죠. 이에 학생들은 결의문을 낭독하고 학교를 뛰쳐나와 반독재 시위를 합니다. 이것이 바로 2·28민주운동으로 3·15부정선거 후 마산 3·15의거와 함께 4·19혁명의 기폭제가 됩니다.

국립대구박물관 (관람 1시간 30분)

대구, 경북 지역의 다양한 문화재를 볼 수 있는 국립박물관입니다. 어린이박물관 체험 또한 이곳의 자랑입니다.

 신숭겸 장군 유적 (관람 20분)

대구 팔공산은 후삼국 시대에 일어난 공산전투로 유명해요. 여기서 왕건이 견훤에게 크게 패하고 8명의 장수가 죽었지요. 그래서 산의 이름도 공산에서 팔공산으로 바뀌었고요. 8명의 장수 중 왕건의 오른팔인 신숭겸 장군이 죽은 곳에 지금의 유적지를 만들었어요.

부산 : 임시수도기념관, 부산근현대역사관, 민주공원, 일제강제동원역사관, 동래읍성

부산은 근현대 역사가 어우러진 우리나라 제2의 도시입니다. 역사적으로는 임진왜란 전투가 이곳에서 시작되었으며 6·25전쟁 때는 우리나라의 임시 수도이기도 했어요. 그래서 부산에는 임진왜란부터 6·25전쟁까지 다양한 역사를 느낄 수 있는 박물관이 여럿 있습니다. 그럼, 부산으로 한번 떠나 볼까요?

임시수도기념관 (관람 40분)

이승만은 6·25전쟁이 발발한 해 8월에 부산을 임시 수도로 정합니다. 원래 경남도지사 관사였던 이곳을 대통령 관저로 삼고 각종 정책과 국가 업무를 보게 됩니다. 더불어 이곳 주변으로 국회, 대검찰청 등의 국가기관이 옮겨 오면서 정치 1번지로 변모합니다. 이후 1983년 경남도청이 창원으로 이전되면서 이곳은 임시수도기념관으로 공개하게 되죠.

부산근현대역사관 (관람 30분)

부산의 근대사를 한눈에 볼 수 있어요. 부산의 개항, 일제의 수탈, 동양척식주식회사, 근대 거리 등과 관련된 자료들을 전시하고 있어요. 부산근현대역사관은 원래 일제강점기인 1929년에 동양척식

주식회사 부산지점으로 건립되었고, 해방 후에는 미문화원으로 사용되었다가 1999년 부산시가 인수하여 2003년 부산근현대역사관으로 개관하였습니다.

민주공원 민주항쟁기념관 (관람 1시간)

부마항쟁은 박정희 유신독재와 신민당 총재 김영삼의 국회의원직 박탈로 1979년 10월 16일 부산의 학생과 시민 수천 명이 시위를 한 사건입니다. 박정희 정권은 비상계엄을 선포하고 군대까지 투입합니

다. 일촉즉발의 상황에서 10월 26일 김재규가 쏜 총에 박정희는 사망하게 됩니다. 민주공원 내 민주항쟁기념관은 부마항쟁을 포함하여 대한민국 민주주의 운동의 역사를 알 수 있는 박물관입니다.

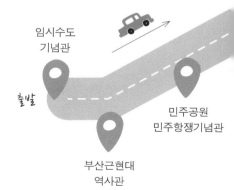

임시수도
기념관

출발

민주공원
민주항쟁기념관

부산근현대
역사관

도착

동래읍성

장영실
과학동산

부산박물관

유엔평화기념관

국립일제강제동원
역사관

⚓ 국립일제강제동원역사관 (관람 1시간)

일제강점기 때 부산항은 강
제동원의 출발지였어요. 강
제동원자의 22%가 경상도
출신이었다는 점을 감안하
여 부산에 만든 역사관입니
다.

⚓ 유엔평화기념관 (관람 30분)

6·25전쟁을 경험하지 못한
후손에게 전쟁의 참상을 알
수 있도록 만든 곳입니다.
한국전쟁의 과정과 UN 참
전까지 다양한 자료를 관람
할 수 있습니다.

⚓ 부산박물관 (관람 1시간)

부산박물관은 국립이 아니
라 시립박물관입니다. 임진
왜란의 적전지인 만큼 임진
왜란과 관련된 유물이 많이
전시되어 있었습니다.

⚓ 동래읍성 (관람 20분)

1592년 임진왜란이 일어났
을 때, 일본군의 1차 공격
목표이자 두 번째 전투가 있
었던 곳입니다. 첫 번째 싸
움은 부산성에서 있었어요.
동래부사 송상현을 중심으

로 백성들이 목숨을 걸고 싸웠으나 결국 함락되지요. 일
제강점기 때 대부분 철거되어서 현재 복원 중입니다.

⚓ 장영실과학동산 (관람 30분)

동래읍성 안에는 장영실과학동산이 있어요. 조선시대 최
고의 과학자 장영실이 바로 이곳 동래 출신이기 때문이
죠. 조선의 천문과학기구 19개를 설치하여 2009년 개
장했습니다. 그 후 간의 등을 추가 설치했으며 문화해설
사도 있어서 자세한 설명을 들을 수 있습니다.

제주 : 김만덕기념관, 국립제주박물관, 제주4·3평화기념관, 성읍민속마을, 제주민속촌

세계자연유산인 성산일출봉을 비롯하여 오름, 한라산 등 자연이 아름다운 섬 제주도. 제주에는 우리 생각보다 많은 문화유적지가 있어요. 제주국립박물관과 제주민속촌을 비롯하여 김만덕기념관과 추사 김정희 유배지도 바로 제주에 있습니다. 그중에서도 가장 의미 있는 장소는 제주4·3사건을 기리는 4·3평화기념관이라고 할 수 있어요. 아름다운 외면 뒤에 자리한 제주의 아픈 역사를 함께 느껴 봅시다.

김만덕기념관 (관람 1시간)

김만덕은 육지와 제주의 물품을 교역하는 객주를 운영한 제주 최고의 거상이자 최초의 여성 CEO입니다. 제주 지역의 계속된 흉년으로 많은 사람들이 굶주림에 시달리고 설상가상으로 조정에서 보낸 쌀을 실은 배가 침몰했을 때, 김만덕은 전 재산으로 곡식을 사들여 제주 사람들에게 나눠 주었어요. 김만덕의 삶을 느끼고 나눔문화를 경험할 수 있는 기념관입니다.

출발

김만덕기념관

국립제주박물관

제주민속자연사
박물관

삼성혈

제주4·3
평화공원

국립제주박물관 (관람 1시간)

구석기 시대부터 탐라국 시기, 그리고 조선을 거쳐 현재까지 제주의 역사를 담은 국립박물관입니다.

제주민속자연사박물관 (관람 1시간)

제주도의 민속 자료와 해양생물 자료를 전시해 놓은 곳입니다. 더불어 화산 폭발로 이뤄진 제주의 지질학적 특성을 살펴볼 수 있는 종합박물관입니다.

서귀포
김정희유배지

⊐ 삼성혈 (관람 30분)

제주의 시조인 삼신인(고을나, 양을나, 부을나)이 3개의 구멍에서 솟아난 곳입니다. 삼신인은 수렵 생활을 하다가 오곡의 종자를 가지고 온 벽랑국 삼공주를 맞이하여 농경 생활을 시작하게 되었으며, 이로부터 탐라왕국이 발전했다고 합니다.

⊐ 제주4·3평화공원 (관람 1시간 30분)

제주4·3사건은 1947년 삼일절 행사를 기점으로 1948년 4월 3일에 발생한 소요 사태 및 1954년 9월 21일까지 제주도에서 발생한 무력 충돌과 그 진압 과정에서 수많은 주민들이 희생당한 사건을 말해요. 제주4·3평화공원은 당시 제주도민의 저항과 처참한 살육의 역사를 추모하기 위한 공간입니다. 공원 내 제주4·3평화기념관에서는 살아남은 이들의 증언, 유가족 기록 등 생생한 역사 자료를 볼 수 있어요.

⊐ 성읍민속마을 (관람 1시간)

조선시대에 제주도는 제주목, 정의현, 대정현으로 행정 구역이 나뉘어 있었어요. 그중 정의현청은 제주도 오른쪽 끝에 위치하여 왜적의 침입과 태풍의 피해가 잦았어요. 그래서 정의현청을 현재 성읍민속마을 위치로 옮기고 읍성을 쌓았다고 해요. 즉, 성읍민속마을은 정의현의 중심지였어요. 당시의 성벽과 향교, 객사를 비롯하여 다양한 고택이 남아 있습니다.

⊐ 제주민속촌 (관람 2시간)

제주의 민속 문화를 한눈에 볼 수 있는 곳입니다. 조선 말인 1890년대의 생활 모습을 생생하게 볼 수 있는 가장 제주도다운 곳이에요.

⊐ 서귀포 김정희 유배지 (관람 30분)

추사체로 잘 알려진 김정희는 안동 김씨 세력과의 권력 다툼에서 밀려나 제주도로 유배되었어요. 이곳에서 추사체를 완성하고 국보인 〈완당세한도〉를 비롯해 많은 서화를 그렸습니다.

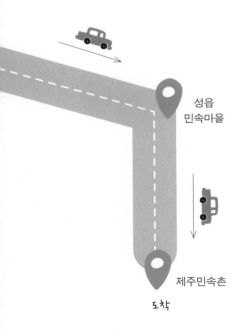

성읍 민속마을

제주민속촌

도착

참고문헌

• 논문

강영아, 「연표학습을 통한 역사적 사고력의 발달」, 서울교육대학교 교육대학원 석사학위논문, 2007.

김부경, 「초등학교 5·6학년의 시간개념 분석」, 한국교원대학교 대학원 석사학위 논문, 2016.

김은별, 「2009 개정 초등 사회과 교과서의 역사 인물에 대한 5학년 학생들의 성지식」, 고려대학교 교육대학원 석사학위논문, 2019.

김한종, 「역사개념의 이해와 학습방법」, 역사교육연구 제12호, 2010.

백승호, 「고려 상인들의 대송무역활동」, 『역사학연구』, 제27집, 2006.

송언근·강경택, '개념에 근거한 비조작 자료의 조작과 사회과 탐구', 대구교육대학교 부설 초등학교와의 협동 연구 보고서, 2013.

윤순옥·황상일, 「삼국사기를 통해 본 한국 고대의 자연재해와 가뭄주기」, 『대한지리학회지』, 제44권 제4호, 2009.

이관구, 「가족사 프로젝트를 통한 역사 인식의 형성」, 대구교육대학교 석사학위논문, 2015.

이하나, 「초등학생들의 역사 인물 프로젝트」, 대구교육대학교 석사학위 논문, 2020.

정혜정, 「비조작 자료와 사회과 지식 구성의 관계」, 대구교육대학교 석사학위논문, 2007.

최상훈, 「역사적 사고력의 학습 및 평가방안」, 서울대학교 대학원 박사학위논문, 2000.

• 도서

강준만, 『한국 현대사 산책 - 1960년대 편』(전3권), 인물과사상사, 2004.

강준만, 『한국 현대사 산책 - 1970년대 편』(전3권), 인물과사상사, 2002.

교육부, 『초등학교 사회 교과서 5-1』, 2011.

교육부, 『초등학교 사회 교과서 5-2』, 2011.

교육부, 『초등학교 사회 교사용 지도서 5-1』, 2011.

교육부, 『초등학교 사회 교사용 지도서 5-2』, 2011.

교육부, 『초등학교 사회 교과서 5-2』, 2016.

교육부, 『초등학교 사회 교과서 6-1』, 2016.

구난희 외, 『초등역사수업 디자인하기』, 교육과학사, 2014.

권오정·김영석, 『사회과 교육학의 구조와 쟁점』, 교육과학사, 2003.

권의신 외, 『초등 역사 수업의 길잡이』, 책과함께, 2012.

김덕진, 『초등 역사 교육의 이해』, 선인, 2009.

김한종, 『역사왜곡과 우리의 역사교육』, 책세상, 2001.

김한종, 『역사 수업의 원리』, 책과함께, 2007.

김한종, 『역사 교육으로 읽는 한국현대사』, 책과함께, 2013.

박영규, 『한권으로 읽는 조선왕조실록』, 웅진지식하우스, 2004.

박은봉, 『사진과 그림으로 보는 한국사 편지』(전5권), 웅진닷컴, 2002-2003.

서주억, 『사진과 그림으로 보는 한국 현대사』, 웅진지식하우스, 2005.

송언근·이관구·정혜정, 『자료와 활동 중심의 사회과다운 수업하기』, 교육과학사, 2015.

역사문제연구소, 『사진과 그림으로 보는 한국의 역사 3』, 웅진닷컴, 1993.

온정덕 외, 『교실 속으로 간 이해중심 교육과정』, 살림터, 2018.

유발 하라리 저, 조현욱 역, 『사피엔스』, 김영사, 2015.

윤종배, 『교사를 위한 수업 이야기, 나의 역사수업』, 역사넷, 2008.

이관구, 『초등 한국사! 진짜 역사 수업을 말한다』, 즐거운학교, 2014.

이광희, 『어린이를 위한 한국 근현대사』, 풀빛, 2019.

이광표, 『국보 이야기』, 작은박물관, 2005.

이만열·이광희, 『어린이 대학: 역사』, 창비, 2017.

이근호, 『이야기 조선왕조사』, 청아출판사, 2005.

이도학, 『궁예, 진훤, 왕건과 열정의 시대』, 김영사, 2000.

이종일, 『사회과 탐구와 교사자질』, 교육과학사, 2006.

이종일, 『과정 중심 사회과 교육』, 교육과학사, 2001.

장성애 외, 『질문과 이야기가 있는 행복한 교실』, 매일경제신문사, 2016.

최상훈 외, 『역사교육의 내용과 방법』, 책과함께, 2007.

최용규 외, 『살아있는 역사 수업』, 교육과학사, 2013.

최용규 외, 『사회과, 교육과정에서 수업까지』, 교육과학사, 2005.

한명기, 『병자호란: 역사평설』(전2권), 푸른역사, 2013.

E.H. Carr 저, 박성수 역, 『역사란 무엇인가』, 민지사, 2005.

George W. Maxim 저, 최용규 외 역, 『살아있는 사회과 교육』, 학지사, 2004.

James A. Banks 저, 최병모 외 역, 『사회과 교수법과 교재연구』, 교육과학사, 1987.

Linda S. Levstik, Keith C. Barton 저, 배한극 외 역, 『역사하기』, 아카데미프레스, 2007.

Susan Stacey 저, 정선아 · 윤은주 역, 『발현적 교육과정』, 창지사, 2015.

• 기타 온라인 자료

두산백과, 문화재청, 우리역사넷, 통계청, 한국민족문화대백과사전